KB197486

동네한의사로
성공하기

동네한의사로
성공하기

첫째판 1쇄 인쇄 | 2025년 01월 24일
첫째판 1쇄 발행 | 2025년 02월 10일

지 은 이 전대성
발 행 인 장주연
출 판 기 획 김도성
책 임 편 집 이민지, 김형준
편집디자인 김영준
일 러 스 트 김명곤, 신윤지
표지디자인 김재욱
제 작 황인우
발 행 처 군자출판사(주)
등록 제4-139호(1991. 6. 24)
본사 (10881) 파주출판단지 경기도 파주시 회동길 338(서패동 474-1)
전화 (031) 943-1888 팩스 (031) 955-9545
홈페이지 | www.koonja.co.kr

ISBN 979-11-7068-219-6
정가 33,000원

동네
한의사로
성공하기

전대성
한의원
—
대표
원장
—

전대성

추천사

머리에서 가슴까지의 거리는 멀다. 다시 거기서 손발까지의 거리는 더더욱 멀다. 사업이나 인생의 성공은 결국 얼마나 기민하게 실행하느냐에 달려 있다. 저자의 끊임없는 자기 성찰과 아이 같은 호기심, 우직한 실행력, 기꺼이 자신의 경험을 나누는 베풂에 이르기까지. 성공이라는 첫 번째 산과 행복이라는 두 번째 산을 모두 정복하고 스스로 그리는 또 다른 세상을 향해 끊임없이 도전하는 전대성 원장을 열렬히 응원한다.

칠성 요양병원 병원장 **이성규**

— ◇◇◇ —

처음 펼친 순간부터 단숨에 끝까지 읽을 정도로 매력적인 필력의 책이었다. 그동안 한의원 경영이라는 주제에 대해 막연히 생각했던 나는, 단순히 문을 열면 환자가 찾아올 거라고만 생각했다. 그러나 나의 예상은 책을 읽으며 완전히 바뀌었다. 이 책은 나를 훨씬 깊고 광활한 세계로 이끌었다. 전통과 현대를 아우르는 이야기는 마치 잘 끓인 김치찌개처럼 진하고 감칠맛 나는 느낌으로 다가왔다. 경영에 대해 관심을 가지는 이들 누구에게나 한번 일독을 권하고 싶은 책이다. 또한 개인적으로도 학생들과 기업 강의로 혹사당한 내 목은 우연히 이 책의 저자인 원장님의 치료 덕분에 새로운 전환점을 맞았다. 성대 개선에 도움을 주는 약을 추천받아 꾸준히 복용한 결과, 강연을 훨씬 더 즐겁고 편안하게 할 수 있게 되었다. 이 자리를 빌어 원장님께 감사드린다.

수원과학대학교 기계공학과 **황한섭** 교수

— ◇◇◇ —

전대성 원장은 환자를 사랑하는 것뿐만 아니라 동료를 사랑하는 마음이 큰 한의사다. 10년 넘게 한의원을 경영하면서 본인이 깨달은 바를 이렇게 체계적으로 공개한다는 것은 그가 얼마나 큰 그릇을 가지고 있는지를 보여준다. 개원을 준비하고 있거나 이미 개원을 한 의사들에게 이 책은 필독서다.

강남 센트럴의원 대표원장 의사, 한의사 **주홍범**

— ◇◇◇ —

전대성 한의사님은 따뜻하면서도 이성적이며, 책임감과 전문성을 겸비한 분이다. 자신만의 확고한 기준과 환자들의 믿음에 보답하고자 하는 선한 마음으로 진료에 임한다. 이 책에는 한의원 경영에 있어 꼭 필요한 실질적인 조언들이 가득 담겨 있다. 오랜 시간 한의원을 운영하면서 터득한 경험을 바탕으로, 현재 자신이 가진 자산으로 경쟁력을 키우는 방법, 환자 유형별 대응 방식, 직원과의 효과적 소통법, 다양한 마케팅 전략과 실행 방법 등 환자들이 자발적으로 찾아오는 병원을 만들기 위한 노하우가 상세히 담겨 있다. 나만의 특색을 갖춘 한의원을 운영하고, 그 과정에서 성공을 이루고 싶다면 이 책은 반드시 읽어야 할 필수 도서이다.

《품으려 하니 모두가 꽃이었습니다》, 《당신이 오늘은 꽃이에요》 저자 **김예원**

— ◇◇◇ —

우리는 각자의 삶을 살아가며 본인의 삶을 '경영'하고 있다.

얼마나 경영을 잘하느냐에 따라 편하고 심플하게 성공하기도 하고, 큰 시간과 노력을 들이고도 실패하기도 한다.

전대성 원장은 경영의 중요성을 일찍이 깨닫고 자신의 한의원과 삶을 훌륭하게 경영해 나가고 있다.

이 책은 '나 자신과 나의 삶의 경영'에 대해 다양한 관점에서 이야기하고 있다.

이를 통해 독자 여러분들이 '삶의 경영'에 대해 생각해 볼 수 있도록 하는 바, 이 책을 강력 추천한다.

14만 유튜버, 《4인4색 부산부동산 단톡방 엿보기》 저자 **태박이(이태수)**

— ◇◇◇ —

저자인 전대성 원장과 나는 같은 학번 출신의 한의사다. 그는 학교 다닐 때부터 우직하며 성실하기로 친구들에게 유명했고, 대학 졸업 후 그러한 훌륭한 자질을 바탕으로 타인에게 귀감이 될 만한 한의원을 일구어냈다. 일전에 출간한 서적은 그 과정에 관한 개인적인 술회를 다룬 이야기였다면, 이번 책은 어떻게 성장해 왔고 또 꿈을 이루어가고 있는지에 관한 구체적인 방법론이다. 같은 교실에서 공부했던 친구이자, 그리고 업장에서 하루하루를 고군분투하고 있는 동료 한의사이기에 내게 이 책이 특별히 더 와 닿았다. 이 책을 읽게 될 당신이 어떠한 상황이건, 작은 울림 그 이상이 있을 것이라 믿어 의심하지 않기에 적극적으로 추천한다.

해아림한의원 강남점 원장 **주성완**

— ◇◇◇ —

사람들은 각자 인생의 목표를 정하고 이루려는 노력 속에 환호의 순간과 좌절의 고통을 맛보며 살아간다. 그 속에서 적당히 타협하며 원대했던 목표를 뒤로한 채 현생을 살아가는 사람들이 대다수일 것이다.

같은 유튜버로 인연이 된 전대성 원장님은 온화하지만 개척하는 삶의 자세와 열정에 나 또한 인생 목표를 되새김하기에 충분한 동기를 부여해 준다.

인생이 고달프거나 목표를 상실한 분들에게 이 책은 신선한 환기창이 되는 귀한 시간이 될 수 있으리라 생각한다.

500만 유튜버 《푸드킹덤》 대표 **이창훈**

— ◇◇◇ —

이 책은 한의원을 운영하는 모든 한의사분들에게 꼭 필요한 지침서입니다. 한의학이라는 전통적 가치를 현대적인 경영과 조화시켜 풀어내는 전대성 원장님의 통찰은, 단순한 치료를 넘어 사람과 사회에 긍정적인 영향을 미치는 한의원의 가능성을 제시합니다. 또한, 이 책은 최신 기술의 활용에 대해서도 탁월한 통찰을 제공합니다. 챗GPT와 같은 AI 기술을 포함하여 디지털 도구를 적극적으로 활용해 경영의 효율성과 생산성을 극대화하는 실용적인 팁들은, 한의학뿐 아니라 모든 전문 분야의 지속 가능한 성공을 위한 지침이 될 것입니다. 한의학의 새로운 가능성을 탐구하는 분들에게 강력히 추천합니다.

《챗GPT로 만드는 주식 & 암호화폐 자동매매 시스템》 저자 **설근민**

— ◇◇◇ —

'한의사는 끝이 없는 직업이다.' 이 한 줄만으로도 이 책을 구입해서 볼 이유가 충분하다. 전통적인 한의학을 연구하고 이를 치료에 접목하는 저자는, 여기에 그치지 않고 구글 드라이브, NAS는 물론 챗GPT 등 최첨단 기술도 활용하고 있다. 이 모든 것은 환자와 교감하고 더 나아가 그들에게 건강과 행복을 주고자 하는 한의사의 궁극적인 목표와 맞닿아 있다. 끊임없이 연구하고 노력하는 저자에게 경의를 표한다.

20만 유튜버, 《제네시스박의 부동산 세금 트렌드》 저자 **제네시스박(박민수)**

— ◇◇◇ —

병원을 새롭게 시작하는 한의사와 운영을 더 잘하고 싶은 목마름이 있는 이들을 위한 필독서이다. 한의원을 운영하면서 겪었던 경험과 노력이 이 책에 솔직하고 꾸밈없이 담겨 있다. "Stay hungry, stay foolish." 스티브 잡스의 이 명언처럼 우직하게 나아가는 필자의 세 번째 네 번째 책이 개인적으로 벌써 기대가 된다.

천안 메디그린한방병원 병원장 **최강민**

프롤로그
한의원 경영, 그 새로운 가능성

한의학은 수천 년의 역사를 자랑하는 전통의학이다. 오랜 세월 동안 축적된 지혜와 경험을 바탕으로, 한의학은 많은 이들에게 건강과 치유를 제공해 왔다. 그러나 현대사회에서 한의학은 새로운 도전과 기회에 직면해 있다. 다양한 치료법과 의학적 지식이 발전하는 가운데, 한의학의 고유한 가치를 지켜내면서도 동시에 경영적인 측면에서 성공을 거두는 것이 점점 더 중요한 과제가 되고 있다.

나는 한의원을 운영하면서 경영의 중요성을 절실히 느꼈다. 한의학적인 지식과 진료 능력만으로는 환자를 효과적으로 치료할 수 있을지 몰라도, 한의원의 장기적인 성공을 보장하기는 어렵다. 치료의 질이 아무리 좋아도, 경영 전략이 뒷받침되지 않으면 한의원은 운영의 어려움에 직면할 수밖에 없다. 한의원을 운영한다는 것은 환자와의 관계, 직원 관리, 한의원의 성장 가능성 등 전반적인 경영 요소들을 필연적으로 포함할 수밖에 없기 때문이다.

이 책은 한의원 경영에 대한 나의 경험과 통찰을 나누기 위해 집필되었다. 한의학은 전통적인 학문이지만, 한의원을 운영하는 것은 철저한 현대적인 경영 원리와 맞물려야 한다. 경영이라는 관점에서 한의원을 바라볼 때, 단순히 '의술을 베푸는 공간'을 넘어, '환자와 교감하는 공간', '사회에 기여하는 공간'으로 한의원을 확장할 수 있는 방법들을 고민하게 된다.

경영에 있어 가장 중요한 것은 '공감'과 '교감'이다. 나는 한의사로서 환자의 이야기를 듣고, 그들의 몸과 마음을 치유하는 것뿐만 아니라, 그들과 깊이 교감하는 것이 중요하다고 생각한다. 치료는 단순한 물리적 과정을 넘어, 신뢰를 기반으로 한 소통과 교류에서 시작된다. 이 책에서는 단순한 공감을 넘어선 교감의 중요성을 강조할 것이며, 이를 통해 한의원의 경영이 어떻게 환자와의 관계에서 새로운 차원으로 발전할 수 있는지를 살펴볼 것이다.

한의원 경영에는 또한 새로운 시도가 필수적이다. 전통적인 진료 항목에만 머무르지 않고, 새로운 치료법을 개발하거나 전문 분야를 심화하는 것이 필요하다. 나는 한의학이 가진 가능성을 다양한 분야로 확장하며, 이를 통해 한의원이 단순한 치료 공간을 넘어, 환자들이 신뢰하고 찾는 건강 관리의 중심으로 자리 잡을 수 있음을 체감했다. 성대 치료를 시작한 것도 이러한 새로운 시도의 일환이었다. 특정 분야에 대한 전문성을 높이고, 그 분야에서 독보적인 위치를 차지하는 것이 한의원의 차별화 전략이 될 수 있다.

책에서는 한의원 경영의 다양한 측면을 다룰 것이다. 먼저 원장으로서 가져야 할 마음부터, 직원 관리 및 환자 유치, 경영 계획, 그리고 치료의 질을 높이기 위한 다양한 방법들을 구체적으로 제시하고자 한다. 한의학의 본질을 유지하면서도, 현대적인 경영 전략을 통해 한의원이 지속 가능한 성장을 이루도록 돕는 것이 이 책의 목적이다.

이 책을 통해 한의사들이 단순한 치료자가 아닌, 성공적인 경영자로서 한의원을 운영할 수 있는 방법을 제시하고자 한다. 이는 한의학의 가치를 현대사회에서 더욱 높이고, 더 많은 사람들에게 건강과 치유를 제공할 수 있는 중요한 열쇠가 될 것이다.

한의학 경영의 세계는 무궁무진한 가능성으로 가득 차 있다. 이 책이 한의원을 운영하는 이들에게 실질적인 도구(tool)와 통찰(insight)이 되길 바라며, 한의원을 운영하는 과정에서 나아갈 방향을 제시할 수 있다면 그것만으로도 이 책은 충분히 가치가 있다고 생각한다.

끝으로, 두 번째 책을 쓰는 여정에서 언제나 나를 믿어주고 응원해 준 나의 가족들과 사랑하는 친구들, 그리고 나의 곁을 지켜준 모든 분들께 진심 어린 감사를 드린다. 그들의 믿음과 사랑이 없었다면 이 책은 결코 세상에 나오지 못했을 것이다. 이 책을 통해 그들에게 조금이라도 보답할 수 있기를 바란다.

차례

1장

원장론

원장론

왜 한의원을 하는가?

우리는 한의대를 졸업하고, 한의사가 되어, 한의원을 개원하는 것을 당연하게 생각해 왔다.

그 와중에 왜 내가 한의원을 하는가에 대해서 깊이 있는 생각을 해보지 못하는 경우가 많다.

이 시점에서 왜 한의원을 하는가에 대한 근본적인 질문을 해볼 필요가 있다.

당신은 왜 처음 한의사가 되고 싶었는가?

당신이 꿈꾸는 한의원이란 어떤가?

처음 졸업을 하고 꿈꾸었던 이상적인 한의사에 우리는 얼마나 가까워져 있는가?

대부분의 한의사들은 졸업하자마자 공중보건의를 가거나, 병원의 수련의나, 부원장으로 취직하는 경우가 많다. 개원으로 첫 시작을 내딛는 경우도 있다. 대부분 경영에 대한 경험도, 지식도 부족한 채로 시작하게 된다.

이때 우리에게 필요한 것은 바로 '나는 왜 한의원을 개원하였는가? 왜 한의원을 해야 하는가?' 하는 이유이다. 이 이유가 확고하다면 한의원을 하더라도 지속적인 성장을 이끌어낼 수 있다.

이나모리 가즈오 회장이 일본 항공의 수장이 되어 가장 먼저 행했던 일이 있다. 모든 구성원들의 마인드를 바꾼 것이다. "우리는 해도 안돼" 하는 마인드를 바꾸었다. 경영자의 마인드를 모든 직원들에게 교육하고 감사의 마음으로 현장에서 일하게 했다. 그 결과 만성적자에 시달리던 일본항공은 8개월 만에 적자에서 벗어나고 순식간에 우량기업이 되었다.

삼성전자 이건희 회상이 프랑크푸르트 선언에서 했던 유명한 말이 있다. "마누라와 자식 빼고는 다 바꿔라." 이 말은 삼성전자의 유명한 품질경영의 시작이 되었다. 당시 불량 TV를 불태우는 퍼포먼스를 통해 불량률 2% 정도 대를 당연시하던 마인드에서 이렇게 하다가는 모두 망한다는 절실함을 사람들에게 심어주었다.

조직 내부의 변화가 있어야 전체가 변한다. 삼성은 품질, 구글은 혁신, 디즈니는 꿈, 각자의 기업들이 가지는 아이콘이 있다. 한의원도 각자의 아이콘이 있어야 한다. '왜 환자들이 우리 한의원에 와야 하는가?' 하는 이유가 있어야 한다. 그 한의원만의 특색이 있어야 한다. 그것이 친절일 수도 있다. 특정 질환에서 절대적으로 높은 치료율일 수도 있다. 각자의 무기를 더 날카롭게 다듬을 필요가 있다. 앞으로는 그런 한의원들만이 계속해서 살아남을 것이다.

또한 지속적인 한의원의 발전을 위해서는 직원 모두가 움직여야 한다. 한의원은 원장 혼자서 하는 게임이라고 생각하기 쉽다. 하지만 혼자서 하는 것은 한계가 있다. 체계적인 조직 안에서 한의원이 움직여야 한다. 조직이 제 기능을 하고 성과를 내기 위해서는 목표의 방향이 명확해야 하며, 조직 구성원 전체가 그 방향을 향해 한마음으로 움직여야 한다. 조직 구성원을 한 방향으로 이끄는 것이 미션과 비전이다. 미션이란 의무라고 믿고 행하는 일이다. 미션은 '한의원을 하는 이유'이다. 사회에 기여하는 가치이자 나와 직원들이 일하는 의미이다.

미션은 현재의 시점에서 더 나은 세상을 만들기 위한 것이다. "왜 한의원을 하는가?"라는 질문에 대한 답이 바로 미션이다. 비전이란 조직이 장기적으로 지향하는 목표, 가치관, 이념 등을 통칭한다. 되고자 하는 것, 나아가고자 하는 방향, 목표다. 미션이 현재의 시점이라면 비전은 미래의 시점으로 앞으로 나아갈 방향, 장기적인 목표다. 미션과 비전은 원장 혼자서 외치는 공허한 외침이 되어서는 안 된다. 모든 직원이 참여하고 제화되어 있어야 한다. '직원들이 왜 우리 한의원에서 일하는가?' 하는 이유가 있어야 한다.

한의원에서 가장 먼저 환자를 만나는 사람은 원장이 아니라 직원이다. 직원의 행동 하나하나가 한의원을 평가하는 기준이 된다. 모든 직원이 사명감을 가지고 본인의 일에 책임감을 느끼며, 즐겁게 일하는 한의원을 만들어 나가야 할 것이다.

직원은 무대에 서는 연주자며, 원장은 오케스트라를 지휘하는 지휘자와 같다. 직원이 즐겁게 일할 수 있도록 적재적소에 배치하고, 각자의 잠재력을 최대한 발휘할 수 있도록 도와주는 것이 무엇보다도 중요하다고 하겠다.

원장의 존재 이유

한의원을 구성하는 3요소가 있다. 원장, 직원, 환자이다. 그중에서도 무엇보다도 가장 중요한 것이 원장이다.

원장은 한의원의 중심이다. 원장이 어떤 마인드를 가졌느냐에 따라서 직원도, 환자도 거기에 따라간다. 원장이 친절하면 직원들이 친절하다. 원장이 부지런하면 직원들도 부지런하다. 오래 한의원을 하다 보면 환자도 원장의 성향과 잘 맞는 사람들만 남는다.

원장이 한의원을 운영하는 데 있어서는 원장만의 철학이 있어야 한다. 그러기 위해서는 원장이 생각하는 핵심가치가 무엇인지가 중요하다.

핵심가치란 누군가가 평생 동안 걸쳐 중요하게 생각하는 요소이다. 핵심가치는 개인의 가치관뿐만 아니라 진료 철학과도 연결된다. 핵심가치에는 한의원의 비전이 내포되어 있다.

등산을 하는 것을 예로 든다면, 미션은 '산 정상에 오르는 것'이다. 비전은 '함께 산 정상에서 미소 지으며 서 있는 모습을 생각하는 것'이다. 핵심가치는 '산 정상에 오르는 과정에서 어떻게 행동하고 어떤 원칙을 지키며 나아갈지'를 의미한다.

예를 들어, 등산에서의 핵심가치는 다음과 같다.

1. **안전:** 산을 오르는 동안 자신의 안전을 최우선으로 생각하고, 다른 사람의 안전도 함께 고려하는 것.
2. **협력:** 팀원들과 서로 돕고 협력하며, 어려움을 함께 극복하는 것.
3. **끈기:** 정상에 오르기까지의 도전과 어려움을 극복하기 위해 포기하지 않고 지속적으로 노력하는 것.
4. **존중:** 자연과 동료를 존중하며, 환경을 보호하고 서로를 배려하는 것.

즉, 핵심가치는 미션이 '산 정상에 오르는 것'을 이루기 위해 어떤 마음가짐과 태도를 유지할 것인지에 대한 것이다. 단순히 목표를 달성하는 것뿐만 아니라, 그 과정에서 어떤 방식으로 임할 것인지를 규정하는 중요한 기준이다. 이러한 핵심가치는 원장의 의도뿐만 아니라 팀의 가치관을 함께 포함하고 있다.

팀의 가치관은 어떤 것을 의미하는가? 이를 이해하기 위해서는 매슬로우의 욕구 피라미드를 알아야 할 필요가 있다. 피라미드의 가장 기저에 있는 기본적인 인간의 욕구는 생존의 욕구이다. 또한 가장 높은 단계의 욕구는 자아실현과 초월의 욕구다. 내가 하는 일을 통해 나의 삶의 가치를 실현시키는 욕구를 말한다.

원장을 지탱해 주는 것은 돈이 아니다. 돈만 벌기 위해 일한다고 생각하면 아마 하루도 못 가 지쳐 쓰러져 버릴 것이다. 원장이 하는 일에 대해서 의미를 찾아야 한다. 그것이 일을 계속해 나가게 하는 원동력이 된다.

한의원의 직원들도 마찬가지다. 직원들의 급여는 결코 많은 급여가 아니다. 그렇지만 나는 직원들이 본인이 하는 일에 대해서 아주 소중하게 받아들인다는 것을 느낀다. 직원들도 누구나 본인의 업무를 잘 알고 싶어 하니, 실무선을 가지고 싶어 하니, 그런 직원들의 잠재력을 찾아서 이끌어주는 것은 원장의 몫이다.

원장과 직원 모두가 미션과 비전을 가지고 핵심가치를 실현해 나가는 한의원은 아무리 일이 힘들어도 지치지 않는다. 매일 하루하루가 쌓이면 1달이 되고, 1달이 누적되면 1년이 된다. 몇 년이 지속되다 보면 그 한의원 자체의 문화가 된다. 그 한의원의 아이덴티티가 된다.

똑같은 일을 하더라도 즐겁게 일하기 위해서는 모든 직원들이 함께 일에 참여할 수 있어야 한다. 모든 직원들이 일을 통해 자신의 가치를 실현하는 일에 참여한다면, 일이 즐겁지 않을 수가 없다. 그런 한의원은 늘 에너지가 넘친다. 그 기운은 환자들 또한 그대로 받게 된다.

환자들이 언제든 여기만 오면 편안하다고 이야기한다. 원장을 믿고, 직원을 믿고 한의원 치료를 받는다. 치료에 만족한 환자는 또 다시 소개로 이어진다.

반면, 그렇지 않은 한의원은 왜 원장이 출근해야 하는지도 모른다. 환자를 볼 때도 건성으로 치료한다. 환자와 상담하는데 눈은 다른 곳을 보고, 딴생각을 하고 있다. 직원들도 월급을 받기 위해, 입에 풀칠을 하기 위해서 억지로 출근한다. 출근해서도 대충 시간만 때우고 퇴근한다. 한의원 바닥은 엉망으로 더러워져 있고, 케케묵은 냄새가 올라온다. 데스크와 대기실에도 오래된 포스터가 덕지덕지 붙어 있고, 도대체 이 한의원에서는 무슨 진료를 하는지 알 수가 없다.

환자들은 항상 들어올 때부터 그 한의원의 분위기를 느낀다. 환자들은 항상 불안한 마음을 가지고 한의원을 방문한다. 몸이 아픈 사람도 있고, 마음이 아픈 사람도 있다. 입장을 바꿔서 생각해 보면 내가 아플 때 남에게 몸을 맡기는 건 쉬운 일이 아니다. 기본적으로 원장을 믿고 신뢰하기 때문에 몸을 맡길 수가 있다. 그런 환자의 믿음에 원장은 보답할 수 있어야 한다.

항상 한의원이 잘될 수만은 없다. 잘되는 날도 있고, 안되는 날도 있다. 인생 또한 항상 굴곡이 있다. 등산을 할 때도 오르막이 있고 내리막도 있으며, 숲길도 있고 자갈길도 있다. 때로는 높은 바위를 넘어야 할 때도 있다. 그렇지만 계속해서 올라가다 보면 정상에 도착하게 된다.

힘든 일과 실패는 누구나 겪는 과정이다. 넘어지고 다치면서 우리는 성장한다. 성장의 토대는 바로 경험이다. '빠르게 실패하라'는 말이 있다. 실패를 두려워하지 말고 당연하게 받아들이라는 의미다. 실패를 전혀 하지 않다가 나중에 큰 실패를 하기보다 오히려 작은 실패를 통해 배워 나중에 큰 성공을 이루는 것이 더 현명하다. 초년의 성공이 가장 큰 재앙이라는 말을 예전엔 이해하지 못했지만, 이제는 그 의미를 깊이 실감한다.

미국에서는 입사 면접을 볼 때 실패 경험을 본다고 한다. 실패를 많이 한 사람일수록 앞으로 성공할 확률이 높다고 보는 것이다. 최악은 아무것도 겪지 않은 사람이다. 앞으로 발생할 수 있는 어떤 변수에 어떻게 대응해야 할지 알지 못하기 때문이다.

한의원을 할 때도 그렇다. 항상 수없이 많은 변수들이 눈앞에 나타난다. 어제 진료했던 환자의 약 환불이 있을 때도 있고, 침을 맞고 심해졌다는 컴플레인을 호소하는 사람들이 나타날 수도 있다. 때로는 직원들이 단체로 그만두고 나가는 일이 발생할 수도 있고, 갑자기 건물주가 월세를 올려버릴 수도 있다. 항상 모든 것은 바뀐다. 그런데 바뀌지 않는 것은 나의 중심이다. 상황은 바뀌지만, 내가 어떤 태도를 가지고 있는지가 중요하다.

일본 메이지 시대에 쌀 거래로 막대한 부를 축적하여 '거래의 신'이라 불렸던 혼마 무네히사(本間宗久)의 이야기가 있다. 그는 젊은 시절 실패를 거듭하며 방황하다가 사찰에서 수양을 하게 된다. 어느 날, 주지 스님이 바람에 나부끼는 깃발을 가리키며 혼마에게 물었다. "저 깃발은 무엇 때문에 흔들리는 것인가?" 혼마는 "당연히 바람 때문이지요"라고 답했다. 그러자 스님은 이렇게 말했다. "깃발을 흔들리게 하는 것은 바람이지만, 나의 마음이 흔들리지 않으면 깃발도 흔들리지 않는 것이네."

스님의 말을 듣고 혼마는 큰 깨달음을 얻었다. 모든 변화는 외부가 아닌 자신의 마음에서 시작된다는 것이었다. 이후 그는 곡물 거래소에서 탁월한 거래 감각으로 막대한 부를 축적하며, 혼마 가문을 에도 시대 최고의 부자 가문으로 만들었다.

감정에 휩쓸리지 않고, 항상 그 이면을 바라보는 것이 중요하다. 내가 무엇을 생각하고 있는지, 이 일의 본질이 무엇인지, 해결 방법은 무엇인지, 나의 생각의 근원은 어디에서 오는지 깊이 파고들면 더 현명한 판단을 내릴 수 있다. 지금 내가 내리는 판단이 하나의 결과로 이어지고, 그 결과는 인생의 한 점이 된다. 점들은 모여 선이 되고, 면이 되며, 마침내 나라는 인생의 입체를 만들어간다.

항상 중심을 잃지 않고 올바른 판단을 하는 것이 중요하다. 이를 위해 나의 내면을 바라보는 연습을 꾸준히 해야 한다. 제3자의 시각에서 모든 판단과 분별을 내려놓고 감정을 관찰하는 것이 필요하다. 나의 내면이 진정으로 원하는 것이 무엇인지 깊이 생각하면, 자연스럽게 해결책이 보이게 된다.

원장의 삶은 하루에도 수많은 감정의 변화를 겪는다. 환자가 없을 때는 우울해지기도 하고, 많을 때는 체력적으로 지치기도 한다. 그러나 환자를 치료하는 과정에서 일의 즐거움을 찾을 수 있어야 하고, 그 과정에서 자신만의 진료 철학과 핵심 가치를 정립하는 것이 중요하다. 이러한 가치를 바탕으로 즐겁게 일하고, 자신의 본질을 성찰하며 현명한 결정을 내린다면, 결국 성공적인 삶을 살게 될 수 있을 것이다.

원장은 한의원의 중심이다. 한의원의 모든 직원과 그들의 생계를 책임지는 사람이다. 따라서 원장은 늘 바위처럼 굳건한 마음가짐으로 일해야 한다. 원장이 흔들리면 모두가 흔들리게 된다. 한의원은 결국 원장이 이끄는 게임이다.

원장론

내면을 다스리기

얼마 전 개봉한 《인사이드 아웃 2》이라는 영화를 즐겁게 본 기억이 있다. 주인공 라일리가 성장하면서 겪는 다양한 내면의 감정을 다룬 영화다. 1편도 재미있게 봤지만, 2편은 사춘기를 맞이한 라일리가 겪는 복잡한 감정들이 더해져 더욱 흥미롭게 전개되었다. 영화에서는 기쁨, 슬픔, 소심, 까칠, 버럭이라는 5가지 감정이 어떻게 내면에서 드러나는지 보여주고, 사춘기라는 전환점을 맞아 불안, 당황, 따분, 부러움 같은 새로운 감정들이 나타나면서 기존의 감정들과 충돌하고 이를 극복해 나가는 과정을 그려낸다. 특히 감정들을 의인화해, 라일리의 순간순간 변하는 감정을 내면에서 객관적으로 표현한 점이 매우 인상적이었다.

우리가 하루에 하는 생각들이 13,000번가량 된다고 한다. 어릴 때는 감정에 따라 살아갈 때가 많은데, 나이가 들면서 점점 생각이 많아지게 된다. 이때, 그 생각들을 가만히 객관화해 바라볼 필요가 있다. 지금 내가 하는 생각은 무엇인지, 그 생각이 어디에서 비롯되었는지 스스로 관찰하는 것이다. 생각 속에 갇혀 있으면 감정에 휩쓸리기 쉽지만, 그 생각에서 조금 거리를 두고 바라보면 객관적인 시각을 가질 수 있다. 이는 우리가 장기나 바둑을 둘 때와 비슷하다. 직접 둘 때는 아무리 생각해도 묘수가 잘 보이지 않다가, 훈수를 둘 때는 훨씬 명확하게 보이는 것과 같다.

《인사이드 아웃 2》에서와 같이 내가 하는 모든 생각과 감정에 이름표를 붙여보는 것도 좋다. "이건 불안에서 비롯된 감정이구나", "이건 당황스러움이구나"라고 이름을 붙여 보는 것이다. 마치 영화 속 장면처럼, 내 마음속에서 감정들이 서로 튀어나오면서 이런 식으로 작동하는구나 하고 객관적으로 바라보는 것이다. 이렇게 감정에 이름을 붙여주면, 내 감정을 더 잘 이해하고 컨트롤하기가 훨씬 쉬워진다.

예를 들어, 내 마음속에서 "지금 불안이 주도권을 잡으려 하고 있구나. 그렇다면 원인이 무엇일까? 아, 나의 부러움에서 비롯된 감정이구나. 사실 생각해 보면 아무것도 아닌 일인데, 내가 너무 크게 받아들였구나. 슬픈 일도 많은데, 작은 일에서 기쁨을 찾아야겠구나." 이렇게 감정을 객관적으로 바라보고 다스리는 것이다.

한의원을 운영하는 일도 감정을 다스리는 것과 비슷하다. 한의원 진료는 내가 이 일을 즐겁게 하지 않으면, 단 하루도 지속하기 어려운 일이기 때문이다.

하루에도 진료를 하면서 다양한 환자들을 만나고, 그들과 많은 이야기를 나누게 된다. 환자들의 몸과 마음을 돌보는 과정에서 그들의 슬픔, 기쁨, 불안, 고통 등을 마주하게 되고, 자연스럽게 많은 감정이 오고 가게 된다. 때로는 그 감정들이 나 자신에게도 영향을 미치기도 한다.

이때 감정을 객관적으로 바라보는 것이 중요하다. 환자들의 감정을 있는 그대로 받아들여야만 그들을 진정으로 이해할 수 있다. 동시에 나 자신의 감정도 잘 다루어야 한다. 내가 불안에 휩싸여 있는 날이면, 환자들도 귀신같이 알아챈다. "원장님, 오늘 무슨 걱정되는 일 있으세요?"라고 묻기도 하고, 내가 기분 좋은 날이면 "원장님, 요즘 얼굴이 너무 좋아 보이세요"라고 말하기도 한다. 만약 내가 긍정적인 감정을 늘 유지할 수 있다면, 그 에너지가 고스란히 환자들에게도 전해질 것이다.

의식을 다스리는 연습 중 잘 알려진 방법 중 하나는 '객관화 연습'이다. 의식적으로 "이것은 내가 아니다. 이것은 내가 창조한 것이다"라고 자신의 생각을 객관적으로 바라보는 것이다. 자신의 생각이나 판단을 내려놓고 그 순간을 그대로 느끼는 연습이다.

모든 사람은 이런 시절부터 긴장을 느끼고 표현하는 능력을 가지고 있다. 어린아이들은 느끼는 대로 솔직하게 표현하고, 좋고 싫음이 명확하다. 그러나 나이가 들면서 점차 판단과 분별이 끼어들고, 각자가 겪은 경험들이 생각의 틀을 형성하기 시작한다. 이러한 생각들이 시간이 지나면서 고정관념이 되기도 하고, 편견이 되기도 한다.

아침에 일어나 내 몸의 상태를 느낀다. 심호흡을 하면서 산소가 폐포 하나하나까지 닿는 감각을 느끼고, 심장에서 혈액이 온몸을 돌아 다시 돌아오는 것을 상상하기도 한다. 출근길에는 걸어가면서 발이 바닥에 닿는 감촉을 느끼고, 아파트 뒷산에서 들리는 새소리에도 귀를 기울여 본다. 여름의 더위와 만물이 번성하는 기운도 그대로 느껴본다.

만약 우리가 생각에 휩싸여 있다면, 출근길에 이런 것들을 전혀 보지도, 듣지도, 느끼지도 못한다. 오직 생각 속에 갇혀버리게 되는 것이다. 그래서 때로는 생각을 내려놓고, 오직 느낌 자체에 집중하는 것이 맑은 의식 상태를 유지하는 데 도움이 된다.

힘든 일은 피하고 싶고, 즐거운 일만 가득하기를 바라는 것이 모든 사람의 본능이다. 그런데 살다 보면 좋은 일도 있고, 나쁜 일도 있다. 매일 좋은 일만 생길 수는 없지만, 우리가 그것을 어떻게 받아들이냐에 따라 힘든 일도 잘 이겨낼 수 있다. 그것이 내면의 회복탄력성이다. 회복탄력성은 실패했을 때 좌절하더라도 다시 일어설 수 있는 능력을 말한다. 회복탄력성이 낮으면 학습된 무기력이 오게 되지만, 회복탄력성이 높은 사람은 실패를 기회 삼아 성장하기 때문에 점점 더 성공에 가까워지게 된다. 흔히 말하는 정신력의 실제 의미가 이 회복탄력성, 즉 심리적 강인성을 의미한다. 회복탄력성과 심리적 강인성은 단순한 의지 문제가 아닌 현실적인 능력의 형태에 더 가깝다.

김주환 교수의 동명의 책 《회복탄력성》에서는 이렇게 설명한다. "우리의 뇌는 동일한 일을 마주했을 때, 부정적인 회로로 처리할 수도 있고, 긍정적인 회로로 처리할 수도 있다. 긍정적인 뇌는 긍정적인 정보처리 루트가 활성화되어 있으며, 반대로 부정적인 뇌는 부정적인 정보처리 루트가 활성화되어 있다. 그렇기 때문에 동일한 사건이나 사람을 대할 때, 긍정적인 뇌는 자동적으로 긍정적으로 받아들이고, 부정적인 뇌는 자동적으로 부정적으로 받아들인다. 이는 순식간에 일어나는 일이어서 스스로 의식적으로 통제하기 쉽지 않다. 그렇기 때문에 부단한 노력을 통해 뇌의 긍정적 정보처리 루트를 활성화하는 것이 중요하다."

우리가 주변을 바라보았을 때, 멘탈 관리가 안되어 무너신 사람을 많이 본다. 사회적 성공을 이룬 사람도 일시적으로 욱하는 감정으로 무너지기도 하며, 수백 억을 번 유망한 연예인도 순간의 감정을 참지 못해 마약에 손을 대거나, 음주 운전을 하거나, 불법을 저지르고 나락으로 떨어지는 경우를 많이 보게 된다. 그렇기 때문에 큰 성공을 하는 것보다 그 성공을 지키는 것이 더 어렵다고 하는 것이다.

반면 처음부터 끝까지 한결같은 사람들도 많이 본다. 특히 한때 '말해줘'로 큰 인기를 끌었던 그룹 지누션의 가수인 션은 20년이 넘게 꾸준히 기부 활동과 자선 활동 등의 선행을 해오고 있다. 지금까지 그가 기부한 금액만 해도 무려 57억 원에 달한다고 한다. 그는 취약 계층을 위해 연탄을 배달하고, 독립 유공자 후손들을 위해 주거 공간을 지어주기도 했다. 지금은 평생의 그의 소원이었던 루게릭 환자를 위한 병원을 짓는 일에 모든 것을 바치고 있다. 그의 모습에서 진정한 노블리스 오블리주의 모습을 보게 된다.

갈수록 세상은 각박해지고 있고, 자신의 감정을 어디서든 풀려는 사람들이 늘고 있다. 물건을 받을 때마다 환불하거나, 시소한 것에도 트집을 삽고, 식당에 별점 테러를 하는 블랙컨슈머들도 있다. 지하철에서 삿대질을 하며 사소한 것으로 시비를 거는 소위 꼰대 어르신들도 있다.

각박한 세상에서 선한 기업은 항상 대접받는다. 자신만 잘 먹고 잘 살기 위해 남들은 어떻게 되어도 좋다고 생각하는 기업은 이제 사회에 발붙이기 힘들어지고 있다. 온라인이 발달되면 발달될수록 예전에는 쉬쉬하던 일들이 이제는 명백히 만천하에 드러나게 된다. 땅콩회항으로 갑질하다가 돌이킬 수 없는 이미지 타격을 받은 한 항공사의 이야기도 우리는 알고 있다.

반면, 사회에 기부하고 선행을 많이 하는 기업들은 큰 인정을 받는다. 가게 주인의 묵묵한 선행이 온라인에서 알려지게 되어 소위 '돈쭐'을 내기 위해 사람들이 가게에 몰려들었다는 이야기도 듣는다. 각박한 세상에서 누구나 선행에 대해서 한 줄기 따뜻한 마음을 느끼게 된다.

한의원에서의 일상은 늘 감정의 소용돌이 속에 있는 것과 같다. 환자들은 모두 각양각색의 질환을 가지고 온다. 병이 몸에서 비롯된 경우도 있지만, 마음에서 비롯된 경우도 많다. 다양한 환자들의 이야기를 듣고, 환자들의 감정에 느끼며, 나의 감정을 관리하는 과정은 때로는 힘들다. 그러나 그 또한 한의원을 하면 당연히 겪게 되는 나의 일이다. 세상에 감정을 다스리지 못해서 성공한 사람은 아무도 없다. '수신제가치국평천하(修身齊家治國平天下)' 중에 '수신(修身)'이 가장 앞자리에 있는 이유가 있다. 나를 다스려야 가정과 나라와 세상도 다스릴 수 있다.

완벽한 사람은 이 세상에 존재하지 않는다. 누구나 부족한 점을 안고 살아간다. 하지만 매일 겪는 다양한 감정들을 잘 이겨내고 다스리며, 현명한 결정을 내리는 사람은 결국 성공에 한 걸음 더 가까워질 것이라 믿는다.

좋은 습관 만들기

습관은 참 무섭다. 습관이 사람을 만든다고 하는데 정말 그 말이 맞다. 습관이 계속되다 보면 당연한 것이 되어버린다. 내 의지와 관계없이 습관이 나를 이끌게 된다.

내게 있어 새벽 해가 떠오르는 시간은 만물이 생동하는 에너지를 받으며 하루를 시작하는 가장 소중한 시간이다. 이 시간에 가장 집중해야 하는 일들을 배치한다. 하지만 사람마다 집중이 잘되는 시간은 다르다. 아침형 인간도 있지만, 올빼미형 인간도 있다.

《슈퍼노멀》의 주언규 작가는 하루의 시간들 중 집중력이 높아지는 시간을 스스로 체크해 보라고 말한다. 사람마다 집중력이 최고조에 달하는 시간대가 다르기 때문이다. 하루 동안의 활동을 기록하면서 언제 집중이 가장 잘되는지, 언제 피로감을 느끼는지를 체크해 본다. 이를 통해 가장 집중이 잘되는 시간에 중요한 작업이나 어려운 일을 배치하고, 피로감을 느끼는 시간에는 가벼운 업무나 휴식을 취하는 식으로 일정을 짜보는 것이 좋다.

좋은 습관을 기르고 싶은데 막상 시작하기 힘들고, 시작하더라도 금방

지친다고 이야기하는 사람들이 있다. '천 리 길도 한 걸음부터'라는 말이 있다. '시작이 반이다'라는 말도 있다. 일단 시작했으면 반은 된다는 말이다. 무엇이든 시작해 보고 경험해 보는 습관이 중요하다.

가장 추천하고 싶은 좋은 습관은 단연코 독서다. 독서는 사람을 변화시킨다. 성공한 사람들의 공통점은 항상 책을 곁에 두고 있다는 것이다. 나폴레옹은 전장에서조차 책을 끼고 읽을 정도로 독서광이었고, 빌 게이츠는 어릴 때부터 도서관에서 읽지 않은 책이 없었다고 전해진다. 워렌 버핏은 젊은 시절 하루에 600~1,000페이지를 읽었고, 지금도 여전히 하루의 80%를 독서에 할애하고 있다. 그는 "매일 조금씩 읽고 배우는 것이 복리처럼 작용해 내 삶에 큰 영향을 미쳤다"고 말한다.

2024년 현재 한국인의 하루 평균 독서시간은 6분이라는 조사 결과가 있다. 성인의 경우 1년 동안 책을 읽는 사람이 43%에 불과하고, 10명 중 6명은 1년 동안 단 한 권의 책도 읽지 않는다고 한다. 그렇기 때문에 한 달에 1권의 책만 읽어도 평균보다 훨씬 앞서가는 셈이다.

대개 10대까지는 학교공부로 바쁘고, 대학에 가면 대학 생활에 치이고, 사회에 나와서는 사람들과의 교류로 바쁘며, 결혼 후에는 가족을 부양하느라 시간을 쪼개야 한다. 학창 시절에 책을 많이 읽었던 사람도 사회에 나와서는 책을 읽을 여유가 없는 경우가 많다.

그런데 정말 그럴까? 시간이 없어서 책을 읽지 못한다는 것은 사실은 핑계에 불과하다. 생각보다 자투리 시간을 활용하면 책을 읽을 시간을 만들 수 있다. 평소 내가 일어나는 시간보다 30분 정도만 일찍 일어나면 된다. 그게 힘들면 처음에는 10분만 일찍 일어나도 된다. 출근하는 시간, 퇴근하는 시간, 점심 시간, 아침에 화장실에 가는 시간 등 자투리 시간을 잘 활용하면 된다. 마음만 먹으면 얼마든지 책을 읽을 시간을 만들 수 있다. 안중근 의사도 "하루라도 책을 읽지 않으면 입안에 가시가 돋친다"라는 말씀을 남긴 적이 있다. 책을 읽는 게 습관화되면 나중에는 하루라도 책을 읽지 않으면 무언가 허전하다는 생각이 든다.

　책을 쓴 사람들은 다들 자신의 이름을 걸고 오롯이 자신이 아는 것을 책에 담는다. 그렇기 때문에 저자의 평생을 걸쳐 얻은 지식을 단 몇 시간 안에 책을 통해 얻을 수 있다는 것은 정말로 가성비 있는 투자라고 할 수 있다. 어떤 분야에서 전문가가 되는 가장 빠른 방법이 바로 독서다. 잘 모르는 분야라면 책을 통해 새로운 정보를 접하고 습득할 수 있고, 이미 잘 아는 분야라면 반복되는 기억을 통해 지식을 더욱 확고히 할 수 있기 때문이다.

　책을 통해서 무궁무진한 지식을 받아들일 수 있다. 책은 뇌의 뉴런을 자극하고 활성화시키고, 통합하는 효과를 가져다준다. 책을 읽다 보면 점점 더 '독서력(讀書力)'이 늘어나는 이유다. 똑같은 책이라도 내가 아는 만큼 보인다. 나의 의식 수준이 어떤지에 따라 받아들이는 게 다르다. 한의학 책도 마찬가지다. 내가 예과 1학년 여름방학 때 동의보감 전질을 완독하려 한 적이 있다. 뜻도 모르고 무조건 읽고 외우려 할 때는 무슨 말인지 도통 알 수가 없었던 것이, 임상을 하면서 읽어보면 훨씬 더 눈에 잘 들어왔다. 경험과 책의 내용이 결부되기 때문이다.

　책은 어떻게 읽어야 할까? 우리는 책은 소중하게 읽어야 하는 것이라고 어릴 때부터 배웠다. 그러다 보니 첫 장부터 끝장까지 하나하나 읽는데, 이렇게 읽어서는 머릿속에 남는 게 없다.

　유명한 축구선수인 손흥민 선수의 아버지 손웅정 감독은 연간 200~300권가량의 책을 읽는 독서광이다. 그는 저서 《나는 읽고 쓰고 버린다》에서 특유의 독서법을 강조한다. 그는 읽은 내용을 단순히 머릿속에 남겨

두지 않고, 반드시 기록하는 것을 중요하게 여기며, 기록한 내용을 일정 시간이 지나면 버리고 새로운 정보를 받아들인다고 한다. 단순히 책을 많이 읽는 것보다, 책을 통해 얻은 지식을 자신의 것으로 만들고, 새로운 생각과 행동을 끌어내는 데 중점을 둔다. 독서를 단순히 지식을 쌓는 행위가 아니라 삶을 개선하고 발전시키는 도구로 사용하는 것이다. 잉글랜드 프리미어리그의 득점왕에 빛나는 손흥민 선수 또한 독서광으로 잘 알려져 있다. 경기를 하고 쉬는 날에도 그는 틈틈이 책을 본다고 한다. 그의 인성과 실력도 독서에서 기인된 부분이 많다고 나는 생각한다.

책을 읽을 때는 한 방향으로 읽지 말고, 양방향으로 읽어야 한다. '저자가 어떤 이야기를 하고 싶어 할까?' 하고 생각하면서 읽어야 좋다. 양방향으로 소통하면서 읽는 것은 마치 저자와 1~2시간가량 대화를 나눈 것과 같다.

책 한 권 중에 가장 소중한 문장 하나만 건져도 좋다. 발췌독이라도 좋다. 이 책의 한 문장이라도 나의 인생을 긍정적으로 바꿀 수 있는 내용이라면, 그 책은 충분한 가치를 다한 것이다.

또 다른 좋은 습관은 운동이다. 하버드 대학교에서도 신입생을 선발할 때 공부를 잘하는 것뿐만 아니라 운동도 잘하는 학생을 선발한다. 고등학교 때 미식축구 활동을 꾸준히 했다면 가산점을 주기도 한다. 체력이나 건강뿐만 아니라 운동이 개인의 균형 있는 삶이나, 리더십, 팀워크, 끈기, 스트레스 관리 능력 등을 잘 보여줄 수 있기 때문이다.

운동은 단순히 신체 활동이 아니다. 두뇌 기능에도 큰 영향을 미친다. 운동을 규칙적으로 하면 뇌의 신경세포가 활성화되고, 새로운 신경 연결이 형성되며, 기억력과 학습 능력이 향상된다고 케임브리지 대학교의 연구 결과에서 밝혀졌다. 또한 운동은 스트레스를 줄이고, 기분을 개선시키며, 전반적인 정신 건강을 증진시키며, 적절한 유산소 운동은 엔도르핀을 분비하여 자연스럽게 기분을 좋게 만들고, 불안과 우울증을 완화하는 데 도움을 주기도 한다.

운동은 자기관리와 시간 관리 능력을 향상시키는 데도 도움이 된다. 시간을 내어 규칙적인 운동을 하는 것은, 스스로에 대한 책임감을 기르고 꾸준함과 인내심을 키우는 것과 같다.

아픈 환자들을 상대하기 위해서는 원장인 내가 건강해야 한다. 사실 OECD 국가들의 평균 수명이 80.5세인데 비해 의사들의 평균 수명은 약 76세로 훨씬 낮다는 것은 아이러니한 일이다. 남의 건강을 치료하기 위해서는 반드시 자신의 건강부터 우선 챙겨야 한다고 생각한다.

나 역시 운동의 중요성을 깨닫고, 꾸준히 하기 위해 노력하고 있다. 최근에는 아침 수영을 시작했는데, 일어날 때는 힘들지만, 수영을 하고 나서는 늘 가벼운 기분으로 하루를 시작하게 된다. 쉬는 날에는 꾸준히 등산을 가기도 한다. 환자를 돌보는 일은 많은 에너지와 체력이 필요하다. 선배들이 늘 '부의(富醫)가 되려면 체력이 좋아야 한다'라고 말했던 이유가 그 때문이다. 하루 종일 환자를 보는 일은 늘 에너지 소모가 많다. 그래서 원장은 특히나 더 체력관리에 힘써야 한다. 꾸준한 운동은 체력을 향상시키고, 진료에 최선을 다할 수 있도록 도와준다.

명상도 좋은 습관이다. 명상이라고 해서 꼭 명상 수련센터를 찾거나 몇 시간씩 해야 하는 것은 아니다. 일상생활 속에서 간단히 실천할 수 있다. 하루에 잠깐씩, 10분이 아니더라도 5분만이라도 괜찮다. 일상 생활 중 명상을 하게 되면 스트레스를 관리하는 뇌의 영역이 활성화되고, 뇌의 회백질의 밀도가 증가한다고 한다. 명상이 단순한 심리적 휴식 이상뿐만이 아니라 실제로 뇌를 변화시키고 강화하는 능력을 가지고 있는 것이다. 빌

게이츠도 자신의 블로그에서 명상이 그의 집중력과 생산성을 높이는 데 큰 도움이 되었다고 여러 번 언급했다. 그는 매일 아침 10분에서 15분 정도의 명상을 통해 차분하게 하루를 시작한다고 말한다.

미국의 기업인 스티브 잡스는 청소년 시절 히피 문화에 빠졌으며, 대학에 들어간 후에는 영성과 깨달음에 관한 책을 탐독하고 친구들과 함께 명상을 했다. 그는 대학을 중퇴하고 인도 여행을 떠나 7개월간 깊은 내면 탐구의 시간을 보내기도 했다. 그는 사내에 명상실을 만들고 직원들이 근무 시간 중에도 명상할 수 있도록 했다. 잡스는 명상을 통해 마음의 평온을 찾고 직관력을 키울 수 있다고 믿었다. 명상은 그에게 깊은 통찰과 영감을 주었고, 이는 애플의 혁신적인 제품 개발에도 큰 영향을 미쳤다.

명상을 시작하는 것은 어렵지 않다. 처음에는 하루 5분 정도로 시작해도 좋다. 중요한 것은 꾸준히 실천하는 것이며, 핵심은 마음을 비우고 맑게 하는 것이다. 의식을 집중하여, 현재에 머무르게 하고, 있는 그대로 느낀다. 순간적으로 떠오르는 모든 생각들이 나의 창조임을 인정하고 그것들을 지워나간다. 이렇게 불필요한 생각을 줄이고, 좋은 마음 상태를 유지할 수 있다.

무엇이든 한 가지 일이 반복되어 습관이 되는 데는 최소한 66일의 시간이 걸린다고 한다. 굳이 독서와 운동, 명상이 아니라도 괜찮다. 어떠한 것이든 좋은 습관을 가지는 것이 중요하다. 핵심은 실행에 있다. 꾸준히 반복하다 보면 어느새 자동으로 이루어지는 습관이 되고, 이는 인생을 살아가는 강력한 무기가 된다. 오늘부터라도 좋은 습관을 하나씩 실행해 보자. 그리고 내게 해로운 습관이 있다면 하나씩 줄여보자. 좋은 습관을 꾸준히 실천하는 것은 삶을 더 나은 방향으로 이끄는 가장 확실한 방법이라고 감히 보장한다.

원장론

아는 것이 힘이다

나는 학교를 다닐 때 선배들이 "관(觀)이 서야 한다"고 이야기하는 게 무슨 말인지 몰랐다. 나이가 들고 연차가 쌓이면서, 그 말을 피부로 느끼고 있다.

환자들은 다양하다. 연차가 낮은 한의사들의 실수 중 하나가, 환자들의 말을 100% 다 믿는 것이다. 환자들의 이야기를 이해할 때는 그들이 쓰는 용어를 있는 그대로 해석하는 것이 아니라, 그들의 입장과 눈높이에서 의미를 파악해야 한다. 환자들이 느끼는 증상과 그들의 생활 방식을 충분히 고려하면서도, 의학적으로 옳고 그름을 판단할 수 있는 명확한 기준을 세워야 한다. 이러한 기준이 없다면 의사는 혼란에 빠지기 쉽고, 환자에게 정확한 진단과 치료를 하기 힘들어진다. 환자의 이야기를 필터링하고, 그속에서 중요한 정보를 추출해 정확한 진단을 내리는 과정이 중요하다.

이를 위해서는 의사의 지식이 다방면으로 풍부해야 한다. 진단(診斷)의 중요성이 바로 여기에 있다. 사실 한의대에서도 진단학을 배우지만, 실제 임상에서 겪어보지 않으면 제대로 이해하기 어렵다. '내가 책에서 보았던 질환이 이 질환이구나!' 하고 느낄 수 있어야 한다. 진단이 중요한 이유는 앞으로 어떻게 치료 방향을 설정할지를 결정하기 때문이다. 진단은 그저 병명을 붙이는 것이 아니라, 환자의 전체적인 상태를 파악하고, 몸 안에서 무엇이 불균형을 일으키고 있는지를 찾는 과정이라고 볼 수 있다. 그렇기 때문에 환자의 주소증, 현병력, 복약력, 가족력 등 세세한 사항까지 종합적으로 파악이 필요하다.

정확한 진단을 내릴 수 있는 의사가 명의라고 보아도 과언이 아니다. 오늘날과 같이 정보가 넘쳐나는 시대에는 진단의 중요성이 더욱 커진다. 환자들은 다양한 정보를 접하면서 누군가에게 좋다고 들은 정보나 인터넷에서 본 내용을 맹신하는 경우도 많다. 그렇기 때문에 환자들에게 필요한 정확한 정보를 제공하고, 잘못된 정보를 바로잡으며, 올바른 치료 방향을 제시하는 것이 의사의 책임이다.

특히 의약품 남용 문제는 여전히 해결되지 않은 문제 중 하나이다. 여러 가지 약을 동시에 복용하는 환자들이 많고, 그로 인해 생기는 부작용이나 약물 상호작용에 대한 고려가 부족한 경우도 흔하다. 예를 들어, 혈압약과 칼슘제를 함께 복용할 경우 심근경색의 위험이 높아질 수 있다. 또, 진통제와 술을 함께 섭취하면 간 독성이 발생해 간 손상을 초래할 수 있다. 의사는 이러한 약물 간의 상호작용에 대한 지식을 바탕으로 환자에게 맞는 적절한 복약 지도를 해야 한다. 환자들은 자신의 몸 상태를 정확히 인식하지 못하고, 어떤 약을 먹어야 하는지 모르는 경우가 많기 때문에, 의사는 이를 충분히 알려주어야 한다.

아직까지도 "한약을 먹으면 간에 나쁘지 않나요?"라는 질문을 하는 환자들이 있다. 한약이 간에 미치는 영향에 대한 논의는 여러 연구와 논문에서 다루어졌으며, 대부분의 연구 결과에서 한약과 간 손상 사이의 상관관계는 극히 미미한 것으로 나타났다. 물론, 일부 한약재가 간 수치를 일시적으로 상승시키거나 간에 부담을 줄 수도 있지만, 반대로 한약이 간염 치료나 간 수치 개선에 도움이 된다는 연구 결과도 다수 존재한다. 한약이 간에 나쁘다는 인식은 대개 오해에서 비롯된 것이며, 특정 한약재의 부작용이 잘못 알려졌거나, 환자의 체질에 맞지 않게 복용되었거나, 양약을 과도하게 복용하는 경우에 나타나는 부작용 때문인 경우가 오히려 더 많다.

일부 의사들은 여전히 한약이 간에 나쁘다고 주장하며, 한약을 무조건 피해야 한다고 권고하기도 한다. 그러나 한약의 전문가로서 한의사는 이러한 잘못된 정보를 바로잡아야 한다. 한약이 환자의 체질에 맞는지, 어떤 약물과 함께 복용할 수 있는지를 종합적으로 판단할 수 있는 사람은 한의사지만, 한의사 역시 양약에 대한 정확한 지식을 갖추고 있어야 한다. 무조건 한약과 양약을 같이 먹어도 괜찮다고 해서는 안 된다. 예를 들어, 황금과 소염제를 함께 복용하면 간 수치가 오를 수 있다. 대황과 항생제를 함께 복용할 때도 그럴 수 있다. 또한, 체질에 맞지 않는 한약을 사용하면 문제가 될 수 있기 때문에, 환자의 체질을 정확히 파악해 약을 처방하는 것이 중요하다.

'관이 선다'는 표현은 한의사가 환자를 진료할 때 명확한 기준을 가지고 있다는 뜻이다. 진단과 치료 방침에 대한 확고한 기준이 서 있으면, 어떤 환자가 오더라도 두려움 없이 대응할 수 있다. 한의사가 명의로 성장하기 위해서는 이러한 기준이 필수적이다. 처음부터 모든 것을 알고 있는 의사는 없지만, 경험이 쌓일수록 자신의 치료 기준과 원칙이 점점 명확해지고, 이는 결국 한의사로서의 자신감을 키우게 된다.

10년 전의 의학과 지금의 의학이 다르듯이, 지금도 매일 의학은 발전하고 있다. 끊임없이 새로운 지식을 열린 자세로 받아들여야 한다. 내가 아는 지식이 무조건 옳다고 생각하는 자세를 가장 경계해야 한다. 내가 중학생 때 걸렸던 '특발성 폐질환'은 당시 난치 질환 중 하나였다. 부산의 모든 대학병원을 찾아갔지만 마땅한 치료 방법이 없었고, 서울대병원의 호흡기내과 교수님을 찾아가기도 했다. 당시 교수님이 미국 대학병원의 교수님과 이메일을 주고받으면서 (당시는 이메일이 보급되기 시작한 지 얼마 안 되었을 때였다.) 질환에 대한 최신 지견을 주고받았던 경험이 아직까지 기억에 남아있다. 당시 특발성 폐질환은 난치병 중의 하나였지만, 지금은 다양한 치료제가 개발되어 있어 쉽게 치료가 된다고 한다. 마찬가지로 암이나 희귀병 등 난치병 분야에서도 지금도 연구가 활발히 이루어지고 있으며, 신약들이 개발되고 있다. 지금도 의학 지식은 매일매일 계속해서 새롭게 갱신되고 있다.

의학과 대비해서 한의학이 가진 장점을 잘 살릴 필요가 있다. 한의학은 전인의학(全人醫學)으로서, 한의학의 목표는 인체의 균형을 회복시키고, 면역력을 강화해 질병을 예방하고 치료하는 데 있다. 균형을 맞추는 것은 단순한 증상 치료가 아니라, 인체의 근본적인 건강 상태를 유지하는 것을 의미한다.

인체는 매우 복잡하고 유기적인 시스템이기 때문에, 하나의 기관이나 요소만 따로 떼어 생각할 수 없다. 각각의 장기는 그 자체로 소중하며, 하나가 고장 나면 다른 장기가 그 역할을 대신한다. 어찌 보면 치료라는 것 자체가 인체의 불균형을 균형 상태로 만들어 나가는 과정이라고 보아도 과언이 아니다.

의학의 트렌드는 빠르게 변화한다. 10년 전만 해도 척추질환의 치료에서 수술이 대세였지만, 이제는 비수술적 치료가 더욱 선호되고 있다. 자궁근종 역시 과거에는 적출이 일반적이었으나, 현재는 복강경을 이용한 보존적 치료가 주로 이루어지고 있다.

사람들의 영양제 선택도 변화하고 있으며, 특정 성분이 유행하는 시기가 있다. 글루코사민과 오메가3가 유행한 지 얼마 안되어 최근에는 MSM이나 코엔자임Q10 등이 유행하고 있다. 마케팅이나 선호도에 따라 그때그때마다 달라지기도 한다.

앞으로 의학의 트렌드는 끊임없이 변화할 것이다. 미래에 또 어떤 새로운 흐름이 등장할지 예측할 수 없지만, 변하지 않는 것은 사람들의 '건강에 대한 관심'이다. 한의학이 그 수요를 충족시켜 주어야 한다. 그러기 위해서는 치료의학과 예방의학으로서의 한의학의 장점을 최대한 잘 살릴 수 있도록 최선을 다해 노력해야 할 것이다.

태어날 때부터 명의(名醫)인 사람은 없다. 매 순간 겸손한 자세로 배우고, 환자를 진정으로 이해하려고 노력할 때, 하루하루 쌓여가는 경험과 배움은 결국 나를 한 단계씩 더 나아가게 할 것이며, 그 경험과 배움이 나를 명의로 만들어 줄 것이라 생각한다.

원장론

돌아오지 않는 시간

원장은 항상 바쁘다. 한의원을 운영하는 원장은 늘 시간에 쫓기며 산다. 늘 여기저기 아픈 환자들을 돌보면서, 매일 상담을 하고 추나를 하거나 침을 놓다가 보면 하루가 순식간에 지나간다. 환자를 많이 본 날은 정말 하얗게 불태웠다고 해도 과언이 아닐 정도로 온몸이 녹초가 된다.

대부분의 원장들이 주 6일 근무를 하면서 매일 바쁜 하루를 보낸다. 나 또한 일주일에 2번씩 야간진료를 하고 집에 오면 밤 9시, 10시가 넘었다. 바쁜 하루를 보내다 보면 오로지 나를 위해 쓰는 시간이 하루에 몇 시간이라도 있으면 좋겠다는 생각이 간절할 때가 있었다.

시간이라는 것은 참 아이러니하다. 지금은 시간이 늘 부족하게 느껴지지만, 나이가 들면 시간이 남아도는 경우를 자주 본다. 젊었을 때는 시간이 많지만 돈이 부족하고, 나이가 들면 돈은 있지만 건강을 잃는다. 어떻게 보면 건강과 경제적 여유가 모두 있는 40대와 50대가 인생의 황금기라 할 수 있지만, 그때는 시간이 부족해 삶을 제대로 누리지 못한다. 직장인들이 공휴일을 손꼽아 기다리는 이유도 그 때문이다. 쉬는 날의 재충전을 통해서 다시 일할 수 있는 에너지를 얻을 수 있기 때문이다.

항상 시간은 한 방향으로만 흐른다. 지나간 시간을 다시 되돌릴 수도 없고, 미래의 시간으로 훌쩍 뛰어넘어 갈 수도 없다. 우리의 상상이나 회상 속에서는 과거나 미래 속으로 여행이 가능하나, 현실에서는 그렇지 않다.

반면, 돈은 한 방향으로만 흐르지 않는다. 우리가 늘 듣는 이야기가 있다. 흔히 듣는 말처럼 "돈은 있다가도 없고, 없다가도 있는 것"이다. 늘 아낀다고 부자가 되지 않는다. 돈도 때가 되고 운이 되어야 찾아온다. 그때를 맞이할 준비가 되어 있어야 큰 기회를 잡고 큰 돈을 벌 수 있다.

시간과 돈 중에서 무엇이 중요하다고 단언할 수 없다. 시간은 항상 지나면 소멸하게 되고, 아무리 많은 돈을 주더라도 시간을 되돌리거나 추가할 수는 없다. 사랑하는 사람과의 시간, 자신의 인생을 위한 자기 개발의 시간, 즐거웠던 여행과 추억 등을 어떻게 돈으로 환산할 수 있을까? 그렇다고 돈이 중요하지 않은 것도 아니다. 돈이 없으면 기본적인 인간다운 삶을 유지할 수가 없다. 돈은 단순히 물질적인 필요를 충족시키기 위해서 필요한 것이 아니라, 시간의 질을 높이는 데 기여할 수 있다는 데 의의가 있다. 돈의 진짜 가치는 '시간 선택'의 자유를 제공하는 데 있는 것이다.

시간은 돈을 버는 기회를 제공하고, 돈은 시간을 더 자유롭게 사용할 수 있는 여유를 제공한다. 많은 돈을 가진 사람은 자신에게 덜 중요한 일이나, 시간을 소비하는 작업을 다른 사람에게 맡기고 그 시간을 자신이 더 중요하게 여기는 일을 하는 데 사용할 수 있다. 반면, 충분한 시간이 있는 사람은 그 시간을 활용하여 자신의 역량을 개발하거나 새로운 기회를 찾아 더 많은 돈을 벌 수 있는 능력을 기를 수 있다. 그래서 이 둘을 어떻게 균형 있게 관리하느냐가 행복한 삶을 살아가는 데 있어서 무엇보다도 중요하다.

성공한 사람들은 시간을 더 가치 있게 사용하려고 노력한다. 그들은 하루 24시간을 최대한 효율적으로 활용하여 자신의 목표를 이루기 위해 계획적으로 행동한다. 또한 자신에게 주어진 시간뿐만 아니라, 다른 사람의 시간을 활용하는 것을 '레버리지'라고 말한다. 이러한 레버리지를 잘 활용하는 사람은 더 빠르게, 더 넓게 성공한다.

성공한 사람들은 중요한 일과 그렇지 않은 일을 명확하게 구분한다. 삶의 목표와 가치를 기준으로 우선순위를 설정하고, 중요한 일에 더 많은 시간을 투자한다. 일의 우선순위를 알려주는 잘 알려진 실험으로 유리병에 자갈 채우기 실험이 있다. 유리병을 가득 채우기 위해서는 가장 먼저 큰 돌을 넣고, 그 다음에 자갈, 모래, 흙을 넣어야 최대한 가득 채울 수 있다. 만약 그 반대로 하면 유리병을 반도 채우지 못한다.

누구에게나 주어진 시간은 동일하지만, 대부분의 하루 일과는 비슷하게 반복된다. 아침에 출근하고 저녁에 퇴근하며, 주말에는 가족과 시간을 보낸다. 이때 시간을 어떻게 쓰느냐는 일종의 투자라 할 수 있다. 중요한 것은 시간을 어디에 투자할 것인지, 그리고 그 투자의 우선순위를 어떻게 정할 것인지이다. 시간을 효율적으로 배분하고, 그 우선순위를 잘 설정하는 것이 성공적인 삶을 위한 중요한 과제라 할 수 있다.

"내가 헛되이 보내는 오늘이 누군가에게는 그토록 살고 싶었던 하루였다"는 말을 떠올려 본다. 나에게 맞는 최적의 시간을 찾아 이를 최대한 활용하는 것이 중요하다는 것을 늘 느낀다. 나 역시 진료 시간 외에도 나 자신을 위한 시간을 확보하려고 노력하고 있다. 시간의 소중함을 인식하고, 그 시간을 잘 활용하는 것이 내 삶의 중요한 과제이다.

나는 주로 아침 시간과 목요일의 시간을 가장 효율적으로 활용하기 위해 노력한다. 새벽에 일어나 책을 읽거나 하루를 계획할 때, 내 뇌가 가장 활발하게 움직이는 것을 느낀다. 또한 목요일은 내가 하고 싶었던 일들을 실행하는 날로, 돌아오는 목요일에 무엇을 할지 미리 계획하면 일주일 전부터 설레고 기대하는 마음이 생긴다.

또한, 아침 시간을 잘 활용하면 남들이 사용하지 못하는 시간을 활용할 수 있다. 특히 새벽의 한두 시간은 아무에게도 방해받지 않는 유일한 시간이다. 이 시간에 집중해서 독서를 하거나 꾸준히 운동을 할 수 있다. 아침 시간을 활용해 자신만의 루틴을 만들면 하루를 더 효율적으로 보내고, 성취감과 자존감을 높일 수 있다. 이런 아침 시간 활용은 생산성을 높이고, 목표 달성에 한 걸음 더 가까워지게 한다.

《미라클 모닝》은 2016년 할 엘로드의 동명 책에서 유래한 습관으로, 보통 일어나던 시간보다 1시간 또는 2시간 정도 일찍 일어나 아침에 자기계발을 하는 습관을 말한다. 10만 명의 구독자를 가지고 있는 부동산 유튜버 세빛희 씨도 미라클 모닝을 실천하며, 아침 시간에 독서와 운동 등 자신만의 루틴을 가지고 하루를 시작한다고 알려져 있다. 세빛희 씨는 과거 공무원 생활을 하던 평범한 워킹맘에서 현재는 부동산 투자와 함께 작가, 강사, 유튜버 등으로 사람들에게 빛과 희망을 전달하는 활동을 하고 있다. 그녀는 아침마다 꾸준히 공부를 하면서 부동산 투자 실력을 키웠고, 이미 3권의 책을 출간해 부동산계에서 인정받는 강사가 되었다. 그녀는 성과를 내는 데 가장 중요한 것은 실행과 꾸준함이라고 강조하며, 그 꾸준함을 지속하는 데 도움이 되는 것이 '마인드 셋팅'과 '미라클 모닝'이라고 이야기한다.

꼭 미라클 모닝일 필요는 없다. 미라클 이브닝이나 미라클 미드나잇이라도 괜찮다. 어떤 시간이든 본인에게 잘 맞는 시간을 활용해야 한다. 180만 구독자를 보유한 자기 개발 유튜브 채널 '신사임당'의 운영자였던 주언규 씨는 "각자에게 맞는 시간을 찾는 것이 중요하다"고 강조한다. 사람마다 아침 시간이 더 집중이 잘되는 사람이 있고, 저녁 시간이 더 잘되는 사람이 있다. 바로 종달새형과 올빼미형이다. 사실, 자신에 대해 가장 잘 아는 사람은 바로 자기 자신이다. 자신의 일상을 분석하고, 어떤 시간 대에 가장 집중력이 높아지는지를 확인하여, 중요한 업무는 집중할 수 있는 시간에 배치하고, 덜 중요한 업무는 집중력이 떨어지는 시간에 배치하는 것이 필요하다. 이렇게 하면 낭비되는 시간을 최소화하고 집중도를 높여 높은 생산성을 유지할 수 있다.

중요한 것은 하루에서 일정 시간을 꾸준히 저축하고 투자하는 것이다. 시간을 꾸준히 저축하고 투자하는 것은 마치 금융에서 복리 효과를 보는 것과 같이, 장기적으로 엄청난 결과를 가져올 수 있다. 반대로 시간을 낭비하면 그만큼의 기회 비용을 잃게 되고, 결국 '시간의 파산'에 이르게 된다.

벤자민 하디의 《퓨처 셀프》에서는 '미래의 나'를 구체적으로 상상하고 그 모습을 이루기 위해 현재의 삶을 설계하는 것이 중요하다고 이야기한다. 미래의 나를 상상함으로써 우리는 매 순간 더 나은 선택을 할 수 있게 되고, 현재의 행동이 미래에 미치는 영향에 대한 인식을 높일 수 있다. 이는 장기적으로 우리를 성공의 길로 이끌어 준다.

시간은 돈과 달리 한정된 자원이다. 돈은 가역적이지만, 시간은 불가역적이다. '죽음을 기억하라'라는 라틴어 'Memento Mori'라는 말을 기억한다. 언젠가는 우리는 모두 인생의 끝점에 서게 된다. '미래의 나'가 '지금의 나'에게 "정말 잘했다"라고 말할 수 있도록, 오늘 하루 나에게 주어진 이 시간을 잘 활용해야 한다. 나에게 최적화된 시간을 찾고, 그 시간을 나의 목표를 위해 최대한 활용해 보자. 이는 똑같이 주어진 시간 속에서 각자의 성공으로 가는 가장 빠른 지름길이 될 것이라 확신한다.

원장론

마케팅의 역설

한 번씩 환자들이 "알아서 우리 한의원에 찾아와 주면 얼마나 좋을까?" 하는 생각이 들 때가 있다. 그러나 안타깝게도 그렇지 않다. 10년간 한의원을 했는데도, "여기에 한의원이 있었나요?"하고 이야기하는 환자들도 있다.

한의원의 진료 못지않게 중요한 게 한의원을 잘 알리는 것이다. 아무리 진료를 잘해도 여기에 한의원이 있는지를 모르면 환자가 치료를 받을 수가 없다. 그런 의미에서 마케팅의 중요성이 더더욱 중요해지는 시대가 되고 있다.

현대 사회는 정보 부족의 시대가 아니라 정보 과잉의 시대이다. 온라인에서는 단 클릭 몇 번에 내가 원하는 모든 정보를 찾아볼 수 있다. 그러나 정보 과잉의 시대는 역설적이게도 정보 빈곤을 일으킨다. 너무 많은 정보 속에서 우리는 무엇을 택해야 할지 혼란스럽다. 그렇기 때문에 수많은 정보 중에서 올바른 정보를 선택하는 것이 중요한 이유다.

환자들의 입장에서도 마찬가지다. 환자들은 '아플 때 어느 한의원으로 가야 할까?' 하고 늘 고민한다. 집이 가까워서 찾아가기도 하고, 내 질환을 잘 봐줄 것 같은 의사를 찾아서 일부러 가기도 한다.

마케팅은 궁극적으로 환자의 입장에서 이루어져야 한다. 원장이 "내가 치료를 잘하니 오세요"라고 아무리 외쳐도 환자는 오지 않는다. 만약 내가 환자라면 어떤 한의원을 찾아가겠는지를 고민하면 해결책이 보인다.

개원을 준비하면서 마케팅에 대한 고민은 누구나 하게 된다. 마케팅 예산은 얼마나 책정해야 할지, 어떤 마케팅 방법이 가장 효과적일지 등에 대해서 말이다. 환자의 목소리를 듣고 그들의 필요를 이해하는 것이 성공적인 마케팅의 시작이다.

원장들은 개원해서 다양한 광고 업자들을 만난다. 제대로 하지 않는 광고업체를 만나서 사기를 낭하기도 하고, 이틴 경험이 누직되면서 '신사불래, 내자불선(善者不來, 來子不善)'에 대해 확신하기도 한다. 그리고는 마케팅이라는 존재 자체의 필요성과 효용성에 대해서 근본적으로 고민해 보기도 한다. 마케팅에는 어떤 종류가 있을까? 그리고 한의원에서 할 수 있는 마케팅은 어떤 것들이 있을까?

마케팅 중에서 가장 기본이 구전 마케팅이다. 소위 입소문이다. 치료받고 좋아진 환자가 다른 환자를 데리고 오는 것이다. 유유상종(類類相從)이라는 말처럼, 구전 마케팅을 통해 오는 환자들은 대부분 자기랑 비슷한 사람을 데리고 온다. 그런데 의사와 환자도 궁합이 있다. 이상하게 치료가 잘되는 환자가 있고, 이상하게 이 환자만 보고 나면 기운이 쪽 빠지는 환자도 있다. 모든 환자가 마음같이 치료가 잘되면 좋겠지만, 그것도 쉽지 않은 일이다. "원장님에게 치료받았더니 너무 좋더라" 하고 다른 환자를 데리고 왔지만, 그 환자가 그다지 만족하지 못하는 경우도 있을 수 있다. 구전 마케팅은 불확실성은 존재하지만, 효과 면에 있어서는 어떤 마케팅보다 뛰어나다고 볼 수 있다. 일단 소개로 온 환자는 소개해 준 사람을 믿기 때문에, 기본적인 신뢰를 가지고 내원하기 때문이다.

구전 마케팅이 가장 고전적인 방법이라면, 원내 마케팅은 원내에 환자들이 관심을 가질 수 있을 만한 것들을 배치해 두는 것이다. 이는 환자의 니즈에 맞추어 이루어져야 한다. 예를 들어 추석 이벤트를 준비할 때 관련 내용을 게시해 두는 것이나, 네이버 리뷰 이벤트를 할 때, 이벤트 내용을 알리는 것이다.

마케팅을 하기 전에 필요한 것이, 퍼스널 브랜딩을 구축하는 작업이다. 브랜딩은 원장의 아이덴티티를 기반으로 구축된다. 브랜딩을 하는 것은 결국 '나를 사람들이 어떻게 인식하는가?'이다. 브랜딩은 원장의 정체성을 잘 드러내어야 한다. 정체성은 단 한마디로 표현할 수 있어야 한다. 예를 들어 '척추는 자생'과 같이 말이다. 단순한 것이 더 강렬하다.

마케팅의 역설은 마케팅을 하지 않아도 환자들이 자연스럽게 찾아오는 한의원을 만드는 것이다. 교통사고 환자들이 알아서 자생을 찾아가는 것과 같이 말이다. 새로 개원하는 한의원들은 대개 처음부터 충분한 마케팅 예산을 갖추고 있지 않기 때문에, 초기에는 소규모로 시작해 점차 예산을 늘려가는 것이 좋다.

마케팅을 효과적으로 하기 위해서는 내가 가장 잘 치료할 수 있는 질환이 무엇인지 고민해야 한다. 또한, 그 치료가 특별하고 다른 곳에서는 잘 하지 않는 경우일수록 더 유리하다. 마케팅에서 중요한 것은 '내가 가진 무기가 얼마나 독특한가?' 하는 점이다. 완벽하지 않아도 상관없으며, 부족한 부분은 보완하면 된다. 만약 다른 곳에서 잘 하지 않는 치료라면, 그만큼 경쟁에서 우위를 점할 수 있다.

내가 설진(舌診)과 도침(刀針) 치료를 집중적으로 마케팅한 것은 이 두 가지 치료에 완벽했기 때문이 아니다. 당시 부산에는 이 두 가지를 전문으로 하는 한의원이 많지 않았고, 적극적으로 이 분야를 배우기 시작한 지 1년이 지난 시점부터는 홍보를 시작했다.

어디에서나 희소성의 법칙은 적용된다. 당시 네이버에서 키워드 마케팅 광고를 할 때 도침과 설진에 아주 적은 예산을 배정했음에도 불구하고 상당한 효과를 거두었다. 광고를 보고 멀리서 우리 한의원을 찾아오는 환자들이 많았다.

하지만 지금은 설진이나 도침을 하는 한의원들이 늘어났다. 키워드 광고의 경쟁률이 높아지면서, 예전보다 광고의 효율성은 떨어지게 되었다. 최근에는 초음파를 활용한 진단과 치료가 트렌드가 되고 있다. 혹시 만약 본인이 미국 초음파사 자격증(RMSK)을 가지고 있고, 만약 소노가이드(sono-guide)약침을 하는 곳이 주변에 거의 없다면 거기서 이미 홍보와 마케팅에 있어 우위를 가지고 들어갈 수 있는 것이다.

한의원의 이름은 개원 전부터 나의 정체성을 잘 드러낼 수 있는 명칭으로 신중하게 고민하여 짓는 것이 중요하다. 로고 또한 필수적이다. 로고는 깔끔하면서도 한의원의 아이덴티티(identity)를 효과적으로 나타낼 수 있어야 한다. 예를 들이, 척추 전문 한의원이디먼 척추 모방의 캐리커서를 활용한 로고를 고려할 수 있다.

최근에는 로고 디자인을 크몽과 같은 외주 업체를 통해 제작할 수 있으며, 개원 전반의 셋업을 도와주는 업체와 협력하여 로고를 만드는 것도 좋은 방법이다.

내가 아는 원장님은 한방병원을 운영하면서 캐릭터를 만들어 활용하고 있다. 이 캐릭터는 원장님의 딸을 모티브로 하여 제작되었다. 우리가 디즈니를 생각할 때 미키마우스와 도날드덕을 떠올리듯이, 캐릭터의 힘은 엄청나다. 국내의 더 핑크퐁 컴퍼니의 아기상어는 그 한 가지 캐릭터만으

전대성한의원은
최신식 설진기로 진단합니다.

혀로 건강을 살펴보는 설진기로는 디지털카메라로 촬영한 혀의 색, 혀의 상태로
소화기나 폐질환이 있는지 보고 아래 혀의 정맥으로 어혈을 진단할 수도 있습니다.
또한, 인체내에 위해를 가하는 방식이 아닌 비침습적인 방법이라, 짧은 시간에
검사가 가능하며, 진단에 대해 원장님과 환자분 1:1로 건강 상태를 확인하는 매우
객관적이고 표준화된 진단이 가능한 장점이 있습니다

로도 초대박을 기록했다.

"아기 상어 뚜루뚜루~"로 시작되는 아기 상어 체조 영상은 전 세계 유튜브 조회 수 1위의 영상으로, 세계 최초로 유튜브 누적 조회 수 100억 뷰를 달성하며 신기록을 세웠다. 2023년 6월 기준, 더 핑크퐁 컴퍼니의 유튜브 누적 조회 수는 1,000억 뷰를 돌파했으며, 누적 시청 시간은 약 68만 년에 이르러 인류 역사의 2배가 넘는 방대한 시간을 기록하고 있다. 이러한 예시는 캐릭터 마케팅의 힘을 잘 보여준다.

원장이 알릴 수 있는 채널 중 하나로 블로그도 적극적으로 활용해 볼

수 있다. 블로그는 이미 10여 년 전에 유행하고 지금은 인기가 식은 채널이 아닌가 생각하는 사람도 많지만, 가장 손쉽게 접근할 수 있고 큰 비용을 들이지 않고 시작할 수 있는 채널은 블로그만큼 좋은 것이 없다. 게다가 블로그에 발행한 글은 쌓일수록 든든한 자산이 된다. 블로그는 언제든지 쉽게 작성할 수 있으며, 이웃과의 쌍방향 소통이 가능하다는 점도 큰 장점이다.

블로그를 운영할 때 주의해야 할 점은 저품질 콘텐츠가 되지 않도록 관리하는 것이다. 블로그의 노출을 높이려면 블로그 지수를 올려야 하고, 이를 위해서는 꾸준히 게시글을 업로드해야 한다. 잘 아는 주제에 대해 신뢰성 있는 내용을 작성하고, 제목, 설명, 태그 등을 내용에 맞게 적절히 입력하는 것이 중요하다. 또한, 글을 썼다고 해서 끝이 아니다. 이후에도 댓글을 관리하고 홍보하여 블로그를 꾸준히 활성화해야 한다.

블로그가 환자와 소통하는 통로라면, 홈페이지는 한의원의 얼굴이다. 홈페이지는 네이버 모두에서 저렴하게 무료로 시작할 수도 있지만, 전문 제작을 의뢰할 경우 수천만 원 이상 들기도 한다.

홈페이지를 잘 만들기 위해서는 원하는 디자인의 홈페이지를 제작자에게 보여주고, 최대한 비슷하게 만들어 달라고 요청하는 것이 좋다. 이는 일종의 벤치마킹이라고 할 수 있다. 블로그가 처음에 잠재 고객들이 가볍게 접근하는 통로라면, 홈페이지는 잠재 고객들이 최종 내원 결정을 내리는 중요한 역할을 한다. 그렇기 때문에 내원을 고민하는 고객들에게 확실한 인상을 남길 수 있도록 신뢰성을 주도록 제작하는 것이 중요하다.

최근 대세인 매체는 유튜브다. 우리나라 사람들이 하루 중 7시간 이상 스마트폰을 사용하고, 그중 압도적으로 많이 사용하는 앱이 유튜브이다. 과거에는 몇몇 소수의 크리에이터들만 활용하던 플랫폼이었지만, 요즘에는 누구나 쉽게 유튜브를 시작할 수 있다.

예를 들어, 맑은소리휴한의원은 성대 질환을 특화하여 유튜브를 운영했고, 불과 1년 만에 구독자가 3천 명 이상을 돌파했다. 이 구독자들은 주로 목소리를 많이 사용하는 직업의 사람들로, 목소리에 관심이 많은 찐팬들이 많다. 덕분에 유튜브를 통해 실제로 한의원에 내원하는 사례도 증가하고, 매출로도 이어지고 있다.

또한, 압구정한의원은 침을 놓거나 환자와 상담하는 내용을 담은 콘텐츠로 큰 반향을 일으켰다. 김순열 원장님은 한의학 상식과 영양제에 대한 정보를 제공하며 66만 이상의 구독자를 끌어모았다. 이러한 사례들은 유튜브가 한의원 마케팅에 효과적인 도구임을 보여준다.

블로그와 인스타, 유튜브 등 다양한 채널을 활용해서 환자들과의 접점을 늘려나가고, 적극적으로 환자와 예비환자와 소통한다는 자세를 가진다면, 원장의 브랜딩에 있어서 효과적인 결과를 얻을 수 있다. 환자가 오기 전에 미리 원장님에 대해서 파악하고 오기 때문에 구구절절한 설명도 필요 없다. 그만큼 신뢰를 가지고 내원하기 때문이다.

예전에는 "진료만 잘하면 산꼭대기에 한의원이 있어도 찾아온다"라는 말이 있었다. 하지만 지금 그 말은 호랑이 담배 피우던 시절의 이야기이다. 이제는 환자들의 선택지가 넓어졌고, 진료 잘하는 원장님들도 부지기수로 늘었다. 이런 시대일수록 내가 어떤 사람인지, 나의 한의원이 어떤 한의원인지 잘 알리는 것이 매우 중요하다고 생각한다.

2장

환자론

환자론

왜 굳이 우리 한의원을 찾을까?

세상에는 다양한 환자가 있다. 사람은 다양하고 유형도 다양하다. 왜 이 환자가 그 많은 한의원 중에서 우리 한의원을 찾았을까?

이에 대한 답을 하기 위해서는 원장 입장이 아니라 환자 입장이 되어 생각해 볼 필요가 있다. 무엇 때문에 이 환자가 우리 한의원을 찾았는지를 파악해야 한다.

한의원을 찾은 환자들은 모두가 각자의 니즈(Needs)가 있다. 그 니즈가 무엇인지를 캐치해야 한다. 이유 없이 원장의 매출을 올려주기 위해 찾아오는 환자는 아무도 없다.

진료를 할 때 우리는 변증(辨證)을 한다. 이 환자의 증상을 근거로 어떤 병인지 파악한다. 그런데 성공적인 진료를 위해서는 변증만으로는 부족하다. 환자가 어떤 사람인지, 어떤 유형인지 파악하고, 그에 맞게 환자를 치료하는 것이 중요하다.

진료를 하는 데 있어서 의사마다 스타일이 다르다. 불문진단(不問診斷)으로 진단하는 원장도 있다. 하나하나 자세히 물어보는 진단이 있을 수도 있다. 원장님들마다 각자의 방식으로 진료한다. 중요한 것은 환자들 또한 각자의 방식과 스타일이 있다는 것이다. 그래서 원장님의 진료 방식에 대한 반응 또한 다르다.

환자의 유형은 다양한 기준이 있다. 어떤 환자들은 아픈 증상에 대해서 빠르게 치료해 주기를 바라는 유형도 있고, 어떤 사람은 시간이 걸리고 비용이 들더라도 제대로 치료해 주기를 바라는 환자들도 있다. 전자는 주로 치료에 있어서 시간을 중시한다. 그리고 과를 크게 타지 않는다. 후자는 대표원장에게만 치료받으려 하며, 자세한 설명과 근거를 중시한다.

의사의 치료에 대한 순응도를 기준으로 유형을 나누기도 한다. 원장에게 모든 치료를 맡기는 환자도 있는가 하면, 치료에 대해 하나하나 궁금해하거나 의심하는 환자도 있다. 어떤 환자는 손을 꼭 잡아드리며 "반드시 낫게 해 드리겠습니다"라는 한마디에 믿고 치료를 맡기기도 하나, 어떤 환자들은 논리적으로 설명해 주지 않으면 치료를 시작조차 하지 않는다.

환자의 성향에 따라 내향형과 외향형 환자로 나눌 수도 있다. 내향형 환자라면 치료에 대한 부분만 이야기하기를 원하나, 외향형 환자라면 치료 자체보다도 환자와 함께 이야기를 함께 나누는 것을 더 좋아할 수도 있다.

다양한 환자의 유형에 대해서 생각하지 않고, 본인의 스타일대로만 진료한다면 다양한 환자 타입 중 본인과 맞는 일부분의 환자들만 남게 된다. 그렇기 때문에 병증을 구분하는 것만큼이나, 환자의 유형이 어떤지 파악하고 진료하는 것이 중요하다.

환자의 유형을 파악하는 데 있어 중요한 것은 지속적인 관찰과 대화이다. 첫 만남에서 모든 것을 파악할 수는 없으므로, 반복적인 방문을 통해 환자의 성향을 점차 이해해 나가야 한다. 그래서 환자의 이야기를 주의 깊게 경청하고, 환자가 이야기하는 말에 반복적으로 등장하는 단어를 잘 기록해 두어야 한다.

심리학에서는 '메라비언의 법칙(The Law of Mehrabian)'이라는 유명한 법칙이 있다. 모순된 메시지가 나올 때 사람들이 그것을 어떻게 받아들이느냐에 관한 연구에서 나온 법칙으로 언어, 시각, 청각으로 모순된 메시지가 나올 때 무엇을 더 믿게 되는지를 알아보는 실험이다. 그 실험을 통해 사람들이 받아들이는 정보는 시각정보가 55%, 청각정보가 38%, 언어정보는 불과 7%에 불과하다는 것이 밝혀졌다. 얼굴을 찡그리면서 "감사합니다"라고 말할 때는 우리는 그 사람이 감사한 마음이 아닐 거라고 생각하는 것과 마찬가지다.

그래서 환자들이 말을 하는 것뿐만 아니라, 말을 하면서 짓는 표정과 행동 등도 결코 놓쳐서는 안 된다. 환자가 온몸으로 표현하는 정보를 통해 그 환자가 어떤 사람인지, 무엇을 이야기하고 싶어 하는지를 파악할 수 있다.

환자의 유형을 파악하기 위해 그들의 생활 습관과 배경을 이해하는 것 또한 중요하다. 환자의 직업이나 생활 패턴, 스트레스, 가족 관계 등 모든 요소들이 환자의 진료와 연관될 수 있다. 스트레스가 많은 직업을 가진 환자는 마음을 편안하게 해 주는 것이 무엇보다도 중요할 것이나. 내일 택배 일로 몸을 쓰는 직업을 하는 환자는 일을 쉬는 것이 치료보다도 더 중요할 수 있다.

환자들과의 공감을 위해 그들의 용어를 사용하는 것이 필요하다. 예를 들어, 택배 일을 하는 환자에게는 택배 용어를, 건축을 하는 사람에게는 건축 용어를 쓰는 것도 좋다. 환자의 말투를 듣고 고향을 짐작하기도 한다. 예를 들어, 안동이 고향인 사람들은 특유의 말투를 지니고 있다. 이때 "혹시 고향이 그쪽 아니세요?"라고 질문하면, "어떻게 아셨어요?"라며 화들짝 놀라는 반응을 보이기도 한다.

환자와의 신뢰는 소위 라포(rapport)라고 한다. 이런 라포가 얼마나 잘 쌓여 있는지가 치료의 성패를 판가름한다고 해도 과언이 아니다. 환자의 치료율은 단지 의사가 치료를 잘해 주는 데 달려 있지 않다. 환자가 얼마나 의사를 믿고, 치료에 적극적으로 참여하는지가 치료율에도 큰 영향을 미친다. 이렇게 라포가 쌓이기 위해서는 환자와 의사 간의 무언가 말로 표현할 수 없는 신뢰가 있어야 한다. 환자에게 믿음을 주기 위해서는 적절한 용어와 정확한 설명이 필요할 뿐만 아니라, 환자의 말을 경청하고, 존중하며, 솔직하고 투명하게 소통하는 것이 필요하다고 할 수 있다.

의사는 환자에게 적절한 기대치를 설정해 주어야 한다. 의사는 신이 아니다. 모든 질환을 한 번에 낫게 할 수는 없다. 일도쾌차(一到快差)는 모든 한의사들의 꿈이자 희망이지만, 모든 환자가 일도쾌차하기는 쉽지 않다. 빠르게 낫는 질환은 빠르게 낫는다고, 오래 걸리는 질환은 오래 걸린다고 환자에게 알려주는 것도 의사의 의무이다. 수십 년 된 협착증이 침 한 방에 나을 수는 없다. 중풍 후유증이 침 한 방에 나을 수 없는 것과 마찬가지다. 그렇기 때문에 치료 계획서를 통해 앞으로 치료 과정에서의 예상되는 경과와 결과에 대해 충분히 설명해 주고, 잘 따라올 수 있도록 도와주는 것이 필요하다.

또한 지속적인 학습과 자기 개발을 통해 다양한 환자 유형에 대해 이해를 넓히는 것이 중요하다고 하겠다. 의학 지식뿐만 아니라 심리학, 커뮤니케이션 기술 등 다양한 분야의 지식을 습득함으로써 환자와 더 효과적으로 소통하고, 환자들의 요구를 충족시킬 수 있는 능력을 키울 수 있을 것이다.

사람은 백인백색(百人百色), 천인천색(千人千色)이다. 그렇기 때문에 환자의 유형을 이해하고, 그에 맞도록 맞춤식으로 접근해야 한다. 이를 통해 환자의 만족도를 높이고, 한의원의 치료에 대한 전문성과 신뢰를 높이는 두 마리 토끼를 잡을 수 있다.

환자들의 선택지는 갈수록 더 넓어지고 있다. 다양한 환자들의 요구를 충족시키기 위해 지속적으로 노력하고, 각 환자에게 적합한 진료 방식을 찾아가는 것이 중요한 이유이다.

'지피지기면 백전불태(知彼知己 百戰不殆)'라고 했다. 과거 2,500년 전 손자의 가르침을 다시 떠올려 본다. 나를 알고 환자를 알면 진료에 실패하지 않는다.

환자론

환자는 어디에서 왔는가

나는 어릴 때부터 지도를 좋아했다. 가족 여행을 갈 때면, 뒷좌석에 앉아 있는 나는 항상 지도 책을 보면서 운전하는 아버지께 길을 코치해 드리곤 했다. 어릴 때 대항해시대 게임을 하며 지도 하나하나를 찾아가면서 밤을 세웠던 기억도 난다. 지도를 보는 건 나의 무척 큰 즐거움이었다. 지도에 두 겹의 네모와 동그라미로 표시되어 있는 인구 300만, 100만이 넘는 도시들을 유심히 보곤 했다. 그러곤 빈 백지에 새로운 나라를 만들고 수도와 도시 이름을 지도에 그려 가면서 상상력을 펼치기도 했다.

김이재 교수의 《부와 권력의 비밀, 지도력》이라는 책에서는 지도력(地圖力)에 대한 이야기가 나온다. 지도력은 지도를 보는 힘을 말한다. 이 책은 지도가 얼마나 강력한 힘을 가지고 있는지 이야기한다. 대영제국이 세계 패권을 잡았던 것도 지도의 중요성을 간파했기 때문이었고, 구글이 지금처럼 본격적으로 성장할 수 있었던 것도, 구글 맵이 런칭된 후부터라고 한다. 요즘 구글 타임라인을 보면, 예전에 내가 갔었던 곳이 다 뜬다. 내가 갔던 곳의 사진들도 지도에 따라 배치되어 있다. 실시간 GPS로 수집하여 이렇게 바로바로 보여준다는 게 참으로 놀랍다.

한의원에서도 지도력을 활용해 볼 수 있다. 지도를 잘 활용하면 한의원을 개원할 때 좋은 입지를 선정하는 데 노움이 될 뿐만 아니라, 마케팅 전략 수립 시에도 지도를 통해 지역 내 경쟁 상황이나 환자의 유입 경로를 분석할 수 있어, 환자들을 유치하는 데에도 큰 도움이 된다.

이를 위해서는 우선 우리 한의원의 입지(立地)에 대한 메타인지가 필요하다. 미국의 부동산학 강의에서 항상 강조되는 원칙 중 하나가 있다.

영국의 부동산 재벌인 해럴드 새뮤얼이 말한 "무엇이 부동산의 핵심인가? 첫째도 입지(Location), 둘째도 입지, 셋째도 입지"라는 명언이다.

한의원의 입지가 좋은지 여부는 한의원의 위치를 5초 안에 설명할 수 있느냐에 달려 있다는 이야기를 들은 적이 있다. 만약 5초 안에 설명 가능한 랜드마크 건물이나 장소와 가까운 위치에 있다면, 그 한의원은 좋은 위치에 있는 것이다.

처음 개원을 준비하는 단계부터, 좋은 입지를 선점하는 것이 중요하다. 월세를 조금 더 주더라도 어느 정도는 좋은 자리에 들어가는 것이 좋다. 처음에 월세를 아끼느라 소위 말하는 '똥자리'에 들어갔다가, 오지 않는 환자를 기다리면서 자신감을 잃은 원장님들을 많이 보았다. 열심히 하는 만큼 어느 정도는 환자가 늘 수 있는 자리에서 시작해야 한다.

오프라인의 입지뿐만 아니라 온라인의 입지도 중요하다. 비대면 위주의 한의원도 있지만, 동네 한의원의 경우 오프라인 방문이 대부분을 차지한다. 따라서 오프라인 방문으로 이어지도록 온라인을 적극적으로 활용하는 것이 필요하다.

환자가 온라인으로 한의원을 찾을 때는 주로 네이버와 구글을 이용한다. 현재 검색 포털의 점유율은 네이버가 60%, 구글이 35% 정도에 해당한다. 따라서 이 두 곳에서 우선적으로 노출되는 것이 중요하다. 그러나 만약 한의원 이름이 너무 흔하다면, 검색 시 다른 여러 한의원과 함께 나타날 수 있다. 예를 들어, '원광한의원'이나 '경희한의원'과 같은 이름은 차별성이 떨어질 수 있다.

한의원의 이름은 한 번 정하면 쉽게 바꾸기 어려운 만큼, 신중하게 결정해야 한다. 이름에는 아이덴티티가 담겨 있기 때문이다. 나는 첫 개원을 양수 개원으로 시작했기 때문에 이름에 대한 고민이 크게 없었다. 그러나 4년 동안 한의원을 운영하면서 이름의 중요성을 깊게 느꼈다. 이전하면서 새로운 한의원의 이름을 고민한 끝에 내 이름을 걸기로 했다.

원장의 이름을 내건 한의원에는 장단점이 있다. 우선 장점으로는 이름을 걸고 진료한다는 믿음을 줄 수 있다. 또한, 흔한 이름이 아니라면, 검색 시에 쉽게 찾아지는 이점도 있다. 그런데 초반에 한의원을 키워 나가는 데는 유리하지만, 어느 정도 한의원이 성장한 후에는 이름으로 하는 게 독이 되기도 한다. 원장의 이름이 걸린 한의원에서는 아무래도 환자를 부원장에게 나누기가 쉽지 않다. 이로 인해 부원장의 환자 수가 떨어지고, 의욕이 떨어지게 되며, 장기적으로는 부원장들의 이직률이 높아지는 원인이 되기도 한다. 따라서 한의원의 이름을 정할 때는 이 자리에서 얼마나 확장할 수 있을지를 고민하고 결정해야 한다.

환자들은 검색을 통해 그 한의원에 대한 여러 가지 정보를 취합한다. 그리고 그 한의원에 대한 믿음이 생겨야 그 한의원을 찾는다. 한의원을 검색할 때 가장 먼저 나타나는 것은 네이버의 스마트플레이스이다. 과거에는 네이버 지도에서 한의원 이름만 간단히 검색되었지만, 현재는 스마트플레이스가 런칭되면서 다양한 정보를 등록할 수 있게 되었다.

오프라인으로 내원한 환자의 첫인상이 한의원의 입구와 대기실이듯이, 온라인에서의 첫인상은 홈페이지나 스마트플레이스의 첫 화면에 그대로 반영된다. 따라서 스마트플레이스에 한의원의 위치, 운영 시간, 주요 진료 과목과 함께 한의원을 소개하는 사진들을 첫 화면에 눈에 잘 띄게 배치하는 것이 중요하다. 첫 화면에서 "아! 여기 가고 싶다"는 느낌이 들도록 매력적으로 꾸미는 데 신경을 써야 한다.

만약 시설이 한의원의 강점이라면 첫 화면에 그 시설이 잘 보이도록 해야 한다. 원장님의 독특한 술기나 경험이 강점이라면, 첫 화면에서 원장님만의 특별함을 강조하는 것이 좋다. 또한 좋은 리뷰도 중요하다. 우리가 식당이나 미용실을 찾을 때 리뷰를 참고하는 것처럼, 물건을 구매할 때에도 반드시 구매 후기를 확인하곤 한다. 리뷰를 보고 결정하는 것은 사람들의 본능이다. 이를 '밴드왜건 효과(Bandwagon effect)'라고 하는데, 특별한 고민 없이 다른 사람들이 많이 했던 행동이나 의견을 따라가는 경향을 의미한다. 따라서 첫 화면에 좋은 방문자 리뷰나 블로그 리뷰를 눈에 띄게 잘 배치해 두는 것은 초진 환자를 100명, 1,000명 모을 수 있는 강력한 무기가 될 수도 있다.

예전에 어뷰징(abusing) 기능을 통해서 리뷰를 자동적으로 작성해 주는 업체도 있었다. 그러나 네이버 로직은 이런 것들을 귀신같이 안다. 만약 이런 업체를 이용했다가는 내가 공들여 만든 스마트플레이스가 순식간에 저품질로 떨어져 버릴 수도 있으니 조심해야 한다. 또한 사람들은 리뷰가 진짜 방문자의 리뷰인지, 아니면 업체가 써준 리뷰인지 느낌으로도 어느 정도 구분할 수 있다. 아무리 욕심이 나더라도 절대 급한 마음으로 앞서 가려 해서는 안 된다. 리뷰 하나가 한의원의 자산이라 생각하고, 적극적으로 치료 후기와 리뷰를 부탁하여 하나하나 모아 나가는 것이 좋다.

스마트플레이스에 있는 예약 기능과 톡톡 기능도 연계해서 사용하기 아주 좋은 기능이다. 과거 네이버 예약이 나오기 전에 나는 막연하게 한의원을 쉽게 이용할 수 있는 예약 앱이 있으면 좋겠다는 생각을 한 적이 있다. 당시 생각했던 시스템을 거의 완벽하게 구현한 것이 네이버 예약이다. 네이버 예약에서는 불과 1, 2번의 클릭만으로도 방문 예약이 가능하기 때문에 환자 입장에서 예약하기가 무척 편하다.

지금은 '텔레포비아'의 시대다. 전화를 걸고 받는 것 자체를 두려워하거나 귀찮아하는 사람들이 많아졌다. 모든 것이 비대면으로 이루어지는 시대다. 과거에는 "짜장면 탕수육 하나 주세요" 하며 중국집에 전화를 걸었지만, 지금은 배달 앱인 배민, 쿠팡이츠, 요기요 등을 이용해 음식을 주문한다. 음식이 도착해도 문 앞에 두고 가는 방식이 일반화되었고, 사람을 만나 돈을 주고받는 일도 사라졌다. 마찬가지로 요즘 환자들에게 한의원에 전화로 예약하는 것은 상당히 귀찮은 일이 되었다. 이런 이유로 네이버 예약은 큰 장점이 있다. 환자들이 검색할 때 한 번의 클릭으로 예약이 가능해지면, 한의원의 검색률이 자연스럽게 높아진다. 예약이 활성화된 스마트플레이스는 알고리즘에서도 긍정적으로 평가되어 노출도가 높아지는 일석이조의 효과를 가져온다.

네이버 톡톡은 카카오톡 문의와 같이 네이버에서 환자가 상담할 수 있는 기능이다. 네이버 톡톡의 장점은 올려 놓은 블로그 포스팅에 연결이 된다는 점이다. 예를 들어 자운고에 대한 블로그 포스팅을 해두고 연결해 두면, 사람들이 포스팅을 보다가 자운고에 대해 궁금한 점이 있으면 실시간으로 네이버 톡톡으로 물어보거나 구매하기도 한다. 때로는 문의만 하고 구매하지 않는 경우도 많기도 하고, 하나하나 답변을 하는 게 번거로운 과정이기도 하다. 하지만 한의원에 전화하기는 힘들고, 궁금한 것은 많은 Shy 예비 환자들에게 있어 네이버 톡톡은 한의원을 만나는 첫 관문이 된다. 모니터 너머에는 항상 예비 구매자들이 존재한다고 생각하고 톡톡을 적극 활용해야 할 것이다.

얼마 전 배달의 민족(배민)의 갑질이 이슈가 되었다. 9.8%에 달하는 높은 수수료율도 문제였지만, '배민 깃발'이라는 위치 기반 광고의 고가 광고비가 큰 논란이었다. 깃발 하나당 광고비가 88,000원인데, 보통 5~10곳에 깃발을 꽂는다면 매달 약 100만 원의 광고비가 소요된다. 광고주 입장에서는 부담이 크지만 손님을 확보하기 위해 깃발 수를 줄이기는 쉽지 않다. 최대한 인터넷상에서 노출 건수를 늘려야 하기 때문이다. 배민에서는 한 가게당 수백만 원의 마케팅 비용을 지출해야 하지만, 의료업계는 그에 비해 경쟁이 덜한 편이다. 이는 허들이 높기 때문이라고 볼 수 있다.

매달 수백만 원의 광고비를 지출하지 않더라도 효율적으로 마케팅을 활용할 수 있다. 예를 들어, 키워드 광고를 잘 활용하는 것이 좋다. '부산 비만'이나 '부산 다이어트'와 같은 키워드는 키워드 단가가 몇 만 원에 달하지만, 실제로 치료를 원하는 환자보다 관심을 가지고 클릭만 하다가 이탈되는 허수 환자들이 많다. 반면, '부산 도침 한의원'이나 '부산 자하거약침'과 같은 키워드는 이미 치료를 마음먹고 검색하는 사람들이 많아, 실제 방문으로 이어질 가능성이 높다. 또한 이러한 키워드는 경쟁률이 낮아 단가도 저렴하게 설정할 수 있다. 주변 한의원들이 키워드 마케팅을 활용하지 않고 있다면, 이러한 전략을 통해 특정 질환을 무기로 삼아 키워드 광고를 적극적으로 펼쳐볼 수 있을 것이다.

매일 우리가 출퇴근하거나 이동할 때 보는 것이 지도이다. 네비게이션도 GPS를 이용한 지도이다. 지도를 잘 활용하기 위해서는 공간에 대한 지각이 중요하다. 우리 한의원이 어떤 한의원인지 파악하는 것이다. 소위 말하는 '자리가 좋다' 하는 것도 오프라인에서 많은 사람들이 몰려 든다는 상권의 개념에 해당된다. 네이버 지도를 켜고 한의원 주변을 유심히 바라보고 주변에 아파트 세대가 얼마나 되는지, 그 사람들이 어떤 경로를 통해서 우리 한의원을 방문할까에 대해서 생각해 보면 재미있다. 높은 곳에서 물을 부으면 아래로 떨어지듯이, 사람들은 아래로 모이게 된다. 사람들이 모이는 곳에 상권이 생기게 되는 법이다.

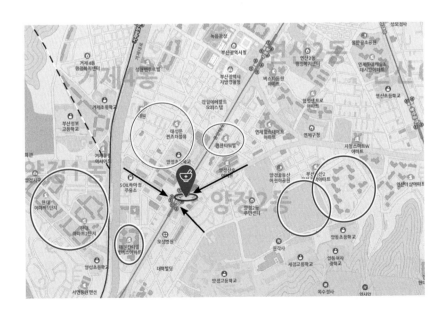

 내원하는 환자의 주소를 파악해 보면, 생각하지도 못했던 곳에서 환자들이 많이 오기도 하고, 많이 오리라고 생각했던 곳에서 환자가 오지 않는 경우도 많이 관찰하게 된다. 특정 지역에서 많은 환자가 방문한다면 그 지역을 타겟으로 한 마케팅을 강화하거나, 그 지역에 특화된 진료 프로그램을 개발할 수도 있다. 예를 들어, 오피스 상권이라면 척추질환이나 만성피로를 타게팅해 볼 수 있고, 베드타운이라면 아이의 성장이나 여성 질환을 타게팅해 볼 수도 있다. 오피스 상권이라면 관공서의 점심 시간을 피해 점심 시간을 1~2시로 잡는 게 좋을 것이며, 베드타운이라면 야간 진료를 활성화하는 것이 좋은 전략이 될 것이다.

 환자 접수를 할 때 정확한 주소 입력을 위해 데스크 직원이 각 지역의 행정구역에 대한 기본 지식을 갖추는 것이 중요하다. 주소 입력이 잘못될 경우, 한약이 엉뚱한 주소로 배달되는 대참사가 발생할 수 있다. 이를 예방하기 위해 차트 프로그램에서 주소를 수기로 입력하는 대신, 우편번호 탭에 입력하면 환자의 동이나 면만 입력해도 상위 행정주소가 자동으로 입력되도록 설정하는 것이 좋은 팁이다. 이렇게 하면 주소 오류를 줄일 수 있다

 대영제국은 과거 지도를 바탕으로 진 세계를 제패했다. 네덜란드가 전 세계에 상선을 보내고 다양한 교역 루트를 뚫을 수 있었던 것도 메르카토르의 지도 덕분이었다. 반면, 흥선대원군은 서구 열강의 침입을 두려워해서 지도를 만들지 못하게 했다. 또한 지도를 만들었던 김정호를 귀양 보내기도 했다. 결론은 망국(亡國)이었다. 앞으로는 지도력을 잘 활용하고 이를 어떻게 잘 응용하는지가 미래를 제패하는 열쇠가 될 것이다.

 지역에 대한 정확한 이해와 최대한의 활용이 필요하다. 원장뿐만 아니라 직원들도 지도를 능숙하게 활용할 수 있도록 교육해야 하며, 이를 한

의원의 성장, 효율화, 그리고 분석의 도구로 적극적으로 활용해야 할 것이다. 이러한 노력이 한의원의 발전에 큰 도움이 되리라 생각한다.

환자론

공감보단 교감

한의원에서 환자를 볼 때, 환자에 대한 공감이 중요하다는 이야기를 많이 듣는다. 그러나 교감이 필요하다는 말은 생소한 경우가 많다.

공감과 교감은 비슷한 개념처럼 보이지만, 그 본질은 다르다. 공감(Empathy)은 상대의 감정이나 상황을 이해하고, 그 감정에 함께하는 것을 말한다. 공감은 주로 감정적 이해에서 출발한다. 상대방의 감정이나 경험에 대해 "나도 그런 적이 있어" 혹은 "어떤 기분인지 알겠어"라는 식으로 마음을 열어 상대방이 감정을 함께 느끼려고 느려하는 과정이다. 환자가 힘든 일을 겪었을 때, 그의 이야기를 듣고 "정말 힘들었겠군요"라며 그 감정을 함께 이해하고 느끼는 것이 그 예가 되겠다.

교감(Resonance or Connection)은 단순한 감정적 이해를 넘어 상호작용과 연결을 통한 더 깊은 차원의 관계 형성을 의미한다. 교감은 말이나 감정만으로 이루어지지 않으며, 비언어적 소통과 직관적 이해를 포함한다. 교감에서는 두 주체가 더 깊이 연결되며, 일종의 감각적이고 직관적인 교류가 이루어진다. 예를 들어 환자의 맥을 짚을 때 환자의 상태를 단순히 듣고 이해하는 것뿐만 아니라, 환자의 신체적 반응과 에너지를 느끼며 더 깊은 차원에서 교류하는 것이다.

공감이 이해하고 위로하는 과정이라면, 교감은 함께 느끼고 연결되는 과정이라고 볼 수 있다. 공감은 환자의 이야기를 듣는 데 그치지만, 교감은 한의사가 환자의 신체적 리듬과 에너지를 직접 느끼며 치료 방향을 잡는 과정이다.

침 치료 과정에서도 환자는 몸을 맡기고, 한의사는 환자의 신체 반응을 직접 느끼면서 최적의 자리에 침을 놓는다. 이때 환자의 신뢰와 한의사의 직관이 교차하는 순간이 교감의 순간이다. 이러한 교감은 신뢰를 기반으로 한 관계 구축에 필수적이다. 예를 들어 환자도 의사를 믿지 않고는 의사에게 몸을 맡길 수 없다. 의사 또한 환자를 전심으로 치료해 드리겠다는 마음이 있어야 환자 또한 치료를 받으면서도 의사의 진정성을 느낄 수 있게 된다.

단순히 환자의 증상에 대한 공감을 넘어, 진단을 통해 심리적, 신체적 상태를 이해하고, 환자의 상태에 맞추어 치료를 하는 것이 바로 진정한 교감이다. 이와 같이 단순한 위로가 아닌, 몸과 마음의 균형을 바로잡는 교감을 통해 원장은 한의원을 환자와 단순히 감정을 나누는 공간이 아닌, 더 깊이 있는 연결을 만들어 내는 공간으로 만들 수 있다.

말로 하지 않아도 환자는 원장이 얼마나 나의 치료에 있어서 진심을 다하는지 느낄 수 있다. 이것이 바로 우리가 느끼는 직감이며, 오감으로 표현할 수 없는 육감이다. 직감이 더 경험적이고 논리적인 느낌에 가깝다면, 육감은 설명하기 어려운 감각적이고 본능적인 느낌이다. 초코파이 광고에서 "말하지 않아도 알아요"라고 하는 그 순간이다.

최근 한의원 원장실의 추나베드 옆에 걸어둔 영남알프스 완등증명서를 보고, 등산을 좋아하는 환자가 "원장님도 산에 다니세요?" 하고 반가워했다. 작은 접점이지만, 같은 취미를 공유한다는 것에서 환자들은 무척 기뻐했다. 환자와의 접점은 한의원 안의 수많은 부분에서 만들어질 수 있다. 내가 환자에 대해서 깊이 이해할수록 더 많은 접점이 만들어진다. 누구나 아프면 환자가 될 수 있다. 환자를 그저 치료를 받으러 온 사람으로만 보면 곤란하다.

한의원은 사람 냄새가 나는 한의원이 되어야 한다. 원장이 생각나서라도 찾는 한의원이 되어야 한다. 원장이 가장 기억이 남는 환자가 있듯이, 환자들 또한 아플 때 제일 먼저 원장의 얼굴이 떠올라야 한다.

2023년 신사 평가원의 통계에 따르면, 건강보험에서의 청구금 중 한의원과 한방병원이 차지하고 있는 비율이 총합 2% 정도에 불과하다고 한다. 내가 한의대에 입학하던 2002년도만 해도 5% 정도였는데, 20년이 넘는 동안 절반이 넘게 떨어졌다. 아팠을 때 가장 먼저 한의원을 떠올리는 사람의 비율이 2% 정도밖에 안된다는 말이다. 참으로 안타까운 일이다.

사실 그동안 한의학의 이미지는 무분별한 훼방이나 잘못된 인식으로 인해 안타깝게 실추된 부분이 많았다. 아직까지도 한약은 간수치를 높이고, 한의원은 발목을 삐거나 허리가 아플 때만 침을 맞는 곳이라고 생각하는 사람들이 많다. 한의학으로 치료할 수 있는 질환들이 다양하며, 한약으로 인한 간손상은 극히 미미하다는 연구결과가 입증되었음에도 불구하고 말이다. 한의학은 위대한데 우리 한의사들이 일상 속에서 한의학을 뿌리내리지 못한 부분이 많다고 하겠다. 허준과 이제마 선생님이 지하에서 보시면 통탄할 일이다.

그나마 최근에 교통사고가 났을 때 일반 병원보다 한방 의료기관을 찾는 비율이 54.6% 정도로 더 높다고 한다. 예전에 '교통사고 후유증도 한의원에서 치료가 되나?'라고 생각하던 시절이 있었다. 그런데 병원에서는 보통 침상 안정 위주로 치료하지만, 한의원이나 한방병원에서는 추나요법이나 약침요법, 치료 한약까지도 보험적용이 되고, 치료 만족도도 높다. 좋은 치료는 더 많은 수요가 생기게 되기 마련이다.

한의사는 모든 질환을 치료할 수 있는 신이 아니다. 일반인들에 비해 건강 상식이 많고 더 도와줄 수 있는 부분이 많다 뿐이지, 한의사라고 해서 모든 것을 알 수는 없다. 환자들의 질환에 대해 충분히 설명해 주고, 환자의 상황에 대한 이해를 바탕으로 그 아픔에 대해 공감하고, 질환에 대해 연구하며, 치료할 수 있는 모든 방안을 강구하여 치료해 주는 치료자로서의 역할을 다해야 한다.

예전에는 의료의 지식이 비대칭적인 시절이 있었다. 정보의 공개가 지금처럼 원활하지 않았던 시절이었다. 당시는 병원에 가서 의사가 지어준 대로 약을 받아와서 복용하는 것이 당연한 시절이었다. 묻지도 따지지도 않았다. 그저 아프면 의사가 지어주시는 대로 먹어야만 했다.

지금은 그렇지 않다. 의약분업이 시행되고 나서는 병원에서는 진료만 하고, 약은 약국에서 받는다. 또한 약국에서 주는 조제약에는 복약안내가 친절히 안내되어 있으며, 약품사진, 약품명, 복약안내(투약량, 횟수, 일수)까지도 상세히 적혀 있다.

요즘같이 환자의 알 권리에 대해서 철저히 보장되는 시대는 없었던 듯하다. 조금이나마 약제가 마음에 안 들면, 환자들은 의사에게 바로 질문을 하거나 궁금한 점을 물어본다.

건강에 관심이 많은 사람들은 대부분 건강과 관련된 유튜브 채널을 구독하고 있으며, 유튜브 알고리즘 특성상 그 사람이 많이 관심을 가지는 분야를 다시 연관 콘텐츠로 뜨게 하기 때문에 계속해서 비슷한 채널을 추가로 구독하게 된다. 그래서 그 사람의 채널은 건강 채널들로 가득하게 된다.

한의원을 찾는 환자들은 본인이 가진 질환에 대해서 궁금해하면서 유튜브로 찾고 내원하는 환자들이 많다. 그렇기 때문에 어찌 보면 의사보다도 더 본인의 질환에 대해서 잘 알 수도 있다. 거의 준전문가 수준이 된 것이다.

지금은 모든 정보가 공개가 되는 시대이다. 과거처럼 무분별한 비방이 먹히지 않는 시대가 되었다. 모든 정보는 명명백백히 공개되기 때문에 실제로 이용해 보고 효과를 보거나 좋아진 사람들의 케이스들은 금방 공개된다. 이런 시대에서는 효과가 있는 치료는 금방 알려지고 소문이 나게 된다.

과거에는 신비주의를 기반으로 치료하는 한의원들도 많았다. 뜬금없는 기 치료를 한다거나 심지어 공중부양을 한다는 이야기도 들었다. 뭐든 시기에 따라 유행하는 흐름이 있는 듯하다. 내가 처음 학교에 들어갔던 20여 년 전은 허준과 대장금 이제마 드라마가 뜨고, 동양 의학에 대한 열풍이 불었던 때이다. 또한 국민소득이 1만 불을 돌파하고, IMF를 성공적으로 이겨내면서 건강에 대한 관심이 많이 늘어날 때였다. 당시에 기공체조도 인기를 끌었으며, 동양 철학에 대한 사람들의 관심도 높아지던 시기였다.

지금은 초음파 검사 합법화와 함께 X-ray가 한의원에 도입되는 시대이다. 졸업을 앞둔 한의사들은 초음파를 공부하거나, 미국 초음파사 자격증(RMSK)을 취득하며 새로운 기술을 습득하는 것이 유행이 되고 있다. 유행은 계속해서 흐름을 타게 된다. 그렇지만 어떤 진료를 하든지 각자의 개성을 최대한 살려 잘 진료하는 것이 중요하다.

부산에서 서울로 가는 방법은 여러 가지가 있다. KTX를 타고 갈 수도 있고, 비행기로 갈 수도 있으며, 자동차로 갈 수도 있다. 심지어는 자전거를 타거나 걸어갈 수도 있다. 중요한 것은 '서울로 간다'는 것이다. 환자를 치료하는 데 있어서 방법은 여러 가지가 있다. 중요한 것은 치료에 있어서는 지향점이 같아야 한다는 점이다.

TV를 켤 때 어떨 때는 직접 가서 누르는 게 빠를 수도 있고, 어떨 때는 리모컨을 눌러서 켜는 게 빠를 수도 있다. 침 치료도 마찬가지다. 어떨 때는 아픈 곳을 직접 풀어주는 게 빠를 수도 있고, 어떨 때는 연관된 오수혈이나 대응혈 자리를 찾아서 풀어주는 게 훨씬 더 나을 수도 있다. 주로 구조적인 통증 질환일 때는 아시혈(阿是穴)을 주로 사용하며, 내과 질환인 경우는 오수혈(五輸穴)을 많이 사용하는 편이다. 어쨌든 본인과 잘 맞는 치료를 사용하면 된다.

'적수천석(積水穿石)'이라는 말이 있다. 물방울 하나가 계속해서 떨어지면 결국은 바위를 뚫는다. 말콤 글래드웰도 《1만 시간의 법칙》에서, 지속해서 하는 일의 중요성에 대해서 언급한 적이 있다. 한의원을 계속 운영하다 보면 환자를 계속해서 보게 된다. 환자를 계속해서 보다 보면 점차 어떤 환자가 오더라도 대응할 수 있는 스킬이 생기게 된다.

내가 환자의 모든 것을 알 수는 없다. 환자에 대해서 가장 잘 아는 사람은 환자 자신이다. 그렇기 때문에 의사는 늘 겸손해야 한다. 편작(扁鵲)은 '치미병(治未病)'하는 의사를 최고의 의사라고 보았다. 환자의 치료를 할 때도 환자 스스로 자신의 병에 대해서 자각하게 해주고, 어떻게 관리하면 좋아질 수 있을지, 스스로 알게 해주고, 실천할 수 있도록 도와주는 의사가 가장 잘 치료하는 의사이다.

무조건 자신이 아는 지식대로 강권하거나 환자를 끌고 가서는 안 된다. 그것은 의사의 오만이다. 내가 아는 것만이 옳고, 내가 모르는 것은 틀렸다고 생각해서는 안 된다. 항상 사고는 열려 있고 유연해야 한다. 내가 하는 생각이 늘 틀릴 수도 있음을 인정해야 한다. 진지하게 환자의 증상을 경청하고, 때로는 공감하면서도, 때로는 잘못된 지식을 이야기할 때는 정확한 지식을 전달해 줄 수도 있어야 한다. 환자의 과거를 부정해서는 안 된다. 과거의 선택을 존중해 주되, 지금의 상황에서 내가 무엇을 도와줄 수 있을까에 대해서 고민해야 한다.

오늘 하나, 작은 것부터라도 환자와의 교감에 무엇이 필요한지 생각해 보자. 작은 교감이 한의원을 바꾸는 큰 계기가 될 수도 있을 것이다.

환자론

작은 칭찬의 힘

최근 이하영 원장님의 유튜브 영상을 본 적이 있다. 영상에서 나오는 3감과 3불의 이야기를 보면서 많은 공감을 했다. 그의 저서 《나는 나의 스무살을 가장 존중한다》에서는 3감(감사, 감동, 감탄)하는 사람은 곁에 두고 3불(불안, 불평, 불만)하는 사람은 멀리하라고 이야기한다. 3감하는 사람들은 모이면 즐겁고 서로 잘되면 축복하고 감탄하며 감사하는 특징이 있다. 반면 3불하는 사람들은 자신의 미래에 대한 확신이 없어 늘 과거를 불평하고 불만을 가지며 미래에 대해 불안해한다.

그런데 매번 감사하거나 감동하거나 감탄하는 일만 생길 수 있을까? 그렇진 않을 것이다. 기쁜 일도 있고 슬픈 일도 있다. 불행한 일이 생길 수도 있다. 그런데 가만히 생각해 보자. 감사와 불평은 사실 객관적인 것이 아니라 주관적인 것이다. 아무리 힘들 때라도 웃으면서 밝게 이겨내는 사람도 있고, 아무리 즐거운 일에도 억지로 힘든 부분을 찾아내서 불평불만을 늘어놓는 사람도 있다.

사실 생각해 보면 세상에 감사할 일들이 더 많다. 아침에 일어날 수 있어서 감사하고, 숨을 쉴 수 있어서 감사하다. 아이들이 안 아프고 잘 클

수 있어서 감사하고, 부모님이 건강하셔서 감사하다. 오늘 하루도 한의원이 무탈하게 잘 돌아가서 감사하고, 나를 믿고 찾아오시는 환자분들이 있어서 감사하다. 마찬가지로 불평할 일을 찾아보면 또 수없이 많이 찾을 수 있다. 환자들이 빨리 안 늘어서 불평이고, 진료원장이 제대로 못해 줘서 불만이다. 직원들도 마음같이 일을 못해 줘서 불만이다. 감사와 불평은 상대적인 것이지 절대적인 것이 아니다.

우리의 뇌는 슈퍼컴퓨터 100대를 합친 것보다 더 많은 정보를 몇 초만에 처리해 낼 수 있는 기관이다. 지하철에 탔을 때 빨간 옷을 입은 사람을 생각하고 보면 빨간 옷을 입은 사람들만 보이고, 파란 옷을 입은 사람을 생각하고 보면 파란 옷을 입은 사람들만 보인다. 주의가 가는 곳에 더 많은 발견이 있게 된다. 우리가 무엇에 주의를 두느냐에 따라 보이는 것이 완전히 다르다. 우리가 감사하는 것에 초점을 맞추면 감사한 일만 보이고, 불평하는 것에 초점을 맞추면 불평할 일만 보이는 이유이다. 이를 심리학과 인지 과학에서 '주의 집중 효과(Selective Attention Effect)' 또는 '바더 마인호프 효과(Baader-Meinhof Phenomenon)'라고 한다.

내가 생각하는 것 자체가 나 자신이다. 지금의 나는 과거의 나의 결정으로 인해 존재한다고 해도 과언이 아니다. 인생은 B (Birth-탄생)와 D (Death-죽음) 사이의 C (Choice-선택)이다. 어떤 선택을 하느냐에 따라 인생의 방향이 달라진다. 우리의 의식이 늘 깨어 있어야 하는 이유가 바로 이 때문이다. 깨어 있는 의식으로 현명한 판단을 할 때, 더 나은 선택을 할 수 있고, 그 선택들이 모여 더 나은 인생을 만든다.

내가 가지고 있는 장점을 최대한 활용하는 것이 중요하다. 우리는 의외로 나 자신이 어떤 사람인지에 대해서 깊이 생각해 보지 않을 때가 많다. 노부부가 40년 동안 같이 살다가, 아이들을 다 키우고 같이 여행을 떠났는데, 둘이 이렇게 안 맞는 성격인지 몰랐다고 하면서 황혼 이혼을 했다는 이야기도 들었다. 본인이 어떤 사람인지 모르고, 남들에 맞추다가 소중한 시간이 다 지나가 버리고 만다. 영국의 극작가 조지 버나드쇼의 묘비명에는 '우물쭈물하다가 내 이럴 줄 알았지'라고 적혀 있다. 나이가 들어서 후회해도 소용이 없다.

각자가 타고난 성향과 달란트가 있다. 사주에서는 이를 격(格)이라고 한다. 예를 들어 돈에 대한 계산이 철저한 사람을 정재격(正財格)이라 하며, 명예를 중시하는 사람을 정관격(正官格)이라 한다. 각자가 타고난 부분이 다르다. 우리의 성격은 보통 5세 이전에 대부분이 완성된다고 한다. 어릴 때부터 그 부분은 조금씩 드러난다. 부모에게서 오는 것도 있으며, 주변 사람을 통해 오는 것도 있을 것이다. 모든 사람들은 각자의 능력을 타고난다. 그 능력을 얼마나 잘 활용하고 잘 발전시키는 것이 인생에 있어서 성공의 비결이라 보아도 무방하다.

결국 '내가 잘하는 것'을 최대한 살리는 것이다. 내가 잘하는 것을 최대한 즐겁게 하면서 인생을 즐겁게 사는 것이 행복의 비결이다. 살다 보면 번아웃이 올 때도 있다. '왜 이렇게까지 아둥바둥 살아야 하나' 하는 생각이 들기도 한다. 누구나 그런 과정을 겪는다. 그 과정을 얼마나 슬기롭게 잘 극복하는 것이 중요하다.

일의 행복감과 자존감을 높이기 위해서는 칭찬과 감사가 필요하다. 일상생활에서 작은 일이라도 칭찬하는 습관이 중요하다. "칭찬은 고래도 춤추게 한다"라는 말이 있다. 반대로 "비난은 고래도 물속으로 숨게 한다"라는 말도 있다. 작은 칭찬이라도 사람들을 동기부여하고 놀라운 성과를 이끌어 내기도 하는 반면, 비난은 잘할 수 있는 것조차 망가뜨리고 의욕을 상실시키기도 한다.

칭찬은 아무리 해도 지나치지 않다. 과연 나는 오늘 하루 나 자신에게, 그리고 다른 사람에게 얼마나 많은 칭찬을 했는가?

칭찬의 재료는 감사이다. 작은 것에 감사하면 그에 대한 칭찬이 따르게 된다. 환자들에게도 "잘 나아줘서 고맙다", "치료에 잘 따라와 주셔서 고맙다", "주변에 소개를 많이 해 주셔서 고맙다", "잘 치료해 주셔서 고맙다고 해줘서 고맙다" 등등…. 이런 고마운 마음을 최대한 표현하는 것이 좋다.

우리는 칭찬에 대해서는 절대로 인색해서는 안 된다. 사람은 칭찬을 먹고 사는 동물이라고 한다. 아이들을 보면, 늘 칭찬해 주면 더 열심히 하고, 더 잘하려고 노력한다. 좋은 성적을 거두었을 때, 성적에 대해서 칭찬하기보다는 성적을 이루기 위해서 노력한 과정에 대해서 칭찬해야 한다. 환자들도 치료를 잘 따라오고, 열심히 노력하시는 것에 대해서 칭찬하는 것이 좋다. 칭찬과 더불어 최선을 다해 치료해 드리겠다는 말과, 치료를 잘 따라온다면 반드시 좋아지실 수 있으리라는 긍정적인 확신을 심어 드리는 것 또한 중요하다.

직원들에게도 구체적인 내용으로 칭찬과 감사의 표현을 해야 한다. "거동이 불편한 환자인데 선생님이 도와주셔서 정말 편하셨다고 합니다" 등과 같이 구체적인 '행동'에 대해서 감사하는 것이 중요하다. 때로는 직접하는 칭찬보다도 다른 사람을 통해 칭찬하는 것이 훨씬 더 효과적일 때도 있다.

칭찬과 아부는 구분해야 한다. 칭찬은 존중하는 마음에서 나오지만, 아부는 이기적인 동기에 의해 이루어진다. 칭찬은 진심에서 우러나온 긍정적 피드백으로, 상대방의 성과나 장점을 인정하고 격려하는 것이다. 아부는 진정성 없이 상대의 환심을 사거나 이익을 얻기 위해 과장된 찬사를 보내는 행위이다.

칭찬은 그 사람에 대한 관심이 있어야만 가능하다. 누구나 사람들은 칭찬을 듣고 싶어 하고 타인에게서 인정받고 싶어 한다. 물질적 보상도 어찌 보면 그러한 인정에 대한 욕구 중 하나일 수도 있을 것이다. 환자들도 마찬가지다. 따뜻한 관심과 격려, 그리고 칭찬 한마디가 환자를 움직일 수 있다. "치료를 잘 따라 주셔서 고맙습니다", "열심히 운동하신 덕분인 것 같네요" 등 작은 환자의 행동도 인지해 두었다가 칭찬하면 좋다. 반면 절대로 하면 안 되는 것이 다른 사람에 대한 험담이다. 험담은 결국 돌고 돌아서 나에게 돌아온다. 내 욕을 뒤에서 들었을 때만큼 기분 나쁜 일은 없다.

우리는 항상 남을 칭찬하는 것에 대한 문화가 익숙하지 않은 환경에서 자라왔다. 표현하는 것에 대해서도 서툰 사람이 많다. 그렇기 때문에 의도적으로 칭찬하는 연습을 많이 해야 한다. 작은 것이라도 칭찬을 받는다면 사람들은 인정받고 있다는 느낌을 받게 되고, 칭찬을 받는 사람뿐만 아니라 칭찬을 하는 사람도 칭찬의 과정에서 기쁨을 느끼게 된다. 뿐만 아니라 칭찬은 전염된다. 내가 먼저 칭찬을 시작하면, 그 긍정적인 에너지가 주변으로 퍼져 나가 더 많은 사람들이 서로를 칭찬하고 격려하는 문화를 만들 수 있다.

그러니 오늘, 주위 사람들에게 칭찬을 아끼지 말자. 작은 것에서도 감사하며, 칭찬의 재료를 찾아보자. 작은 칭찬이라도 진심에서 우러나오는 칭찬은 원장과 직원과 환자들의 일상과 관계를 더 행복하게 만들어 줄 것이라 믿어 의심치 않는다.

환자론

가는 피드백, 오는 피드백

내가 직원들이 처음 한의원에 입사할 때 가장 먼저 하는 말이 있다. 한의원 근무를 할 때, 내가 가장 중요하게 생각하는 것이 '피드백'이라는 말이다.

피드백은 '되먹임'이라는 뜻이다. 피드백은 한 방향으로 전달되는 정보가 아니라, 상호작용을 통해 다시 돌아오는 정보이다. 예를 들어, 직원이 환자와의 상호작용을 통해 얻은 결과나 경험을 원장에게 전달하면, 그것을 바탕으로 개선점을 찾는 것이다. 피드백은 단발적인 것이 아니라, 지속적으로 순환하며 개선과 바꿔요 추구하는 과정이다. 서로에 피드백을 받고, 그에 따라 행동을 바꾸고, 그 변화된 행동이 다시 피드백으로 이어지는 것이다.

한의원에서 피드백은 환자의 치료 과정에서 매우 중요한 역할을 한다. 환자와의 피드백을 통해 어떤 치료를 선택할지, 어떻게 진행할지를 결정하며, 이를 통해 더욱 나은 진료를 제공할 수 있다.

직원들의 업무 능력이나 평가에 대해서도 피드백이 필요하다. 우리가 어떤 행동을 할 때는 그에 맞는 보상이 필요하다. 잘한 행동은 잘했다고 칭찬하고, 못한 행동은 더 개선해 보자는 피드백이 필요하다. 그 피드백

속에서 직원들은 성장해 나간다. 직원들에게도 어떤 지시를 내렸을 때 피드백이 없어서는 안 된다. 끝나지 않은 채로 애매하게 마무리되어서는 안 되는 것이다.

입원 문의를 한 환자가 있었다. 직원에게 시켜서 전화를 하게 했는데, 최종 보고가 나에게까지 전달되지 않았다. 환자는 연락을 했는데 피드백을 받지 못해서 화가 났고, 입원 예약도 취소해 버리는 사태까지 이어졌다. 이처럼 '늘 해결되지 않고 애매하게 남겨진 상태'는 나중에 반드시 더 큰 일로 화가 되곤 한다.

모든 사항은 세세하게 보고되어야 하며, 처리되지 않은 채 남겨진 일이 있어서는 안 된다. 보고된 내용에 대해서는 하나하나 피드백이 이루어져야 한다. 이러한 피드백이 쌓이면 그것이 곧 그 조직의 자산이 된다.

나의 아내가 나에게 농담처럼 하는 말이 있다. 우리 한의원이 전대성한의원이 아니라 '전대성양성소'라고. 말단 직원부터 시작해서 부원장들까지 아무것도 모르는 직원이 들어와서 나중에 완전히 전문가가 돼서 나간다는 것이다. 실장과 부장을 채용했을 때도 그랬다. 처음부터 실장과 부장은 경험이 있었던 직원들이 아니었다. 하지만 매일 당일 계획과 실행 내용에 대한 업무일지를 보고했고, 업무일지 하나하나에 빠짐없이 피드백을 해 주면서 업무 능력이 매일 더 일취월장(日就月將)하게 되었다.

피드백은 복잡한 것이 아니다. 업무에 대한 보고를 받은 후, "잘했다", "아쉽다", "이 부분은 보완하면 좋겠다"와 같은 간단한 의견을 남기는 것이다. 비록 작은 것처럼 보일지 몰라도, 이러한 피드백은 놀라운 효과를 가져온다. 원장과 직원의 생각이 점차 일치하며, 한 방향으로 함께 나아갈 수 있게 된다.

피드백을 기록한 파일은 엑셀 파일로 남기고, 이렇게 쌓인 피드백은 1

년이 지나면 365개의 자산이 된다.

모든 지식은 암묵지(暗默知)와 형식지(型式知)로 나뉜다. 암묵지는 경험을 통해 얻는 지식이며, 형식지는 문자나 언어를 통해 드러난 지식이다. 대부분의 지식은 경험을 통해 얻어지는 지식인 암묵지에 속한다.

그런데 암묵지의 단점이 있다. 암묵지에 따라 행동할 때 우리는 효율적으로 일할 수 있지만, 암묵지를 통해 얻어진 지식은 그 사람이 아니면 실현될 수가 없다는 것이다. 혹시라도 그 사람이 그만두게 되면 모조리 날아가게 된다. 사람에 의존하게 되면 항상 힘들어지는 이유이다. 그렇기 때문에 암묵지를 형식지화시키며, 다시 이것을 한의원에 내재화시켜서 자연스럽게 공유하는 과정이 필요하다. 그래야 사람에 의존하지 않는 한의원이 될 수 있다.

세세한 피드백은 그 사람의 지식을 늘리고, 계속해서 더 성장하게 한다. 1년 전 실장과 지금의 실장은 다르다. 그동안 수없이 많은 피드백을 통해 원장과 서로 합을 맞췄기 때문이다. 오래 일한 직원들과는 눈빛만 봐도 통하는 이유가 그 때문이다.

우리나라 조선수가 다른 나라와 다른 점도 숙련된 노동자들 때문이다. 다른 나라에서 1년, 2년을 걸쳐 해야 할 일을 3개월에서 6개월 만에 끝낸다. 서로 간에 합을 맞추어 오랫동안 시간을 함께 일했기 때문이다.

눈빛만 봐도 마음이 통하는 직원들만 일한다면 얼마나 좋을까? 모든 직원들이 나의 분신이라면 얼마나 좋을까? 내가 생각하는 대로 직원들이 움직이고, 내가 없을 때도 한의원이 내가 있을 때와 마찬가지로 굴러간다면 가장 이상적인 한의원이 아닐까? 그런 한의원이야말로, 사람이 아닌 시스템이 움직이는 한의원일 것이다.

원장과 직원이 한마음으로 움직이는 한의원을 만들기 위해서는 원장의 생각을 꾸준히 직원들에게 표현해야 한다. 원장의 생각을 직원들이 알아서 다 알아주기를 기대해서는 안 된다. 표현하지 않으면 안 되는 시대에 우리는 살고 있다.

그래서 가능한 한 시간을 내서 직원들과 회의를 하고, 대화를 나누는 시간이 필요하다. 대통령이나 국회의원, 대기업 총수들의 공통점은 회의를 많이 하는 직업이라는 것이다. 소위 직위가 높은 사람들일수록 회의가 많다. 바쁜 사람들이 시간이 남아서 회의를 할까? 그렇지 않을 것이다. 회의를 통해 공동의 목표를 정하고, 그 목표를 향해 함께 나아가는 과정이 무엇보다도 중요하기 때문이다.

우리 한의원에서도 매주 월요일 점심 때마다 회의를 하는데, 어느새 회의를 하게 된 지도 8년이 넘었다. 회의가 끝나면 매일 회의 일지를 구글 문서에 저장해 두는데, 이렇게 쌓인 회의 일지만 지금 150페이지를 넘어가고 있다. 예전의 회의 일지를 한 번씩 보다 보면, '아! 그때 내가 이런 생각을 했었구나' 하는 생각이 들 때가 있다. 과거와 비교해 보면서 당시에 회의에서 언급되었던 부족한 부분들이 지금은 얼마나 개선되었는지 객관적으로 인식해 보기도 한다. 과거도 지금도 마찬가지로 항상 한의원에 문제는 늘 있었다. 그런데 회의를 통해 직원들과 공유하면서 문제를 해결해 나가고, 더 좋아지는 한의원을 만들 수 있었던 것이다.

진료 차트에도 항상 세세한 피드백의 적용이 필요하다. 보통 차트에는 의사의 진료 기록만 적어 둔다고 생각하기 쉽다. 그런데 진료 기록은 기본이며, 환자 메모에는 환자에 대한 세세한 내용까지 기록해 두면 좋다. 예를 들어 환자의 가족 관계나 소개해 준 사람을 기록해 두는 것은 물론이고, 추운 자리를 싫어하는 환자이니 에어컨 옆을 피할 것, 핫팩을 좋아하는 분이니 오실 때마다 해 드릴 것 등 세세한 내용을 적어둔다. 또한 치료를 시행한 후, 환자의 반응이나 나갈 때 벌어지는 이벤트 상황도 특이 사항이 있으면 가능한 모두 기록해 둔다. 예를 들어, '기다리는 동안 발 마사지해 드림', '오래 기다리는 것을 답답해하셔서 유침 시간은 10분으로 짧게 해 드림' 등 세세한 내용들을 기록해 둔다.

환자에 대해 잘 알기 위해서는 환자에 대해서 관심을 가져야 한다. 차팅은 의사 혼자만이 만들어 가는 것이 아니다. 모두가 만들어 가는 환자에 대한 기록이다. 예전에 나는 차트를 의사소통의 도구로 보지 않고, 그저 진료 기록만 해 두었을 뿐이었다. 직원들도 환자에 대해서 그닥 관심이 없었다. 단지 물리치료를 하기나 빌침, 부항을 해 드리는 존재로만 생각하고 있었을 뿐이다.

직원 모두가 치료에 참여하기 위해서는 무엇보다도 환자에 대해서 잘 알아야 한다. 의사는 환자를 진료했기 때문에 환자에 대해서 잘 안다. 그렇지만 치료실에 들어간 직원은 환자가 어떤 증상으로 왔는지 모른다. 그렇기 때문에 치료실에 들어가면 "어디로 물리치료해 드릴까요?"와 같은 질문이 나오는 것이다. 그것보다는 "상담할 때 허리가 많이 아프다고 하셨는데, 환자분은 엎드리기 힘드시니, 옆으로 누워서 허리로 물리치료하시는 것 괜찮으실까요?"와 같은 질문이 나와야 한다.

직원이 환자에 대해서 잘 알기 위해서는 최대한 원장과 직원이 많은 내용을 공유해야 한다. 나는 환자가 초진으로 왔을 때 원장실에서 상담을 하고 나가는 5초 정도의 짧은 순간 안에 원내 메신저를 통해 환자에 대한 내용을 공유한다. 예를 들어, 어깨 회전근개 손상, 극상근 치료, 사혈, bd 약침 준비 등과 같이 말이다. 나는 이를 환자에 대한 짧은 브리핑이라 칭한다. 만약 이런 브리핑 없이 환자가 치료실로 들어가서는 환자는 다시 데스크, 원장실에서 했던 똑같은 얘기를 또다시 치료실에서 해야 할 수도 있다. 아픈 것만 해도 서러워 죽겠는데, 똑같은 내용을 여러 번 얘기하려면 아마 환자는 피곤하지 않겠는가? 환자가 한 번 얘기한 내용은 더 이상 모르는 직원이 없도록 해야 한다. 환자와 원장의 암묵지가 모든 직원의 형식지로 드러날 수 있도록 해야 한다. 그것이 바로 메신저나 차트를 통해 공유하는 것이다.

직원들의 성과도 피드백을 통해 결정한다. 1년에 2번, 분기별 업무 평가표를 작성하게 한다. 그리고 그 평가를 통해 객관적인 직원들의 업무 성과를 측정한다. 이 성과는 다음 해의 급여를 책정하는 데 적용된다. 열심히 하는 직원이 그만한 성과를 받지 못하거나, 대충하는 직원도 급여를 많이 받는다면, 그 다음부터는 직원들이 열심히 하고 싶은 마음이 사라질 것이다. 한의원이 잘되면 원장도 돈을 많이 벌지만, 직원들도 돈을 많이 버는 구조로 만들어야 한다. 그래야 직원들도 더 열심히 일할 맛이 나게 된다. 단지 사명감만 부르짖어서는 직원들의 참여를 이끌어 내기가 힘들다.

십자군 전쟁 때 단지 종교적 사명만으로 많은 사람들이 십자군에 참여했을까? 콘스탄티노플 전투 때 아무 대가 없이 베네치아 용병들이 참여했을까? 사람들을 움직이게 하는 큰 동기 중의 하나가 바로 물질적인 보상이다. 원장은 늘 그것을 간과해서는 안 된다.

어린아이가 어른이 될 때까지 수없이 넘어지고 일어나면서 성장하고, 학교에서 학원에서, 친구로부터 부모로부터 수없이 많은 피드백을 받으면서 성장한다. 사람도 마찬가지다. 끊임없는 피드백만이 그 사람을 성장시킬 수 있다고 생각한다. 한의원에서 직원들에게 환자들에게 늘 피드백하는 것을 일상화해 보도록 해보자. 피드백을 통해 피드백을 주는 사람도, 피드백을 받는 상대도 한 단계 더 성장하는 기쁨을 누릴 수 있을 것이라 확신한다.

환자론

가격의 비밀

누구나 서비스를 이용할 때는 어떤 기대를 가지고 찾게 된다.

'빽컴메(빽다방, 컴포즈커피, 메가커피)'를 찾는 사람들이 조용한 분위기와 쉬어가는 공간을 생각하면서 찾아올까? 그렇지 않다. 저렴한 가격과 빠른 테이크아웃을 기대하고 찾는다. 반면, 스타벅스는 편안한 공간과 분위기를 기대하고 방문한다. 커피를 마시면서 공부도 하고, 책도 쓰며, 친구들과 담소도 나누러 온다. 둘은 서로 기대하는 바가 다르다.

최근에 저가 커피 매장들이 우후죽순 생기고 있는데 프랜차이즈는 항상 한계가 있다. 꼭 그곳이 아니더라도 언제든 갈 수 있는 곳이라면 특별한 메리트가 없기 때문이다. 예를 들어 동네에서 커피를 사 먹을 때는 우리는 프랜차이즈 매장을 찾지만, 멀리 제주도나 강원도 여행을 가거나, 특별한 곳에 가게 될 때는 프랜차이즈 매장을 찾지 않는다. 특별한 곳에 가서는 특별한 곳을 찾는다. 언제든지 갈 수는 있다는 건, 장점이기도 하지만 단점이기도 하다.

우리가 큰 부자가 되기 위해서는 스스로 가격을 결정할 수 있는 가격 결정권을 가져야 한다. 프랜차이즈로는 아주 큰 부자가 되기는 힘들다.

스스로가 가격에 대해 결정하는 가격 결정권을 가지기 힘들기 때문이다. 프랜차이즈를 하게 되면 늘 본사의 가격 지침을 따라야 한다. 또한 그 매장만의 특이성을 발휘하기가 힘들다.

가격 결정권을 가지기 위해 필요한 몇 가지 조건이 있다. 먼저 희소성(Scarcity)이다. 다른 곳에는 없고 여기만 있는 것이다. 희소성이 있다면 평범한 것도 특별한 것이 될 수가 있다. 부산에 도침 치료를 하는 곳이 한 군데밖에 없다면, 도침을 찾는 사람들은 수십만 원을 내더라도 여기서 치료를 받고 싶어 하게 된다.

또한 물건에 스토리(Story)가 있다면 그 물건은 특별한 물건이 된다. 일본의 '합격 사과' 이야기는 이를 잘 보여주는 사례다. 아오모리 현은 일본의 유명한 사과 산지인데, 어느 날 심한 태풍이 불어 사과의 90%가 나무에서 떨어져 버렸다. 농사가 거의 망한 상황에서, 나무에 단단히 붙어 살아남은 10%의 사과가 있었다. 이 사과를 '합격 사과'로 이름 붙여 상품화했더니, 몇 배나 비싼 가격에도 불구하고 매진되는 등 엄청난 성공을 거두었다.

평범한 '돌'을 팔아 큰 부자가 된 사람도 있다. 미국의 게리 달은 친구들과 대화를 나누다 애완견이나 애완묘 대신 '애완돌'을 키우면 어떨까 하는 농담을 하게 되었다. 이 아이디어를 실제로 실행에 옮긴 그는 작은 돌을 구입해 '애완돌'이라는 이름으로 상품화했다. 돌을 숨구멍이 뚫린 작은 상자에 담고, 종이 스트로로 포장했으며, 돌을 키우는 방법을 설명한 유머러스한 훈련 매뉴얼까지 작성했다. 이 매뉴얼에는 돌이 앉는 법, 구르는 법, 그리고 명령을 따르는 법에 대한 설명이 포함되어 있었다.

게리 달의 독창적이고 유머러스한 마케팅 전략 덕분에 '애완돌'은 큰 인기를 끌었고, 불과 몇 달 만에 미국 전역에서 150만 개 이상 판매되었다.

이를 통해 그는 300억 원대의 부자가 되었다. 단순한 농담 같았던 애완돌은 기발함과 유머로 대중의 호기심을 자극하며 성공한 사례로 남았다.

《가격은 없다》라는 책에서 저자 윌리엄 파운드스톤은 말한다. 사람들은 늘 절대적인 가격이 아니라 상대적인 가격을 기반으로 결정을 내린다고 말이다. 가격은 단순히 시장 원리에 따라 결정되는 것이 아니라 사람의 심리와 감정, 인식에 큰 영향을 받는다는 것이다.

샤넬 매장에서 너무 안 팔리는 가방의 가격표 뒤에 0을 더 붙였더니 불티나게 팔렸다는 이야기도 유명한 이야기이다. 사람들이 생각하는 가치는 항상 상대적인 것이고, 이성보다는 감성에 기반한 것이 많다. 생각은 이성이 하더라도, 소비자의 지갑을 여는 것은 결국 감성이라고 한다.

평소 100원짜리도 아껴 가면서 살았던 사람이, 부모가 돌아가셨을 때는 몇 천만 원 이상이 드는 장례비용을 아끼지 않는 경우를 많이 본다. 이성으로 생각할 때와 감성으로 느끼는 것의 차이다. 한의원도 마찬가지다. 이성으로 이 한의원을 방문하게 되더라도, 결국 치료를 시작하는 이유는 '감성'이다. "아! 이 원장님은 믿고 내 몸을 맡겨도 되겠다!"는 느낌이 들 때 비로소 침을 맞고 약을 짓게 되는 것이다.

객단가는 환자와의 싸움이 아닌 자신과의 싸움이다. 가격은 환자의 마음속에 있는 것이다.

암 환자 입장에서 이 약만 먹으면 반드시 치료된다고 한다면 수천만 원의 비용을 내더라도 치료할 환자가 많을 것이다. 한약도 마찬가지다. 제대로 된 치료만 해준다고 하면 비싼 치료비를 선뜻 내고 싶어 하는 환자들이 너무나도 많다. 샤넬이랑 에르메스는 가방 하나가 수천만 원을 호가하고, 매년 가격을 올리지만, 없어서 못 팔고, 시장에 파는 보세 가방은 1~2만 원에도 살 수 있다. 왜 그런 것일까? 과연 샤넬과 에르메스 가방이 시장 장바구니보다 1,000배나 더 기능이 좋아서 그런 것일까? 그렇지 않다. 우리는 명품을 보면서 한 땀 한 땀 빚어진 장인정신을 떠올리게 되고, 그 장인정신이 반영된 물건을 사려고 노력한다.

일반적인 동네 한의원에서 약침 한 번에 15,000원을 받기가 그렇게도 힘들다. 10년째 5,000원에서 가격을 올리지 못하기도 한다. 물론 가격 자체에 큰 주의가 없는 원장님들도 있겠지만, '혹시나 환자가 올린 가격을 불편하게 생각하지 않을까? 안 그래도 없는 비급여 매출이 더 떨어지는 게 아닐까?' 하고 걱정하는 마음 때문이 더 크리라 생각한다.

컴포즈커피의 전국 1위 매장은 연매출이 11억 원인데 꼴찌 매장은 연매출이 4,400만 원이다. 월 매출로 본다면 400만 원~9,000만 원인 셈이다. 한 달 400만 원도 올리지 못하는 매장은 임대료와 인건비조차도 감당하기 힘들 것이고, 매일 울고 싶은 심정일 것이다. 반면, 스타벅스는 매장당 월 1억 원 안팎의 월 매출을 올리고 있다. 전국 2,300개가량 되는 매장에서 발생하는 매출이 한 해만 해도 2조 5천억 원에 순수익률이 10%가 넘는다. 현재 우리나라의 카페는 12만 개 정도 되고, 매출액은 월 1조 5천억 원 정도 된다. 연간으로 환산하면 약 18조 원 규모이다. 말하자면 스타벅스는 우리나라 카페 시장의 12% 정도를 차지하고 있다는 말이다. 단일 브랜드 매장으로 대단한 규모라 하지 아니할 수 없다.

부산의 K 한의원도 약침 비용이 1부위 49,000원, 2부위 79,000원에 책정되어 있다. 그런데 협착증, 디스크, 회전근개 파열 등의 치료를 위해 이 한의원을 찾는 사람들이 줄을 서 있다. 예약이 1달 전에 다 차 버린다. 치료를 받으려면 몇 달을 기다려야 한다. 이 한의원은 비급여도 오직 약침과 공진단 두 가지만 있다. 한약도 정말 짓고 싶은 사람들만 지어 준다. 맛집이 메뉴가 많지 않은 것과 마찬가지다. 심지어는 물리치료도 전혀 없다. 이 한의원을 찾는 사람들은 물리치료를 받거나, 일반 침을 맞으러 오는 사람들이 아니다. 그렇기 때문에 아예 환자의 니즈가 다르다. 환자군 자체가 다른 것이다. 이 한의원에 오는 사람들은 대신 다른 기준을 가지고 온다. 병원에서 협착증이나 디스크 수술을 했을 때는 비용이 4~500만 원가량이 드는데 비해, 약침 치료를 받았을 때는 수술하지도 않고, 그보다 적은 비용으로 치료가 가능하기 때문에 이 한의원을 찾는 것이다.

경주의 D 한의원도 마찬가지다. 이곳은 아들을 잘 낳게 해 주는 한약으로 유명해진 곳인데, 여기는 지금도 약을 짓기 위해서 새벽까지 한의원 앞에 텐트를 치고 아침에 오픈런을 하는 곳으로 유명하다. 이렇게 상담을 해도 최소한 약을 4~6개월 뒤에 받는다고 한다.

내가 자신이 있다면 얼마든지 내가 하는 서비스에 가격을 결정할 수 있다. 사람들은 충분한 가치가 있다면 그만한 가격을 지불한다. 사람들은 한 번 찍는데 수십만 원이나 하는 MRI에 쓰는 돈은 그리 아까워하지 않는다. 허리가 아픈데 디스크인지 판독하기 위해서는 선택의 여지가 없기 때문이다. 왜 MRI를 찍어야 하는지 이유가 있다면 환자들의 지갑은 열리게 되어 있다.

가격 결정권을 가지기 위해서는 나를 찾는 팬들이 있어야 한다. 원조 '장사의 신' 우노 다카시도 그의 책 《장사의 신》에서 불황을 견디려면 단골이 있어야 한다고 말한다. 단골은 그저 그 음식만 보고 그 가게를 찾지 않는다. 그 가게를 내 가게처럼 생각하는 것이 바로 팬심이다. 팬심은 무섭다. 아이돌 가수가 음반을 내면 100개, 200개도 사 주려는 마음이 팬심이다. 한국 K-POP을 이끄는 데 있어서 이런 팬덤 문화가 큰 일조를 한 것은 부정할 수 없다.

단골을 만드는 방법은 멀리 떨어져 있지 않다. 환자는 누구나 마음이 편한 병원을 찾는다. 그리고 나를 가장 잘 알아주는 원장을 찾는다. 만약 원장을 찾는 팬들이 많아진다면, 그 한의원은 안될 수가 없다.

가격은 절대적인 것이 아니고 상대적인 것이다. 내 무기만 날카롭다면, 그리고 그 분야의 최고가 된다면, 기꺼이 돈을 내려고 하는 사람들은 줄을 서 있다. 가격에 벌벌 떠는 사람은 환자가 아니라 원장이 아닌지 생각해 봐야 할 것이다.

환자론

연장과 환불을 부르는 말 한마디

한의원을 운영하다 보면 여러 가지 일을 겪는다. 특히 원장님들이 다들 힘들어 하는 일이, 치료를 시작했다가 중간에 환불을 요구하는 환자들에 대한 일이다.

왜 환자들은 환불을 요구하는 것일까?

항상 어떤 치료를 하게 될 때면 환자들은 기대를 한다. 몸이 좋아진 자신의 모습을 상상하는 것이다. 그런데 치료가 그 기대에 미치지 못하거나, 부작용이 생기는 경우도 있다. 이 외에도 여러 가지 다양한 이유로 환불을 요구한다.

환불을 바라는 환자들의 요구를 모두 받아들여 줘야 하는 것일까? 개원 초에는 환자들의 말에 이끌려 가는 경향이 많았다. 약 한 제를 먹다가도 몇 제를 다시 지어 드리는 경우도 있었다. 어떤 환자는 당뇨 검사를 했는데 당 수치가 높게 나와서 한약 때문이라 이야기하며, 환불뿐만이 아니라 치료비를 요구하는 환자도 있었다.

환자들은 치료를 하는 순간부터 모든 게 치료 때문이라고 생각하는 경향이 있다. 환불해 주기는 쉽지만, 한번 환불해 준 환자는 다시는 그 한의원을 찾지 않을 가능성이 높다. 의사와 환자와의 관계에서 신뢰가 핵심인데, 한번 신뢰가 깨진 환자들이 다시 신뢰를 회복할 수 있는 가능성은 높지 않기 때문이다.

환자들이 한약을 짓거나 치료를 받으면서 발생하는 불만은 이런 이유로 잘 발생한다.

1. **심리적 문제:** 일부 환자들은 치료를 받는 과정에서 발생하는 모든 변화나 불편함을 한의학 치료와 직접적으로 연관 지으려는 경향이 있다. 이런 심리적인 원인은 불확실성, 두려움 또는 특정 치료에 대한 오해에서 비롯될 수 있다.

2. **기대와 현실의 차이:** 환자들은 치료가 즉각적인 효과를 발휘하거나 모든 증상을 완화시킬 것으로 기대한다. 그러나 치료가 기대에 미치지 못하거나, 오히려 새로운 증상이 나타날 때, 이를 치료의 부작용으로 인식할 수 있다.

3. **이해 부족:** 한의학에 대한 충분한 이해가 없거나, 치료 과정에서 발생할 수 있는 정상적인 반응(예: 침 맞은 후의 통증이나 피로)을 잘 알지 못하는 경우, 모든 부작용이나 불편을 치료 탓으로 돌리기 쉽다.

4. **타인의 경험:** 다른 사람들의 부정적인 경험이나 이야기들을 들은 경우, 그들이 겪은 부작용을 자신의 경험과 연결시킬 수 있다.

그렇기 때문에 중요한 것은 환자와 의사 간의 소통이다.

환자가 치료받기 전에 의사는 치료 전에 예상되는 효과와 부작용에 대해 명확히 설명하고, 환자의 불안이나 걱정을 이해하며 이를 해소할 수 있도록 미리 사전에 준비해야 한다.

만약 한약을 짓기 전에 병원 혈액 검사를 앞두고 있으면 차라리 검사 후에 약을 드시는 게 좋지 않겠느냐고 선제적으로 이야기해 주는 게 낫다. 막무가내로 침 탓, 약 탓이라고 하는 환자들에게는 이성적으로 팩트를 조목조목 짚어 줄 필요도 있다. 알고 보면 본인이 먹었던 술, 병원 약 때문에 그런 경우도 많다.

응대에 따라 환불이 될 수도 있고, 재처방이 될 수도 있다. 전화상담이 왔을 때 직원 선에서 대처가 가능한 경우도 있고, 의료진까지 와야 해결이 되는 경우도 있다. 이렇게 단순 상담을 하는 경우와, 원장이 직접 상담하는 경우를 나누어서 대처해야 한다. 만약 직원이 전화를 받더라도 후자의 경우는 빠르게 원장이 직접 상담할 수 있도록 해야 한다.

원장이 상담할 때도 감정에 휘둘리면 안 된다. 정확한 팩트가 무엇인지 확인하고 그에 맞는 대응을 해야 한다. 만약 환불이 필요한 경우는 과감히 환불해 줘야 할 때도 있다. 그렇지만 만약 한약 탓이 환자의 무지나 잘못된 편견 때문이라면 그 부분을 잘 이야기하고, 치료를 이어가게끔 잘 설득할 필요가 있다.

환자에 대해서 가장 잘 아는 사람은 바로 환자 그 자신이다. 의사는 환자를 여러 번 보아야 한다. 사람도 자꾸 만나야 그 사람에 대해서 알게 되듯, 환자를 보는 것도 마찬가지다.

《동의수세보원》의 이제마 선생이 한 명의 환자를 소음인으로 진단하기 위해서 몇 달간 관찰했다는 이야기는 유명한 일화이다.

보통 큰 금액을 지불한 환자들은 그만큼 기대치도 크다. 1,900원 침치료만 받고 간 환자와 190만 원 성대치료 6개월 패키지를 끊은 사람은 기대치가 다르다. 시장에서 보세 가방을 산 사람과 샤넬백을 산 사람의 기대치가 다르듯이 말이다. 그렇기 때문에 환자를 볼 때 충분한 상담과 정확한 진단을 통해 처방하고, 패키지가 처음 시작할 때부터 마칠 때까지 끝까지 잘 관리해 주어야 한다.

9:1의 법칙이 있다. 불만이 있는 사람 중에서 말하는 사람은 실제로 10%에 불과하다는 것이다.

사실 불만이 있어도 말하지 않는 사람이 더 많다. 불만을 가지고 이야기해 줬다는 것은 오히려 지금 내가 고쳐야 할 점이 있다는 반증이며, 그런 이야기를 해준 사람에게 고맙게 생각해야 한다. 이번 기회를 통해서 내가 한 단계 더 발전할 수 있는 기회이기 때문이다.

환자들이 한의원을 찾는 니즈는 처음부터 다르다. 처음부터 한약을 짓고 싶어서 오는 환자들도 있지만, 침만 맞으러 왔다가 원장이 설득해서 한약을 짓는 환자도 있다. 그런데 보통 처음부터 한약을 짓겠다고 생각하고 오는 환자들은 컴플레인이 덜하다. 인간은 보통 자신이 결정한 생각과 행동을 옳다고 여기기 때문에, 본인이 결정한 일은 가능한 한 후회하지 않으려 하기 때문이다. 그런데 처음엔 내가 원하지 않았는데 원장이 권해서 지었다고 생각하는 환자들에게서 컴플레인이 자주 발생하는 편이다.

그렇기 때문에 항상 원장은 솔직해야 한다. 억지로 약을 권하는 원장이 되어서는 안 된다. 꼭 필요해서 처방하는 건 환자가 안다. 약을 먹고 좋아진 환자는 또 다른 약 환자를 다시 소개하게 된다. 약의 효과가 부족하더라도 충분히 이해를 한다. 원장이 얼마나 노력했는지를 알기 때문이다. 그런데 억지로 약을 '권해서' 약을 먹은 환자는 컴플레인이 생기게 되면 다시는 그 한의원을 찾지 않게 된다. 어찌 보면 종이 한 장 차이다.

환자가 필요한 것은 공감이다. 사람을 생각하게 하는 것은 이성이지만, 사람을 움직이게 하는 것은 감성이다.

K한의원의 원장님께서 하신 말씀이 생각난다. 원장님은 학교를 졸업하

고 나름 논리적이고 학문적으로 말씀을 잘하셨다. 그리고 결과는 긴 세월 빈의(貧醫)로 사셨다. 어느 날 원장님을 측은하게 여긴 부의 원장님이 화술을 가르쳐 주었다. 환자가 뭐라고 하면 "그렇죠"라고 대답하라는 것이다. 그 다음 내용이 연결이 되든 안 되든 상관없다는 것이다. 즉, 일단 "그렇죠"라고 대답한 다음에 하고 싶은 말을 하라는 것이다. 원장님이 "그렇죠"를 실천한 결과는 엄청났다. 환자 말의 내용이 중요한 게 아니고, 환자 생각을 바꾸는 것도 중요한 게 아니고, 환자와 같은 편이 되는 게 중요한 것이다. "마사지가 효과가 좋은 것 같아요"에서 "그렇죠. 그리고…" "사우나하네 근육이 풀리는 섯 같아요"에서 "그렇죠. 그리고…"의 삶이 많이다. 이렇게 말을 하는 방법을 바꾸시고 나서 환자가 늘고, 훨씬 더 한의원이 잘되셨다고 한다.

만약 학문적으로 한의학을 신뢰해서 한의원으로 오는 환자가 1명이라면, 원장이 좋아서 내 편이라서 한의원에 오는 환자가 10명이다. 마사지와 침술의 효과 차이를 알고 싶어서 오는 환자는 그렇게 많지 않다. 마사지를 좋아하는 내 마음을 원장이 공감해 주는 게 기분이 좋고, 그래서 그 한의원을 한 번 더 가고 싶은 것이다.

환자의 입장에서 생각해야 한다. 의사의 입장에서 생각하면 환불이라는 건 가능하면 일어나지 않으면 좋을 일이다. 그러나 환자의 입장에서 생각하면 이해가 된다. 우리도 쿠팡 배송을 받았다가 반품 신청했던 일이 얼마나 많은가? 누구나 사람은 본인이 기대했던 만큼의 대가를 받지 못하면 불만이 생기기 마련이다.

한의원을 하게 되면 늘상 발생하는 일이 환불이라고 생각해야 한다. 그래서 환불이 발생한다고 해서 아까워할 필요도 없고, 연장이 발생한다고 해서 좋아할 필요도 없다.

만약 상담을 30분 동안 하고 그냥 가는 환자가 있으면 허탈할 때도 있다. 그런데 만약 내가 그 약을 지어 줬으면 부작용이 날 환자였다고 생각하면, 오히려 그분이 약을 안 지은 게 다행이다 생각이 들기도 한다. 한편으로 오늘 환불이 발생한다면, 도대체 내일 얼마나 더 벌려고 그러나 하고 마음으로 생각하면, 기분이 더 좋아지기도 한다. 그러고는 거짓말같이 다음 날 환불 금액 이상으로 더 대박 나는 하루가 되기도 한다.

늘 잘되어야 한다는 생각은 클루지(Kluge)에 불과하다. 중요한 것은 결과보다 과정이다. 만약 어떤 한의원에서 계속해서 환불이 발생한다면 문제가 있는 것이다. 만약 계속해서 상담만 하고 약이 나가지 않는 상황이 반복된다면 문제가 있는 것이다. 본질이 문제가 생겨서는 안 된다. 이것이 나의 역량의 문제라면 노력해서 역량을 끌어올리는 데 집중해야 할 것이다. 그런데 그렇지 않다면, 경험을 통해서 수정하고 보완해서 한 단계 더 끌어올릴 수 있도록 하면 될 것이다.

연장과 환불은 종이 한 장 차이다. 똑같은 상황에서 어떻게 대응하느냐에 따라 달라질 수 있다. 중요한 것은 얼마나 환자가 만족했느냐이다. 작은 하나의 부분에서도 환자들은 실망할 수 있다. 마지막까지 환자가 만족할 수 있는 한의원을 만들기 위해 노력해야 할 것이다.

3장

진료론

진료론

10점을 향한 진료

"여기서 치료하면 나을 수 있어요?"

한의원 문을 열고 들어오는 환자들의 단골 멘트다. 초보 때는 이 말을 들을 때 당황하는 경우가 많았다. 지금은 그렇지 않다. "최대한 환자분께서 생각하시는 만큼 좋아질 수 있도록 노력해 보겠습니다"라고 말한다.

'완치(完治)'라는 개념은 매우 주관적이다. 완치를 '통증이 완전히 사라진 상태'로 볼 수도 있고, '5년 이상 재발하지 않은 상태'로 정의할 수도 있다. 결국, 완치는 마음속에 존재하는 것인지도 모른다. 하지만 환자라면 누구나 '완치'의 꿈을 안고 병원을 찾는다. 어떻게든 아프지 않고 싶은 것이 모든 환자의 바람이다. 이러한 환자들을 치료하며, 최대한 완쾌되도록 돕고 싶어 하는 것은 모든 한의사들의 공통된 마음일 것이다.

학생 시절 의료봉사 때부터 나는 항상 많은 환자를 보고 싶었다. 공중보건의로 근무할 때도 그 마음은 마찬가지였다. 당시 내가 근무했던 사량도는 하루에 보건지소를 찾는 환자가 10명도 채 되지 않는 한적한 섬마을이었다. 하지만 나는 어떻게든 환자를 많이 보고 싶었다. 그래서 매일 아침 9시부터 저녁 6시까지 자리를 지키며 성심껏 진료했다. 섬이라는 환경에도 불구하고, 다양한 보험 약을 구비해 두고 환자들에게 처방했다. 시간이 지나면서 환자들이 점차 늘었고, 내가 떠날 무렵에는 환자 수가 거의 2배로 증가한 상태로 나갈 수 있었다.

한의원을 개원하고 나서도 마찬가지였다. 한의원을 잘하고 싶은 마음이 많았고, 이는 다른 한의원의 참관으로도 이어졌다. 그런데 나는 늘 내가 부족하다는 생각이 들었다.

'일도쾌차(一到快差)'라는 말처럼 환자들을 금방 낫게 해 주고 싶었는데 현실은 그렇지 않았다. 물론 목에 담이 결리거나, 허리가 삐끗해서 온 환자들은 금방 나아서 갔지만, 만성 질환의 환자들이 올 때는 몇 달씩 잡고 씨름해야 하는데 그 시간을 버텨주는 환자가 그리 많지 않았다. 그렇게 잘 낫지 않는 환자들이 올 때, 잘 끌고 가면서 환자가 만족할 수 있는 치료까지 이어지게 하는 게 중요하다.

"과연 나는 몇 점짜리 한의사일까?" 스스로에게 물어보자. 진료에 있어서 완벽한 사람은 없다. 그래서 나 스스로 어떤 분야에서 몇 점짜리 한의사인지 돌아볼 필요가 있다. 한의원에 대한 SWOT 분석을 나 자신에게도 적용해 보라는 의미이다. 분명 내가 잘하는 부분이 있고, 그 강점을 최대한 발휘하는 것이 중요하다.

나는 임상적으로 깊이가 부족한 편이다. 무엇이든 끝까지 파고드는 능력이 약하기 때문에, 한 분야를 깊이 연구해 최고의 경지에 오르는 사람들을 보면 존경스럽다. 예를 들어, 초음파로 정확한 진단을 내리고, 미국 초음파사 자격증을 따서 가이드 약침을 시술하는 원장님들을 보면 정말 대단하다고 느낀다. 또한, 추나나 도침 같은 특정 분야에서 깊이 연구하고 명성을 쌓는 원장님들을 보며 그들의 노고와 성취에 경외심을 갖게 된다.

그렇지만 나에게도 잘하는 분야가 있다. 환자를 치료할 때 꼼꼼히 촉진하며, 한번 본 환자의 이름을 잘 기억하는 능력이 있다. 또한 한의원 경영에 관심이 많고, 데이터를 수치화하고 비교하는 데도 다른 사람보다 빠르다. 외모에서도 한의사의 이미지를 풍기고, 목소리도 중후하다는 평가를 자주 받아 환자들로부터 신뢰와 믿음이 간다는 이야기를 많이 들었다.

'선택과 집중'이라는 말이 있다. 인생은 사실 선택과 집중의 연속이라고 해도 과언이 아니다. 성공한 한의사가 되기 위해서는 임상적으로나 경영적으로나 모두 뛰어난 한의사가 되어야 할 것이다. 그러기 위해서는 나의 장점을 잘 파악하고, 단점을 보완해 나가야 한다. 모든 사람은 잘하는 분야가 있고, 부족한 분야가 있다. 중요한 것은 내가 잘하는 분야를 선택하고, 그 분야에 집중하는 것이다.

우리가 한의사가 된 것 역시 우리의 선택이다. 지금까지 모든 것은 선택과 집중의 과정을 통해 이루어졌다. 한의사 면허를 취득한 후부터가 진정한 시작이다. 면허는 마음대로 진료하라는 허가증이 아니다. 우리가 베스트 드라이버가 될지, 장롱면허로 남을지는 결국 우리의 선택에 달려 있다. 얼마나 열심히 갈고 닦느냐에 따라 그 결과가 달라진다.

한의사가 되고 나서도 우리는 끊임없이 강의를 듣고 공부를 한다. 사람의 몸에 대한 공부는 끝이 없는 공부인 듯하다. 이제마 선생님도 생애 끝날까지 연구에 매진하지 않았던가? 그래서 동의수세보원도 아직까지 미완성으로 남아 있지 않는가?

한의대 공부는 6년이지만, 한의사로서의 공부는 60년인 듯하다. 오늘 오는 환자 한 명 한 명을 통해 매일 배운다 생각하면 배움에 끝이 없다. 한 명의 환자에게도 반드시 배울 것이 하나라도 있다. 그리고 끊임없이 내가 기존에 아는 것에 매몰되지 않고, 새로운 트렌드에 적응하고, 새로운 것을 배워 나가야 한다. 늘 학문은 발달하고 새로운 지식은 발전한다.

한의학도 마찬가지다. 한의학의 역사는 수천 년이지만, 제도권 안에 편입되어 현대 의료의 한 축을 담당하게 된 것은 오래되지 않았다. 그 과정에서 한의학은 끊임없이 변화해 왔다. 과거 사암침(舍庵鍼)이 유행하던 시절도 있었고, 일침(一鍼)과 같은 원위취혈(遠位取穴)이 유행했던 시절도 있었다. 이후 근육학과 체침(體針)이 대세가 되기도 하였고, 추나요법이 건강보험에 편입되면서 추나 기술이 부원장을 채용하는 필수 요소가 되기도 했다. 최근에는 초음파와 영상진단을 활용한 진료가 점점 더 주목받고 있다.

앞으로 한의학은 어떻게 변할까? 그리고 한의사들의 미래는 어떻게 될까? 현재도 로컬 현장에서 많은 한의사들이 쉽지 않은 하루하루를 보내고 있다. 과거처럼 단순히 환자만 많이 오면 성공하는 한의원의 시대는 이미 지나갔다. 인구 감소 시대에서는 과거처럼 환자가 자연스럽게 늘어나기 어려울뿐더러, 경쟁은 훨씬 더 치열해지고 있다.

이러한 상황에서 중요한 것은 내가 잘하는 분야를 최대한 살리는 것이다. 어디에서든 "이곳에 가면 정말 잘한다"는 평가를 받을 수 있도록 한 과목을 특화하는 것이 필요하다. 이를 위해서는 내가 잘하는 분야, 약한 분야, 기회가 되는 분야, 위협이 되는 분야를 철저히 분석하는, 즉 개인적으로도 SWOT 분석을 적용하는 것이 중요하다.

이번에 사격에서 금메달을 딴 김예지 선수가 루이비통 광고를 찍은 것을 보았다. 사격과 루이비통과 무슨 관계가 있을까? 사격에서 보여 주었던 그녀의 탁월한 기량, 그리고 남다른 분위기가 루이비통 광고 담당자의 마음을 사로잡았던 것이다.

가수 임영웅 씨도 과거 미스터트롯에 나오기 전까지 오랫동안의 무명 생활을 겪었다. 고구마 장사를 하면서 오랫동안 알려지지 않은 시기를 보냈다. 미스터트롯에서 우승한 사람들이 모두 성공한 것은 아니다. 그렇지만 그는 뛰어난 가창력뿐만 아니라, 따뜻한 인성, 끊임없는 자기 관리를 통해 팬들에게 꾸준히 사랑받고 있다.

얼마 전 올림픽에서 우리나라 양궁 남자 단체전 팀이 무려 6번을 다 연속으로 10점을 쏘아 "텐텐텐!"을 외친 순간이 있었다. 10점이 아닌 9점을 쏘면 아쉬운 나라가 바로 우리나라다. 앞으로도 자신만의 분야에서는 10점을 쏠 수 있는 한의사가 되어야 하겠다.

진료론

진료에 대한 투자는 아끼지 마라

한 부자가 죽기 전에 아들들을 불러 모아, 세상의 진리를 단 한마디로 표현하라고 했다. 아들들은 아버지의 질문에 대해 며칠 동안 깊이 고민했지만, 명확한 답을 찾지 못했다. 결국, 아버지가 말한 진리는 간단했다. "세상에 공짜는 없다"가 바로 그것이었다.

이 이야기는 탈무드에 나오는 이야기이다. 우리는 흔히 무언가를 쉽게 얻거나, 노력 없이 성취를 이루고자 하는 마음을 가지지만, 진정한 성과나 보상은 반드시 그에 상응하는 대가가 따른다. 우리가 핸드폰을 바꿀 때도 공짜폰으로 바꾸곤 하지만, 사실 공짜폰은 공짜폰이 아니다. 그 '공짜폰'의 기계값은 결국 매월 내는 요금에 포함되어 있다.

"공짜 좋아하다가 머리 벗어진다"라는 우스갯소리가 있다. 세상에 존재하는 것에 매겨진 비용은 다 각자 이유가 있다. 돈을 아껴 써야 할 때는 아껴 써야 한다. 그런데 투자를 할 때는 과감해야 한다. 그 기준은 그 투자가 한의원에 얼마나 도움이 되는지, 그리고 그것이 얼마나 나의 시간을 아껴 주는 것인지이다.

만약 똑같은 비용을 들여 그만한 효과를 낼 수 있다면 이왕이면 저렴한 비용으로 효과를 내는 게 낫다. '가성비(價性比)'가 바로 그것이다. 비슷한 가치의 물건을 저렴한 가격으로 살 때 우리는 "가성비 있는 물건을 샀다"라고 이야기한다. 하지만 '가심비(價心比)'라는 말도 있다. 적당한 가격에 마음에 흡족한 물건을 구매했을 때, 이를 가심비 있게 샀다고 표현한다.

나는 아직도 가성비를 중시하는 편이다. 외제차에도 별 관심이 없고, 혼자 시내를 다닐 때는 경차인 캐스퍼의 깡통 옵션을 타고 다닌다. 굳이 큰 차를 사야 할 이유를 모르겠다. 자동차는 구매하는 순간 이미 10%의 감가상각이 시작되기 때문이다.

그러나 한의원에 대한 투자는 아니다. 한의원의 투자는 생동 옵션이 되어서는 안 된다. 한의원에 대한 투자는 몇 배, 아니 몇십 배로 돌아올 수 있기 때문이다.

얼마 전, 나는 한의원에서 사용하는 키보드를 기계식으로 바꾸었다. 예전에는 종이 차트에 기록을 했지만, 지금은 대부분의 환자 정보를 전자 차트로 입력한다. 가능한 한 짧은 시간에 많은 환자의 정보를 입력하는 것이 목표였지만, 기존의 키보드로는 한계가 있었다. 처음에는 키보드의 가격 차이를 이해할 수 없었다. 다이소에서 5,000원이면 살 수 있는 키보드가, 비싼 것은 40만 원대에 이르기도 했기 때문이다. '과연 40만 원짜리 키보드가 단지 사치품일까?' 생각했지만, 그 이유는 단순하지 않았다. 고가의 키보드는 빠르고 정확한 입력을 가능하게 해 주었다. 덕분에 차팅에 소모되는 시간을 단축시켰고, 나의 퇴근 시간을 앞당길 수 있었다.

기계식 키보드라는 아이템을 만약 써 보지 않았다면 아마 계속해서 나는 다이소 오천 원짜리 키보드에 만족하고 사용할 것이다. 그리고 왜 그렇게 비싼 키보드를 사는지 평생 이해하지 못하고 살았을 것이다.

무엇이든 알게 되는 만큼 더 보이게 되는 법이다. 새로운 것을 시도하고 투자해 보는 것은 결코 나쁜 선택이 아니다. 중요한 것은 그 선택이 한 의원 전체에 도움이 되고, 긍정적인 영향을 주는 방향으로 나아가는가 하는 점이다.

최근 나는 실손보험 청구를 돕는 프로그램과 시스템에 비용을 투자했다. 과거에는 보험이 있어도 청구하지 못하는 경우가 많았지만, 요즘은 청구 앱과 프로그램이 다양해지고, 차트 프로그램과도 연동되어 몇 번의 터치만으로도 청구가 가능해졌다. 그렇기 때문에 환자에게 도움이 된다면 그 시스템에 투자할 충분한 이유가 있는 것이다.

실손보험은 첩약의료보험 처방에도 유리하다. 예전에 방문했던 선배의 한의원에서는 빠른 피드백과 속도가 인상적이었는데, 이번에도 선배에게서 놀라운 이야기를 들었다. 2024년 4월 29일 첩약의료보험이 시행된 이후, 불과 한 달 만에 무려 400건 이상의 첩약 보험 처방을 했다는 것이다. 선배는 새로운 제도를 누구보다 빠르게 잘 활용하고 있었다. 반면, 일부 사람들은 손익을 따져 보며 첩약 보험 처방이 침 환자 몇 명의 수익보다 못하다고 판단해 시도조차 하지 않는 경우도 많았다.

성공하는 사람들의 공통점 중 하나는, 일단 시작하고 본다는 점이다. 완벽함을 추구하는 것보다 속도를 중요시하는 사람이 성공할 확률이 더 높다. 심사숙고한 결과가 반드시 완벽한 것은 아니다. 일단 시작하고, 이후에 보완해 나가면 된다.

400건의 첩약 의료보험 한약을 지으면서 선배는 또 선배 나름대로의 경험을 습득했을 것이다. 이 경험은 또 다른 새로운 시도의 자산이 된다. 이는 또 다른 새로운 피드백이 되며, 계속해서 선순환으로 이루어지게 된다. 하지만, 만약 1건도 시도조차 하지 않는다면 평생 그 자리에 머무르게 된다. 그러면서 잘되는 사람을 부러워하며 "왜 나에게는 그런 기회조차 주어지지 않는가?"라는 불평만 늘어놓게 될 것이다.

기회는 공평하게 주어졌다. 스스로 시도해 볼 생각을 하지 못했을 뿐이다. 나 또한 선배가 이야기하기 전까지만 해도 400건의 첨약 의료보험이 가능하리라고는 상상도 하지 못했다. 그러나 선배의 이야기를 통해 그것이 가능하다는 것을 깨닫게 된 것이다. 그것은 가시적인 나의 새로운 목표가 되었다.

적을 이기기 위해서는 적을 잘 알아야 한다. '지피지기(知彼知己)면 백전불태(百戰不殆)'라고 손자(孫子)는 말했다. 이순신 징군도 지리를 잘 알았기에 명량에서 빠른 물살을 이용하고, 한산도 대첩에서 학익진(鶴翼陣)을 펼쳐 적을 대파할 수 있었다.

보험에 대해서 불평할 시간에 보험에 대해서 하나라도 더 알아야 한다. 내가 보험 설계사 못지않은 지식을 갖추고 있어야 한다. 내가 잘 알아야 환자에게 설명해 줄 수 있는 법이다. 보험 약관까지 처음부터 끝까지 하나하나 뜯어볼 수도 있어야 한다. 최소한 실손보험의 종류와 보장 범위가 어느 정도까지 되는지는 알아야 하는 것이다. 그래야 환자들이 물어볼 때 정확한 대답을 해줄 수 있고, 환자의 부담을 줄여줄 수 있다.

과거 추나요법이 건강보험에 편입될 때 추나베드를 도입하고, 척추 감압기와 지압 침대를 도입한 것도 한의원 입장에서는 지출이 되었지만, 환자들 입장에서는 대기하거나 물리치료를 받을 때 아주 만족스러운 아이템이 될 수 있었다.

최근에는 성대 치료를 위해 탄소봉 치료기도 도입하였다. 몇 백만 원 이상의 비용이 들었지만, 이를 통해 성대 환자들의 치료 효과가 높아지고, 더 많은 성대 환자를 유치할 수 있다면 그 이상의 가치를 발휘하는 투자라고 할 수 있다.

작년에는 부동산 대학원 최고 과정을 수료하면서 나의 부동산 투자 능력을 길렀고, 명리학(命理學) 강의를 수강하여 사람의 본질을 이해하는 능력을 키웠다. 또한 환자를 잘 치료하기 위해 한의학 강의에도 비용을 아끼지 않았다. 나는 이러한 투자가 모두 나의 능력을 끌어올리는 과정이라고 생각한다. 나의 능력이 높아지면 더 많은 일을 효율적이고 능률적으로 처리할 수 있게 된다. 투자는 항상 그 결과를 염두에 두어야 한다. 그러나 그 투자가 좋은 결과를 가져올 것이라는 확신이 있다면 과감하게 해야 한다.

적은 돈은 아껴야 하지만, 큰 투자는 아껴서는 안 된다. 한의원에 대한 투자이든, 나에 대한 투자이든 마찬가지다. 한의원이 한 단계 더 성장하고, 내가 한 단계 더 나아질 수 있는 투자라면 결코 아껴서는 안 될 것이다.

나의 무기를 날카롭게 다듬어라

한때 나는 절세의 신 제네시스박 님이 운영하는 멤버십인 '위드제네시스'를 가입해서 활동한 적이 있다. 제네시스박 님은 유명한 인플루언서다. 그는 과거 LG와 만도 등 대기업에서 근무했지만, 세무사 시험에서는 낙방했다. 그러나 그는 좌절하지 않았다. 그는 시험을 준비하면서 공부했던 세금에 대한 내용으로 매일 블로그에 꾸준히 글을 썼다. 부동산 활황기 때, 절세에 대해 사람들의 관심도가 높아졌고, 그의 글과 책, 강의는 많은 사람들의 주목을 받았다. 지금도 그의 블로그에는 하루 수백 명의 '찐친'들이 들어온다.

　나 또한 위드제네시스 활동을 2년여 동안 하면서 많은 도움을 받았다. 세금이라는 분야는 누구나 살면서 한 번은 겪는 부분이다. 그만큼 꼭 필요하지만 의외로 대부분의 사람들은 자세히 모른다. 그저 "잘 모르면 세무사에게 물어보면 되지" 하고 막연하게 생각한다. 그런데 제네시스박은 세무사가 아니지만, 누구보다도 세금에 대해 잘 안다. 무엇보다도 그의 지식을 다른 사람들에게 알려주는 능력이 탁월하다. 그는 블로그를 통해 이웃과 소통하고, 수많은 댓글에 하나하나 다 댓글을 달아주었다. 그가 가장 기뻐할 때는, 절세를 통해 사람들이 잘 몰라서 억울하게 내었던 부동산 세금을 줄여줄 때라고 하였다. 그의 모습에서 의인의 풍모를 느꼈다.

그가 했던 말 중 가장 기억에 남는 한마디가 있다. "앞으로는 각 분야에서 자신이 가진 무기를 가장 날카롭게 갈고 닦는 사람들만이 성공할 것"이라는 말이다. 그의 인생도 마찬가지였다. 그는 명문대를 졸업했고, 남들이 부러워하는 대기업에 취직했지만, 그의 인생은 만족스럽지 못했다. 월급도 늘 다람쥐 쳇바퀴 돌듯 비슷할 뿐이었다. 그러나 그는 지금 본인이 좋아하는 일을 하면서 만족스러운 삶을 살고 있다. 지금은 각종 유튜브나 방송에서 먼저 모셔 가는 일타 강사가 되었다. 그가 가장 좋아하고, 잘할 수 있는 세무라는 분야에서 최고가 되었기 때문이다.

또 한 분, 내가 좋아하는 블로거가 있다. 바로 메르 님이다. 그는 네이버 파워 블로거로서 경제와 투자에 대한 심도 있는 지식과 통찰력을 가지고 있으며, 이를 바탕으로 《1%를 읽는 힘》이라는 책도 출간하기도 했다. 그의 글은 부동산, 주식, 채권, 환율 등 다양한 자산에 대한 분석과 예측을 통해 투자에 대한 인사이트를 보여준다. 그의 블로그 이웃 수는 무려 30만 명에 육박한다. 그리고 매일 그의 블로그를 방문하는 하루 방문자 수만 5만 명에 달한다. 보통 블로그 이웃이라 하더라도, 일일 방문하는 인원수가 이렇게 많은 경우는 흔치 않다. 왜 그런 것일까?

그는 무려 3년 전부터 매일 꾸준하게 블로그를 써 오고 있다. 그가 쓰는 블로그는 항상 매일 밤 0시 10분이 되면 올라온다. 하루도 빠지지 않고 그렇다. 매일 꾸준히 블로그를 쓰는 것도 대단하지만 그가 쓴 블로그의 내용을 보면 정말 그의 팬이 되지 않을 수가 없다. 내용이 너무 흥미로우면서도 전문적이기 때문이다. 매일 그의 글을 읽다 보면 나 또한 매일 하루씩 더 똑똑해지는 느낌이다. 어떻게 이렇게 방대한 지식을 가진 사람이 있을까 하고 감탄을 하게 된다.

무엇이든 자신의 분야에서 최고가 되는 사람은 늘 멋있다. 인생에 있어서 최고가 되면 늘 세상은 주목하게 된다. 수영에서도 금메달 박태환은 기억하지만 2등이 누구였는지 기억하지 못한다. 스케이트의 여왕 김연아, 두 개의 심장 박지성, 토트넘 최고의 공격수 손흥민을 기억하는 이유도 각 분야에서 최고이기 때문이다. 하지만 그들이 그 자리에 이르기까지 얼마나 많은 피나는 노력을 기울였을까?

한의사도 마찬가지다. 사람들은 어떤 한의사를 기억할까? 아마 방송에 나오는 몇몇 한의사들이나 자신이 자주 찾는 한의원의 한의사를 기억할 것이다. 또는 친구나 지인이 한의사일 경우 그들을 떠올릴 수도 있다. 역사적으로는 허준이나 이제마 같은 인물들이 떠오를 것이다. 그러나 현실적으로 '한의사'라는 직업 자체를 말할 때, 많은 사람들이 곧바로 떠올릴 수 있는 사람이 잘 없다.

누군가에게 가장 먼저 떠오르는 사람이 되어야 한다. 각 분야의 대명사가 되어야 한다. 만약 그 분야에서 자신을 대체할 수 없는 사람이 된다면, 자연스럽게 부와 명예가 따를 것이다.

연예인들이 많은 돈을 버는 이유는 무엇일까? 그만큼 많은 사람들에게 알려져 있기 때문이다.

많이 알려진 연예인일수록 더 많은 돈을 번다. 그때 버는 돈은 상상을 초월한다. 그러나 끼니를 걱정할 정도로 무명인 연예인들이 훨씬 더 많다. 그렇지만 그중에서도 1%의 연예인들은 대중들의 100배, 1,000배나 많은 연 수입을 얻고 있다.

많은 기업들이 많은 비용을 지불하더라도 연예인을 홍보 모델로 기용하려고 한다. 기업은 바보가 아니다. 연예인들을 활용할 때 얻는 수익이 그렇지 않을 때보다 훨씬 더 크기 때문이다. 즉, 기업들은 연예인의 '이미지'를 사는 셈이다.

나는 과연 누구에게 얼마나 기억에 남는 사람이 될 수 있을까? 나의 가족, 친구들, 그리고 내가 사랑하고 존경하는 이들. 그들이 나를 떠올릴 때, 나는 어떤 모습으로 기억될까? 누군가에게 기억되는 사람이 되는 것은 정말 중요하다. 먼저 떠오르는 사람이 되어야 한다.

원장과 환자의 관계도 마찬가지다. 나에게도 가장 먼저 떠오르는 환자 한 분이 계신다. 부원장으로 근무하던 13년 전부터 지금까지 치료를 받으시는 할머니다. 그분은 치료를 받고 나가면 대기실에 앉아 다른 어르신들에게 한의원 자랑을 하신다. 자신이 30년 동안 아팠던 허리를 여기서 다 나았다고 말씀하신다. 정말 이런 분이 다섯 분만 계셔도 평생 한의원 운영에는 지장이 없을 것이다. 내가 초보일 때부터 꾸준히 나를 믿고 치료받으신 분이라, 나도 그분에게 더욱 마음이 간다. 그분이 나를 떠올려 주듯이 나도 그분을 늘 기억하는 것이다.

누구나 가장 먼저 생각나는 환자 한 분쯤은 있을 것이다. 나를 믿고 치료받는 환자가 있다는 사실은 진료하는 데 있어 큰 힘이 된다. 환자들은 아픈 몸을 치료받으러 오기도 하지만, 아픈 마음도 위안받고 싶어 한다. 원장도 마찬가지다. 환자의 믿음을 통해 위안을 받고, 최선을 다해 진료할 수 있는 힘을 얻는다. 이러한 신뢰 관계가 충분히 형성된다면 치료율은 저절로 높아질 수밖에 없다.

내가 하는 분야에서 최고가 되기 위해서는 무엇보다도 내가 가진 무기를 날카롭게 다듬어야 한다. 모든 분야에서 내가 최고가 될 수는 없다. 나를 가장 잘 아는 사람은 다름 아닌 나 자신이다. 세상은 한 분야의 최고인 사람을 인정해 준다. 내가 무엇을 잘하는지를 가만히 살펴보자. 내가 잘하고 자신 있는 분야를 깊이 파고들어 가고 연구하여 나만이 가질 수 있는 대체 불가능한 무기를 강화해야 한다. 나만의 색깔을 가질 수 있어야 한다.

잘하는 것만큼이나 다른 사람에게 나를 알리는 것도 중요하다. 내가 잘하는 치료는 사람들에게 적극적으로 알려야 한다. 블로그나 SNS를 통해 전문 지식과 치료 경험을 공유하고, 환자들과 소통하는 것도 좋은 방법이다. 과거에는 침묵이 미덕으로 여겨졌지만, 지금은 침묵하는 사람은 아무도 알아주지 않는다. 내가 아무리 뛰어난 사람이라도 알려지지 않으면 아무 소용이 없다. 만약 블로그나 SNS가 없었다면 제네시스박 님이나 네르 님을 알 수 있었을까? 꾸준히 자신의 지식을 공유하는 것은 전문성을 알리는 중요한 과정이다. 누군가에게 기억에 남는 한의사가 되기 위해서는 나의 전문 지식과 기술을 다듬고, 환자와의 신뢰 관계를 구축하고, 사람들과 소통하며, 나 자신을 꾸준히 알리는 과정이 필요할 것이다.

최고가 되는 것은 단순한 목표가 아니라 지속적인 과정이다. 이 과정에서 얻는 성취감과 보람이 나를 지탱해 주고, 나의 삶을 더욱 가치 있게 만들어 줄 것이다. 그러기 위해 끊임없이 나의 무기를 날카롭게 다듬어 나가야 할 것이다.

진로론

샤넬과 에르메스에만 사람이 몰리는 이유

몇 년 동안의 코로나 시기를 겪으면서 우리 사회는 많은 변화를 겪었다. 특히 자산의 부익부 빈익빈이 심해졌다. 금리가 낮아지고 돈의 가치가 떨어지면서, 부동산이나 주식으로 돈이 몰리고, 오르는 자산들은 지속적으로 오르게 되었다.

　과거에는 어떤 아파트들이든 분양만 하면 완판이 되던 시절이 있었다. '청무피사(청약은 무슨, 피 주고 사!)'라는 말도 유행했다. 그런데 지금은 그렇지 않다. 잘못 사면 평생 동안 팔지 못하는 아파트가 될 수도 있다. 어쩌면 지금 내가 사는 아파트 가격이 앞으로 내 인생에서 가장 고점이 될 수도 있다는 말이다. 지금도 서울의 아파트들은 규제가 무색하게 계속해서 오르고 있고, 지방의 아파트는 미분양이 계속되고 있다. 양극화가 점차 커지고 있는 시대가 되고 있는 것이다.

　양극화는 자산시장뿐만 아니라 모든 분야에서도 진행되고 있다.

　대기업과 중소기업의 급여 격차가 심해지고 있으며, 병원도 아산병원이나 삼성병원, 서울대병원과 같은 빅3 대학병원에 환자들이 몰리고, 중소 의원들은 힘든 시기가 되고 있다. 커피집도 마찬가지다. 아예 1,500원이하의 저가 커피나 뷰 좋은 6천 원 이상의 고급 커피집은 잘되지만, 3~4천 원대의 애매한 가격의 커피집은 폐업률이 높아지고 있다.

한의원도 마찬가지다. 점점 더 어중간한 한의원들은 다들 힘들어지는 시기가 되고 있다. 아예 규모를 키워서 경쟁력을 확보하거나 아니면 작은 규모로 경비를 줄여서 하는 한의원만이 살아남고 있다.

이런 상황에서 동네 한의원이 취해야 할 스탠스는 어떤 방향인가? 우리는 어떤 한의원이 되어야 하는가?

우리는 샤넬과 에르메스에서 단서를 얻을 수 있다. 코로나 기간 동안 대부분이 명품 브랜드들이 판매 부진을 겪었지만, 샤넬과 에르메스 같은 하이엔드급 명품들은 오히려 매출이 증가했다. 이 두 브랜드를 사람들이 선호하는 이유는 무엇 때문일까?

샤넬과 에르메스는 일단 품질이 뛰어나다. 오랜 시간이 지나도 변하지 않는다. 시간이 흘러도 해어지지 않고, 그 가치를 유지할 수 있다는 점에서 소비자들은 이 제품들을 신뢰한다. 그러나 품질 이상의 가치를 제공하는 또 다른 이유가 있다. 샤넬이나 에르메스 가방을 소유함으로써 사람들은 남들과는 차별화된 자신만의 가치를 드러낼 수 있다. 즉, 단순한 소지품을 넘어 개인의 정체성과 지위를 표현하는 상징이 된 것이다. 바로 이것이 명품이 지닌 진정한 가치이자 강력한 힘이다. 사람들은 누구나 최고의 가치를 지닌 물건을 소유하고 싶어 하고, 그로 인해 얻는 만족감을 추구한다. 이 욕구가 명품 소비를 더욱 촉진시키는 요소가 된다.

샤넬과 에르메스는 매년 정해진 물량만큼만 시장에 내놓는다. 더 많은 물량이 나와버리면 차라리 그냥 소각시켜 버리는 것을 택한다. 흔하면 싸지고, 귀해져야 비싸진다는 것을 알기 때문이다.

한의원의 진료 또한 마찬가지다. 누구나 할 수 있는 진료는 높은 부가

가치를 내기 힘들다. 지금 대부분의 한의원에서 추나치료, 약침치료, 성장, 비만 등을 내걸고 있다. 모두 각자가 잘하는 분야가 있지만, 아주 독자적으로 뛰어나지 않다면 비슷한 분야에서 성공하기 쉽지 않다. 그렇지만 만약 완전히 새로운 분야라면 가격 결정권을 가진다. 이와 같이 가격 결정권을 가지는 분야가 하나라도 있다면, 그 사람은 부자가 될 수밖에 없다.

가장 대표적인 예가 암 치료제이다. 자본주의의 끝판왕인 미국에서는 약제비의 가격이 정해져 있지 않다. 만약 한 알에 수천만 원짜리 암치료제가 나왔다 하더라도 규제하지 않는다. 충분한 연구비를 투자하여 만든 약제가 있으면, 그것의 가격을 매기는 것도 자율적이다. 그렇기 때문에 확실한 효과가 있다면 그 약을 내놓은 제약회사는 엄청난 돈을 벌게 된다. 미국에서 시가총액 상위 8위의 기업이자, 비만약 치료제를 개발하는 제약회사인 일라이릴리는 무려 시가총액 960조의 가치를 자랑한다. 삼성전자 시가총액이 445조이니, 무려 삼성전자의 2배 정도의 가치를 가지고 있는 것이다. 일라이릴리는 당뇨와 비만 치료제인 마운자로(Moun-jaro)와 젭바운드(Zepbound), 그리고 초기 치매 치료제를 통해 FDA의 승인을 받으면서 사람들로부터 미래 가치에 대한 기대를 한껏 받고 있다.

성대치료도 그렇다. 성대치료는 전국에서 하고 있는 한의원이 많지 않다. 성대결절의 유병률로만 본다면 전 국민의 0.1%도 안될 것이다. 그러나 그 사람들은 절박하다. 성대결절을 완치할 수만 있다면 어떤 한의원이든 찾아갈 것이다. 아무리 비싼 비용이라도 지불할 준비가 되어 있다. 만약 성대결절을 수술하는 데 드는 비용이 천만 원이고, 수술하지 않고도 회복하는 한방 치료가 500만 원이라면 얼마든지 그 사람은 그 비용을 지불할 것이다.

내가 가진 무기를 가장 뾰족하게 다듬는 것이 중요하다. 자본의 투입은 쉽게 따라잡힌다. 그러나 평생을 걸쳐 얻은 노하우는 누구나 쉽게 따라할 수 없다. 나 또한 그것을 느꼈다. 한의원을 하면서 입원실을 할 때 무려 3억 원을 투입하여 7층과 8층을 새롭게 인테리어 했다. 당시 최고의 시설임을 자부했고, 다른 곳에서도 많은 입원 환자들이 찾아왔다.

하지만 시설은 시간이 지나면 낡기 마련이고, 더 좋은 시설을 갖춘 새로운 곳이 계속해서 생겨나기 마련이다. 이후에 훨씬 더 넓은 시설을 갖춘 한방병원들이 계속해서 생겨났고, 입원실 시설이나 장비도 시간이 지나면서 점차 노후되었다. 노후된 시설은 시간이 지나면 다시 돈 자본을 들여서 보수하거나, 아예 새롭게 다시 인테리어를 하는 수밖에 없다.

처음 입원실을 오픈하던 2019년에는 입원실 한의원이 상당한 메리트가 있었으나, 2020~2022년이 되면서 전국에 수많은 입원실들이 우후죽순 생기면서 입원실 한의원의 메리트가 사라지게 되었다. 또한 정책의 변화로 인해 상급병실료가 없어지고, 자동차보험 환자들의 입원일수가 줄어들면서 많은 입원실 한의원들이 경영적으로 힘든 위기를 맞게 되었다.

당시 나는 부장과 실장과 같은 간부 직원들에게 말했다. "앞으로 입원실 한의원은 90%가 사라질 것이다. 그렇지만 살아남는 10%는 계속 더 잘될 것이다. 우리는 반드시 그 10% 안에 들 것이다"라고 말이다.

살아남는 한의원이 되기 위해서는 시설로 결코 승부를 보아서는 안 된다. 입원실 한의원이 한방병원을 상대로 이길 수 있는 방법은 하드웨어가 아닌 소프트웨어이다. 컴퓨터 업계의 거대한 공룡 기업인 IBM을 이긴 회사는 제록스나 휴렛팩커드가 아닌 마이크로소프트였다. 마이크로소프트는 PC운영체제인 윈도우즈를 통해 전 세계 컴퓨터 시장을 장악했으며, 이후에도 소프트웨어와 클라우드 서비스, AI산업을 통해 지속적으로 성장하여 지금도 미국 시가 총액 1~3위 기업의 자리에 올라 있다.

한의원에서도 겉으로 드러나는 하드웨어는 누구나 만들 수 있지만, 한의원 특유의 분위기와 느낌, 원장의 실력과 같은 소프트웨어는 누구나 쉽게 모방할 수 없다.

새로 생기는 한방병원에 갔다가도 다시 돌아오는 환자들이 있다. 시설은 한방병원이 더 좋은데, 이상하게 여기 오면 마음이 편안하다는 것이다. 선생님들이 친절하고, 치료도 성의 있게 해주고, 밥도 맛있어서 좋다는 것이다. 여기만 오면 친정에 온 것처럼 마음이 편하다고 한다.

눈에 보이는 것은 시설이지만, 이와 같은 분위기는 눈에 보이지는 않지만 아주 큰 작용을 한다. 그 분위기는 환자도 모두 느낄 수 있다. 분위기를 만드는 것은 원장과 직원들이다.

과거에 어떤 식당에 들어갔을 때 입구에 적혀 있던 문구를 본 적이 있다.

"오늘 우리 가게를 찾아 주신 손님이 우리의 신입니다. 손님 덕분에 우리 가족이 먹고 살 수 있습니다. 손님은 이 세상 누구보다 소중한 분들입니다"라는 글귀였다.

한의원을 찾는 모든 분들을 소중하고 감사한 존재로 여기는 마음가짐이야말로, 우리 한의원만의 독특한 분위기를 만들어 낼 수 있는 힘이다. 이 따뜻한 환대와 진심 어린 배려는 그 어떤 한방병원도 쉽게 따라올 수 없는 강력한 경쟁력이 된다.

한의원의 분위기를 만들어 감과 동시에 우리의 경쟁력을 더욱 다듬어 나가야 한다. 스스로의 가격 결정권을 가지기 위해서는 전문성을 갖춰야 한다. 또한 그 가격은 단순히 재료비가 아니라, 우리의 노력과 가치에 기반해 책정되어야 한다.

예를 들어, 약침의 경우 어떤 곳에서는 5,000원이지만, 어떤 곳에서는

79,000원이다. 가격이 저렴하다고 해서 환자들이 몰리는 것은 아니다. 오히려 환자들은 특별한 스토리와 아이템이 있는 곳을 찾아 79,000원을 기꺼이 지불한다. 임플란트 수술의 경우를 보면, 원가는 10만 원이지만 수술비는 200만 원에 이르며, 양악 수술의 재료비는 50만 원에 불과하지만, 수술비는 1,000만 원에 달한다. 이러한 차이는 서비스에 포함된 수많은 요소들에서 비롯된다.

500원짜리 콩나물이 될 것인가? 오천만 원짜리 에르메스 가방이 될 것인가? 평범하고 저렴한 콩나물 같은 한의원을 만들지, 아니면 에르메스와 같이 명품 한의원을 반드시 만드는 것은 우리의 몫이다. 약침은 단순한 약재 비용이 아니라, '시술'에 대한 비용이 책정되어야 한다. 한약역시 약재가 아닌, '처방'에 상응하는 비용이 반영되어야 한다. 우리가 평생 동안 배우고, 환자를 통해 익혀 온 기술과 노력에 대한 가치가 가격에 포함되어야 한다는 것이다.

그러나 무조건 비싼 가격을 설정해서는 안 된다. 환자들이 선택할 수 있도록 다양한 가격 전략을 마련해야 한다. 저렴한 가격대와 프리미엄 가격대의 상품을 명확히 구분하여 제시해야 한다. 애매한 가격 포지션을 지닌 한의원들은 불황기에 어려움을 겪게 될 것이다. 또한, 환자에게 비싼 비용을 일방적으로 전가하는 한의원들 역시 장기적으로 힘든 상황에 처할 가능성이 높게 될 것이다. 적절한 가격 전략과 서비스 가치를 통해 환자들이 신뢰하고 찾고 싶어 하는 한의원을 만들어 나가야 할 것이다.

샤넬과 에르메스가 사람들의 사랑을 받는 이유는 비싸지만 그만큼 뛰어난 품질을 갖추고 있기 때문이다. 한의원도 명품 브랜드처럼 고급스러움을 갖추고, 사람들이 찾고 싶어 하고, 방문하고 싶어 안달이 나는 곳이 되어야 할 것이다. 환자들이 원장을 만나고 싶어 하고, 직원들이 너무 친절해서 다시 오고 싶어지며, 그곳에 가면 병이 나을 것이라는 믿음을 갖게 만드는, 나만의 가치를 만들어 나가는 것이 중요하다.

가치는 단순히 좋은 서비스에서 끝나지 않는다. 다윗이 골리앗을 이길 수 있었던 이유는 커다란 덩치나 힘이 아니라, 빠른 판단과 예상을 깨는 전략 때문이었다.

동네 한의원도 대형 한의원이나 한방병원과 경쟁하기 위해서는 남들이 쉽게 따라 할 수 없는 독창적인 전략이 필요하다. 우리만의 특별한 소프트웨어, 즉 차별화된 치료법이나 서비스, 고객 관리 시스템 등을 개발해 나가야 한다. 이러한 전략적 차별화는 앞으로도 동네 한의원이 대형 한의원이나 한방병원과 경쟁에서 이길 수 있는 유일한 방법이 될 것이다.

급여 진료가 중요한 이유

최근에 경제의 어려움을 절실히 느끼곤 한다. 경기가 어렵다는 이야기를 예전에도 많이 들었지만, 최근은 더욱더 심한 것 같다.

일례로 우리나라의 성장률을 보면 매년 2.5% 이상 지속되다가 최근에는 1% 내외에서 주춤하고 있으며, 1인당 GDP도 1만 달러에서 3만 달러까지 거침없이 치솟았지만, 3만 달러 대에서 7~8년째 헤매고 있다.

'중진국(中進國)의 함정'이라는 말이 있다. 중진국의 함정을 벗어나는 건 생각보다 쉽지 않다. 이 중진국의 함정을 뚫었던 몇 안되는 나라 중의 하나가 우리나라다. 지금도 가격 경쟁력을 앞세워 경쟁하는 중국과, 자본과 기술을 앞세워 경쟁하는 미국이나 일본, 독일과 같은 선진국 사이에서도 당당히 경쟁하며 실적을 거두고 있는 우리나라의 기업들을 보면 새삼 대단하다는 생각이 든다.

그렇지만 요 몇 년 사이 고금리와 고물가 여파 속에서 사람들의 가처분 소득이 확실히 줄어들고 있음을 느낀다. 똑같이 가정의 달 행사를 해도 예전에는 문의가 많았던 공진단, 경옥고에 대한 문의가 뚝 끊겼다. 앞장에서 이야기했던 '흔싸귀비'와도 연결될 것이다. 공진단, 경옥고 행사를 처음에 한의원에서 했을 때만 해도 신선하다는 반응을 이끌어낼 수 있었지만, 지금은 어느 한의원에서든 쉽게 공진단, 경옥고 이벤트를 하고 있고, 심지어는 약국이나 온라인 등에서도 쉽게 구매할 수 있기 때문이다. 흔하면 가치가 떨어지고, 귀하면 가치가 올라가는 법이다.

몇 년 전 코로나로 돈이 풀렸을 때 누구나 쉽게 저렴하게 돈을 빌릴 수 있었다. 2% 미만의 저금리로 몇 억 원의 돈을 빌리기도 했다. 1억의 돈을 투자해도 한 달에 이자를 20만 원만 내면 되었기 때문이다. 그때 무리했던 사람들은 지금 그때의 선택에 대한 혹독한 대가를 치르고 있다. 부산만 해도 매년 한 해 5,000건 내외였던 경매 건수가 올해는 15,000건을 돌파했다고 한다. 돈이 싼 가격에 풀렸던 시기에 집을 담보로 돈을 빌렸던 사람들이 돈을 갚지 못해 경공매가 무더기로 쏟아져 나왔기 때문이다. 보통 경공매 절차가 접수되고 나서 진행되기까지 6개월 이상이 소요되니 올해가 지나면 훨씬 더 많은 경매 매물들이 쏟아져 나올 것이다.

작년만 해도 MZ세대들이 골프를 배우고 스크린골프를 즐겼지만, 올해는 그 수요가 뚝 끊겼다. "어차피 모으기 힘든 돈, 그냥 쓰고 살자"라고 생각했던 세대들이 이제는 그 돈마저 떨어졌다. 올해는 짠돌이 짠순이 카페가 유행하며, 어떻게 하면 한 푼이라도 더 아껴 쓸 수 있을지 방법을 공유하고 있다.

지금처럼 성장률이 정체되고, 출산율이 저하되며, 물가가 오르고, 사람들의 가처분 소득이 줄어들고 있는 요즘 같은 시기에 우리는 어떤 선택을 해야 할까? 가능한 한 환자들의 부담을 줄여줄 수 있는 선택을 해야 한다.

몇 년 전 한방 피부과 및 한방 다이어트가 유행하던 시절이 있었다. 그러나 지금은 비급여 위주의 한의원은 잘되는 데만 잘된다. 동네 한의원에서 다이어트 수요는 예전에 비해 훨씬 많이 감소하였다. 호기심의 영역을

05: 급여 진료가 중요한 이유

지나 대중화된 영역으로 들어선 것이다. 또한 가격이 투명해지고, 사람들의 선택권이 넓어졌다. 효율적인 비용과 가성비를 따지는 사람들이 많아졌다.

앞으로도 비급여와 급여의 수요는 점점 더 구분되는 시대가 될 것이다. 비싼 비용을 지불하더라도 프리미엄 비급여를 원하는 사람도 있지만, 비용 부담 때문에 급여 항목의 치료만을 원하는 사람도 더 늘게 될 것이다. 점점 더 양극화의 시대로 가는 것이다.

급여 항목이 치료에서는 실손보험을 효과적으로 활용할 필요가 있다 사실, 그동안 한의원은 보험에서 소외된 영역이었다. 병원은 비급여 항목까지 보장해 주었지만, 한의원은 외래 비급여를 보장하지 않았다. 이로 인해 환자들은 점차 한의원 대신 실손보험이 적용되는 병원을 선택하게 되었고, 한의원은 환자들에게 외면받는 경향이 커졌다. 물론 한의원에서도 외래 1만 원 이상의 급여 항목에 대해 돌려받을 수 있지만, 대부분의 경우 풀청구하지 않으면 외래 1만 원 이상 나오는 비율이 그리 많지 않았다. 이러한 이유로 많은 환자들이 "통원은 한의원이 적용되지 않는다"고 생각하게 된 것이다.

그러나 시대가 변했다. 2019년에는 추나요법이 급여 항목에 편입되어 연간 20회까지 적용되었고, 2020년에는 첩약의료보험이 시행되었다. 이로 인해 안면마비, 생리통, 뇌질환 후유증 등에 대한 치료가 보장되기 시

월경통   요추추간판   뇌혈관질환   안면신경마비   알레르기비염   기능성
         탈출증   후유증   소화불량

작했다. 그리고 최근 2024년부터는 첩약의료보험이 6개 질환(기존 3개 상병에 기능성 소화불량, 요추 추간판 탈출증, 알레르기 비염 추가)에 대해 적용되면서 급여 보장 항목이 대폭 확대되었다.

환자 입장에서도 추나요법을 받는 것이 도수치료보다 유리하다. 도수치료는 1회에 15만 원의 비용이 드는 반면, 추나요법은 1회 3~4만 원으로 가능하다. 또한 도수치료는 물리치료사가 진행하지만, 추나요법은 한의사가 직접 수행한다. 따라서 추나요법을 잘하는 한의사에게 치료를 받는다면 환자는 굳이 비싼 도수치료를 선택할 필요가 없다. 보험사의 입장에서도 마찬가지다. 도수치료에 대해 15만 원씩 비급여를 보상하는 것보다 추나요법으로 3~4만 원을 보상하는 것이 더 유리하다. 이 때문에 환자, 한의원, 보험사 모두가 만족할 수 있는 것이 바로 급여 항목인 것이다.

첩약 의료보험 역시 1년에 2가지 상병에 대해 20일 분의 한약을 본인 부담 30%만으로 지을 수 있게 되었다. 추가로 짓는 한약도 100% 본인 부담이지만, 급여 항목이기 때문에 환자가 2세대에서 4세대 사이의 실손보험이 있다면, 1만 원을 제외하고는 대부분의 치료 비용을 보상받을 수 있다.

물론 현재도 통원 치료는 비급여 항목에는 적용되지 않고 급여 항목에만 적용되는 등 여전히 한계가 많다. 그러나 과거에 비해 적용 범위가 점차 넓어지고 있다는 것은 긍정적인 신호라고 생각한다. 약 10년 전만 해도 자동차 보험으로 한의원 치료가 가능하다는 사실을 모르는 사람들이 많았다. 지금은 교통사고가 발생했을 때 병원보다 한의원을 찾는 사람들의 비율이 훨씬 더 높아졌다. 현재 시기가 과거와 유사하다는 생각이 든다. 자보와 추나가 예전보다 많이 알려진 만큼, 첩약 의료보험의 효용성도 적극적으로 알릴 필요가 있다고 생각한다.

실손보험 청구의 간소화 서비스는 최근 몇 년 사이에 다양한 앱 개발을 통해 매우 빠르게 진행되고 있다. 예전에는 보험에 가입해도 어떤 보험에 가입했는지 까맣게 잊고 지내는 경우가 많았고, 치료를 받고도 청구하지 않는 일이 흔했다. 결과적으로 돌려받을 수 있는 금액이 묻혀 있는 경우가 많았다. 2023년 기준으로 대한민국에 무려 12조 원 이상의 미청구 보험금이 존재할 정도였으니 말 다했다.

하지만 최근 여러 앱이 개발되면서 각자의 보험 가입 내역을 훨씬 더 쉽게 확인할 수 있게 되었다. 특히 인증번호 확인만으로도 보험 정보를 알 수 있는 앱이 등장했으니, 네이버의 카카오 ㅇ의 깔끗ㅂ에서ㅗ 쉽게 확인할 수 있다. 또한, 한의원에서 치료받은 내용은 차트 프로그램과 연동되어, 몇 번의 터치만으로 간편하게 치료비 청구를 할 수 있는 시대가 되었다.

중요한 것은 우리가 보험 영역에 대해 얼마나 잘 알고 있는가 하는 점이다. 만약 환자가 "한의원 통원은 보험이 안 되지 않느냐?"라고 질문한다면, 우리는 환자가 가입한 보험이 어디까지 커버되는지 정확히 설명해 줄 수 있어야 한다.

실손보험의 종류는 1세대부터 4세대까지 구분된다. 1세대는 2009년 9월 1일 이전에 존재했던 실손보험으로, 한방치료는 통원에 대해 완전히 배제되었으며, 입원에 대해서만 전액 보상이 가능했다. 반면, 2세대 이상의 보험에서는 입원뿐만 아니라 통원치료도 보상되며, 급여 항목의 경우 1만 원 혹

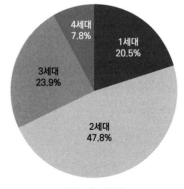

실손보험 가입자

은 10~20%의 본인부담금을 제외한 나머지 금액이 보상된다.

2022년 말 기준으로 국내 실손보험 가입자 3,997만 명 중 1세대 실손보험 가입자는 20.5%에 불과하며, 2세대 실손보험 가입자는 47.8%, 3세대 이상의 가입자는 23.9%에 이른다. 대략 80% 이상이 2세대 이상의 보험에 가입하고 있으며, 특히 급여 항목이 적용될 수 있는 본인 부담금 1만 원이 넘는 65세 이하 환자들에 한정하면, 2세대 이후의 환자 비중은 더욱 높아진다. 따라서 한의원에서 집중해야 할 대상은 바로 이 2세대 이상의 보험가입자들이다. 추나요법이나 첩약 의료보험을 적극 활용하여 환자들이 보험 혜택을 최대한 누릴 수 있도록 도와야 한다.

보험사의 입장에서는 아직 한의원의 지급률이 미미하다. 현재 건강보험에서 의과가 차지하는 비율은 92%에 육박하며, 치과가 5%, 한의과는 겨우 2%에 불과하다. 내가 한의대에 입학했던 2002년에는 한의과의 비율이 5%대였으나, 지속적으로 감소해 왔다. 이는 한의원의 매출이 줄어든 것이 아니라, 의과와 치과가 급격히 성장하는 동안 한의원이 상대적으로 정체되었다고 볼 수 있다.

앞으로 한의원의 명운(命運)이 이러한 급여 항목의 보험 영역을 얼마나 잘 활용하느냐에 달려 있다고 보아도 과언이 아니라고 생각한다. 지금 내가 알지 못하는 사이에도 누군가는 이 영역을 최대한 활용하고 있다.

불황기에 가장 잘되는 가게가 어디인지 아는가? 바로 다이소이다. 사람들은 자기에게 혜택을 주고 도움을 주는 곳을 찾는다. 급여 비중을 높이고, 실손보험이 되는 부분을 통해 환자의 부담은 줄여주는 방향으로 다방면으로 생각해 보자. 웬만해서는 망하지 않는 한의원이 될 것이라고 생각한다.

진료론

초보 한의사를 위한 차팅 방법

차팅은 환자에 대한 기록이다. 차팅은 의사가 환자를 진료하고 작성하는 모든 기록과 커뮤니케이션에 대한 모든 행위를 의미한다.

그런데 사실, 나는 이전에는 차팅의 중요성을 잘 알지 못했다. 심지어는 내가 쓰고 있는 차트 프로그램의 기능도 모르고 있는 게 많았다. 학교에서는 차트 프로그램의 사용법을 가르쳐 준 적이 없었다. 부원장으로 있었던 한의원의 프로그램과도 달랐다. 그저 커뮤니티에서 저렴하고 가성비 있다고 추천해 주는 차트 프로그램을 깔았을 뿐이고, 사용법에는 그다지 관심이 없었다. 매번 입력하는 '진료실' 탭의 입력 부분 외에는 잘 몰랐다.

심지어는 내가 양정으로 한의원을 옮기고 나서 3년 동안의 시간도 마찬가지였다. '진료실'과 '접수실' 부분만 알았지, '치료실' 탭을 쓰는 방법도 몰랐다. 그때는 종이 차트를 사용하고 있을 때였기 때문에 접수할 때 받은 종이 차트를 환자 베드 커튼에 집게로 걸어놓고 진료를 했었다. 그 과정이 번거로운 과정이라는 것을 인지하고는 있었지만, 어떻게 더 개선할 수 있을까 하고 그다지 생각하지 않았다.

그러다가 나중에 '치료실' 탭이 있었다는 것을 알고 헛웃음을 지은 적이 있다. 이렇게 쉽게 치료실에 있는 환자를 파악할 수 있는 방법이 있음에도 불구하고 왜 여태 나는 몰랐을까 하는 생각이 들었기 때문이다.

"필요는 발명의 어머니"라고 이야기한 괴테의 말처럼, 사람은 필요하지 않으면 쉽게 움직이지 않는다. 기존에 했던 방법이라는 타성에 젖어 쉽게 변화의 필요성을 느끼지 못하기 때문이다. 무언가 결핍되고, 필요해야만 비로소 바뀌게 된다. 그래서 주역(周易)에서도 "궁즉통 통즉변(窮卽通, 通卽變)"이라고 이야기하지 않았던가? 무언가 궁해야 통하고 통해야 변하는 법이다.

나는 그동안 차팅에 대해 제대로 배운 적이 없었다. 공보의를 마치고 바로 부원장으로 근무했으며, 약 10개월간의 부원장 생활 후 서른 살에 개원했지만, 병원 수련을 하면서 차팅에 대해 배운 기억이 없다. 학교 시절 의료기록 수업을 들었던 것이 전부였다.

개인 한의원을 하게 되면 외래 환자만 보면 되니 청구가 중요하지 차팅은 그다지 중요하지 않다. 또한 혼자서만 차팅 내용을 이해하면 되니, 굳이 자세히 적을 필요가 없었던 것이다. 그래서 환자를 볼 때도 차팅을 대충대충 했던 것 같다.

그런데 2019년에 입원실을 오픈하면서 차팅의 중요성을 점차 깨닫게 되었다. 특히 입원실을 운영하게 되면 매일 환자의 혈압(BP)과 맥박(Pulse)을 기록해야 하고, 치료 내역을 자세히 작성해야 했다. 입원 환자들은 치료가 완료된 후 보험사에 보험금을 청구하기 때문에 차트와 진료 내역을 제출해야 하는데, 이때 차팅이 미비하면 안 된다. 진료 소견서, 투약 소견서, 초진 차트, 입퇴원 확인서 등을 완벽하게 기재해야 했다.

그렇게 되다 보니 입원 초반에는 차팅을 다 마무리하고 집에 가면 밤

11시, 12시를 넘길 때가 많았다. 간호사들이 차팅에 대해 전혀 알지 못하니 결국 내가 모든 일을 떠안아야 했다. 도저히 일이 끝날 기미가 보이지 않았다. 진료 시간이 야간 8시인데, 매일 12시 넘게 퇴근한다고 생각해 보라. 점점 번아웃 상태에 이르렀다. "도대체 내가 무슨 부귀영화를 누리려고 이렇게까지 고생하나?" 하는 생각이 들었다.

그런데 신기한 일이다. 무엇이든 계속해서 반복하다 보면 더 빨라지고 요령이 붙는다. 차팅도 마찬가지였다. 매번 새롭게 기록해야 하는 내용도 있지만, 반복되는 내용이 많았다. 이렇게 리피트(Repeat)되는 차팅은 단축키를 시행해 누어 빠르게 입력할 수 있었다.

게다가 모든 차팅을 내가 다 해야 할 필요는 없었다. 예를 들어, 진료를 보았던 내용은 내가 기록하면 되지만, 약침 차팅은 간호사가 해도 되었다. 액팅 시에 약침을 준비하면서 간호사가 약침 종류를 즉시 기록하는 것이다. 추나도 마찬가지로 원장님이 어떤 추나를 하는지, 복잡추나인지 단순추나인지에 대해 간호사들이 셋팅하면서 바로 기록하면 된다.

차팅에 대해 모든 직원들이 업무를 분담하면서 일의 효율성이 훨씬 더 빨라졌다. 덕분에 나도 정해진 시간에 퇴근할 수 있게 되었다.

차팅은 왜 중요할까? 수련의 과정을 밟게 되면 가장 먼저 배우는 것이 꼼꼼한 차팅이다. 모든 의료진들이 환자의 상태를 공유하고, 일관적이고 연속된 치료를 하기 위해서는 꼼꼼한 차팅이 필수적이다. 또한, 차팅은 진료 행위를 증명할 수 있는 중요한 도구로 작용한다. 보험사에 자료를 제출하거나 심사평가원에 필요한 자료를 제출할 때, 차팅은 나를 지켜주는 방패가 된다. 뿐만 아니라, 차팅에 남겨둔 내용들은 환자와 스몰 토킹을 하는 데도 유용하게 사용될 수 있다. 만약 내가 혼자서 진료하던 예전의 한의원 방식이었다면, 지금처럼 이렇게 꼼꼼하게 차팅해야 한다는 생각은 하지 못했을 것이다. 하지만 여러 명의 진료원장이 함께 일하게 되면서 차팅의 중요성에 대해서 더욱 절실히 느끼게 되었던 것 같다.

차팅의 시작은 C/C(주증상)부터 시작해야 한다. 그 다음 P/I(현병력)를 기록하고, 진단받은 내용(H/X)과 현재 복용하는 약(Phx)을 추가한다. 마지막으로 오늘 치료한 내용(Thx)을 기록한다. 차트 안에는 환자의 질병 상태 및 상해 경위, 기존에 치료받았던 병원이나 치료 내역, 현재의 질병 상태, 그리고 치료의 필요성에 대해 기술하며, 환자와의 대화 내용이나 특이사항도 최대한 상세히 기록해야 한다.

치료 내용은 차트 프로그램에서 키보드에 단축키를 지정해 두면 효율적이다. 예를 들어, 'S'를 누르면 자동으로 sp(척추신처방) 약침 치료 내용이 입력되고, 'ㅂ'를 누르면 복잡추나 치료(경부, 요부) 내용이 입력된다. 또한, 'ㅈ'를 누르면 자관 치료 내용이 입력되도록 설정해 두면 유용하다.

기본적인 차팅 외에도 환자가 받은 치료를 세세히 기록하는 것이 중요하다. 환자의 주증상과 상병은 동일하지만, 증상은 매일 다를 수 있으므로 매일 환자의 상태를 확인하고 꼼꼼히 차팅하는 것이 필수적이다. 이 부분은 직원이 입력하기 어려운 경우가 많아 의료진이 담당해야 한다. 예를 들어, 약침을 어떤 혈위에 했는지, 추나는 어떤 방식으로 진행했는지를 기록하는 것이다.

또한, 환자와 나눈 스몰 토킹 내용도 기록하면 좋다. 이를 위해 진료 차팅과 구분하여 차트 하단에 'cf'라는 형식으로 따로 기록하면, 나중에 차트만 봐도 이전에 환자와 나눈 대화 내용을 쉽게 파악할 수 있다. 이는 다음 진료 시 자연스럽게 대화를 이어가는 데 도움이 되는 유용한 도구가 된다.

환자들이 한의원에 갈 때 가장 불안해하는 부분 중 하나가 원장이 자주 바뀌는 것이라는 이야기를 들은 적이 있다. 혼자서 하는 한의원이라면 상관없겠지만, 여러 원장이 하는 한의원이라면 필연적으로 환자가 내가 아닌 다른 원장에게 진료를 보는 일이 생기게 된다. 이때마다 원장이 환자의 병력을 파악하기 위해 처음부터 모든 내용을 질문하는 것은 그야말로 환자의 신뢰를 빠르게 잃게 만드는 방법 중 하나이다.

어느 원장이 보더라도 환자에 대해서 기본적인 파악을 하고 들어갈 수 있어야 한다. 또한 지난번에 다른 원장과 나누었던 시시콜콜한 이야기까지 알 수 있어야 한다. 그래야 환자가 이전에 보았던 원장과의 진료를 자연스럽게 이어길 수 있다.

차트의 맨 뒤에는 삼상 확인해야 하는 사항들을 적어두는 것이 좋다. 예를 들어, 오늘 수납을 하지 못한 환자의 경우 차트 맨 뒤에 기록해 두면 다음 진료 시 자동으로 나타나 직원이 놓치는 일이 없도록 할 수 있다.

환자의 특이사항은 환자 메모 탭에 따로 기록해야 한다. 예를 들어, 추운 곳을 싫어하는 환자나 매번 핫팩을 요구하는 환자 등이 있을 수 있다. 환자마다 다르게 요구하는 맞춤형 진료를 제공하기 위해서는 이러한 니즈를 놓쳐서는 안 된다.

반면, 즉각적인 치료와 관련된 내용은 치료실 메모에 기록하면 된다. 예를 들어, 사혈이나 약침의 종류 같은 정보는 치료실에서 선생님들이 준비하는 동안만 필요하기 때문이다. 치료실 메모는 표 양식으로 정리되어 있기 때문에, 베드에 누가 있는지 한눈에 파악할 수 있으며, 필요한 액션을 신속하게 확인할 수 있는 장점이 있다.

현재 나의 차팅은 여전히 부족한 부분이 많다. 그러나 나는 차팅의 중요성과 필요성을 깨닫는 것이 첫걸음이라고 생각한다.

차팅에 대해 잘 모른다면, 차팅 강의를 한번 들어보는 것도 좋은 방법이다. "기록되지 않은 것은 존재하지 않는다"는 말이 있듯, 하루하루의 작은 기록들이 모이면 나를 지켜주는 든든한 방패이자 거대한 성이 된다.

1인 한의원을 운영하더라도 가능한 한 꼼꼼히 차팅하는 습관을 기르는 것이 중요하다. 차팅의 중요성을 인식하고, 효율적이고 정확한 차팅을 위해 노력해 보자. 점점 더 나은 차팅을 하는 자신을 발견할 수 있을 것이라 확신한다.

진료론

누구나 마음속의 한의원은 있다

내가 한의원을 개원한 지 어느새 12년의 세월이 지났다. 처음에 한의원을 개원했을 때는 30세 꼬꼬마 한의사였는데, 벌써 중년을 훌쩍 넘어가고 있다. 물론 아직도 환자들이 보기에 나는 너무나도 어린 원장일 것이다. 80세 어르신들이 보기에는 60세도 젊은 축에 속하니 말이다.

오랫동안 한의원을 운영하다 보면 환자들도 바뀐다. 나와 더불어 환자들도 함께 나이가 들어간다. 개원할 때 65세가 갓 넘어서 오셨던 어르신이 지금은 어느새 80세를 넘긴 것을 보면 깜짝 놀라곤 한다.

생각해 보면 그동안 한의원을 하면서 참 많은 환자들을 만났다. 환자들 한 분 한 분 다 기억하지는 못하겠지만, 그래도 가장 먼저 떠오르는 환자들이 있다. 지금도 아플 때 가장 먼저 우리 한의원을 찾아 주시는 환자들이다. 어떤 환자분들은 꼭 몸이 아프지 않아도 오시는 분도 계신다. 우리 한의원에 왔다 가야 마음이 편하고 기분도 가뿐하다고 하신다.

'습(習)'이라는 한자의 어원은 새가 날개를 퍼덕이며 나는 모습이 그대로 이어지는 모습이다. 아침에 일어나서 세수하는 것, 머리 감는 것, 출근하는 것. 우리가 행하는 모든 행동들이 사실은 무의식적인 습에 의한 것이 많다. 사실 환자들이 한의원에 오는 것은 이러한 습에서 기인되는 부분도 있다.

"Out of sight, out of mind"라는 말이 있다. 누구나 계속 보다 보면 더 알게 되고 정이 들게 된다. 그래서 먼 친척보다 가까운 이웃이 낫다고 하는 것이다. 환자들도 마찬가지다. 꾸준히 나를 믿고 찾아오시는 환자분들에게는 아무래도 나도 더 신경을 써서 치료해 드리게 된다. 이런 분들은 거의 가족과 같다. 10년 동안 치료받은 환자들은 집에 밥숟가락이 몇 개인지, 가족 사항까지도 모조리 꿰뚫게 되는 것이다. 환자들도 마찬가지로 의사에 대한 신뢰가 생긴다면 언제든 아프면 우리 한의원을 떠올릴 것이다.

아플 때 가장 먼저 떠오르는 한의원이 되어야 한다. "배가 아프니 내과에 가야겠다"거나 "어깨가 아프니 정형외과에 가야겠다"는 생각 대신, "배가 아프니 한의원에 가서 침도 맞고 소화제를 먹어야겠다", "어깨가 아프니 한의원에서 부항과 추나 치료를 받아야겠다"고 자연스럽게 생각할 수 있어야 한다. 한의원이라는 공간이 단순한 치료 공간을 넘어, 환자들이 아플 때 가장 먼저 떠올리는 '마음속의 한의원'으로 자리 잡아야 한다.

우리 한의원을 찾는 환자분들도 그런 마음으로 나를 신뢰하고, 아플 때 가장 먼저 떠올렸기에 이곳을 찾아왔을 것이다. 누군가에게 기억되는 한의원이 되기는 쉽지 않다. 특히 요즘같이 한의원이 많은 시대에서는 더욱 그렇다. 환자들의 신뢰에 보답하기 위해 항상 더 나은 치료와 진심 어린 노력을 기울여야 할 것이다.

대한민국에서 자영업의 평균 존속 기간이 3.1년에 불과하다고 한다. 주변의 음식점을 살펴보면, 얼마 전까지만 해도 있던 가게들이 어느새 사라진 경우를 쉽게 볼 수 있다. 한 가게는 고객 이벤트로 SNS에 해시태그를 달아 올리면 음료수를 주는 행사를 진행했는데, 나중에 내가 예전에 올린 페이스북 글을 찾아보니 그 가게는 이미 없어져 있었다.

한의원도 마찬가지다. 매년 800명의 한의사가 새로 배출되고, 동시에 700개의 한의원이 문을 닫고 있다. 의료업도 넓게 보면 자영업의 한 분야다. 의료업이 다른 자영업에 비해 상대적으로 안정적이라고는 하지만, 그렇다고 해서 한의원이 언제나 이 자리에 계속 있을 것이라는 보장은 없다.

수많은 한의원들이 문을 닫는 현실 속에서 10년 이상 꾸준히 운영되는 한의원들은 그래서 대단하다. 시간이 지나면 단골 환자들이 생기고, 이들은 아플 때마다 자연스럽게 그 원장님을 떠올리게 되며 시간이 흐르다가도 환자와 원장이 함께 나이를 먹으며, 마치 시간을 함께 공유하듯 그 한의원을 계속 찾아오게 된다.

내가 예전에 부원장으로 일했던 한의원도 그런 곳이었다. 1979년에 개원해 지금까지 45년 넘게 같은 자리에서 진료를 이어온 한의원이었다. 당시 차트 번호만 해도 30만 번을 넘었을 정도로 많은 환자들이 다녀갔다. 부산 인구가 약 350만 명인 것을 고려하면, 부산 사람 10명 중 1명은 이 한의원을 방문한 적이 있는 셈이었다. 종이 차트를 살펴보면, 어린 시절 어머니 손을 잡고 한의원을 찾았던 환자가 나중에 결혼 후 산후조리 약을 처방받기 위해, 또는 아이를 위해 성장 한약을 짓기 위해 다시 찾아오는 경우도 있었다. 원장이 대를 이어 진료를 이어가듯, 환자들도 대를 이어 그 한의원을 찾았다. 이런 한의원은 세월이 흘러도 쉽게 망하지 않는다.

나도 한의원을 개원한 지 10년이 넘는 시간 동안 많은 환자들을 만났다. 양정으로 이전한 지는 정말 엊그제 같은데, 벌써 8년이라는 세월이 흘렀다. 많은 환자들이 떠오르지만, 그중에서도 몇 분이 특히 기억에 남는다.

80대 할머니 한 분은 부산에서도 가장 오지 중 하나인 안창마을에 사신다. 버스를 몇 십 분 타고 와야 우리 한의원에 도착할 수 있는 거리인데도, 지금도 매주 3번씩 꾸준히 한의원에 오신다. 우리 한의원의 하루를 여는 첫 손님이시다. 어깨 회전근개 수술 후 어깨를 들지도 못했고, 허리 협착증으로 인해 옆으로 눕는 것조차 힘드셨던 분이셨지만, 치료 후 "원장님 덕분에 사람 됐다"고 늘 감사의 말씀을 전하신다.

60대 남자 환자 한 분은 택시 운전을 하시는 분이었다. 젊었을 때 사고로 척추 골절을 당한 후유증으로 늘 허리 통증에 시달리셨고, 새벽에 4시간 정도 택시를 운전한 후 늘 우리 한의원을 찾으셨다. 그런데 얼마 전 또다시 큰 사고를 당해 기존 척추 골절 부위에 다시 심한 손상을 입으셨다. 병원에서 치료 후 퇴원하신 뒤 우리 한의원에서 2달 넘게 침과 약침 치료를 꾸준히 받으시고 지금은 일상생활에 큰 지장이 없을 정도로 호전되셨다. 택시 일은 그만두셨고, "하늘이 나더러 이제 그만 일하라는 것 같다"고 말씀하시면서, 언제나 "나는 다른 데는 안 가요, 여기만 와요"라고 하신다.

70대 후반 영도에서 찾아오시는 어머님 한 분도 계신다. 벌써 13년째 꾸준히 오시는 분인데, 지금도 치료를 받으신 후 대기실에 앉아 다른 어르신들에게 우리 한의원을 자랑하신다. 이분은 "30년 동안 아팠던 허리가 여기서 나았다"라고 말씀하시며 항상 감사의 마음을 표현하신다.

오랫동안 그 자리에 있는 것 자체가 하나의 브랜드가 된다. 신뢰는 단기적인 치료 결과만이 아니라, 장기적인 관리와 관심에서 비롯된다. 동네 한의원에서 중요한 것이 바로 이 부분이다.

삼성의료원이나 서울아산병원에서도 스타 의료진은 항상 있다. 그렇지만 큰 병원은 병원의 브랜드를 보고 가는 경우가 많다. 그래서 어느 원장님이든 그 실력을 인정받는다. 반면 한의원은 그렇지 않다. 동네 한의원은 원장님을 보고 오는 사람들이 많다. 그래서 그 한의원만의 독특한 브랜드가 있어야 한다. 그 한의원에 가면 믿음이 생겨야 한다. 바로 어렸을 때부터 갔던 한의원, 지금도 언제나 가면 마음이 편안한 한의원, 치료받고 나면 늘 좋아지는 한결같은 한의원이다.

내 지인이 아플 때, 내 친구가 아플 때 어떤 병원을 추천하겠는가 하고 생각해 보면 답이 나온다. 제대로 된 진료를 하고, 믿음이 가며, 편안한 마음이 들어야 한다. 세상에는 널린 것이 한의원이고 병원이나. 이제는 환자들의 선택지가 너무도 넓다. 길고 오래 가는 한의원을 만들기 위해서는 찾아오는 환자들 누구나에게 마음속에 깊이 남는 한의원이 되어야 할 것이다.

4장

직원론

모든 것은 직원에서 시작한다

한의원을 하게 되면 필연적으로 직원을 구인해야 한다. 직원을 구한다는 것은 지금까지 나 혼자 하는 일과는 완전히 다른 일이다. 내가 공부를 열심히 하고 진료를 잘하는 것과 별개로, '어떤 사람을 쓰는지'에 대한 일이다.

원장은 직원을 씀으로써 비로소 경영의 단계로 접어든다. 경영은 한의원을 운영하는 것뿐만 아니라, 다른 사람과 함께 어떤 일을 하고, 다른 사람의 마음을 움직임으로써, 한 사업을 운영함을 의미한다.

사람 한 명이 회사와 나라의 운명을 바꾸는 예는 많이 있다. 어떤 사람을 쓰는지, 어떤 사람과 함께 일하는지에 따라 크게 흥하기도 하고 망하기도 한다. 선조는 이순신이라는 명장이 있었기에 나라를 지킬 수 있었고, 유비도 제갈량이라는 책사가 있었기 때문에 촉한을 통일할 수 있었다. 어떤 사람을 쓰는지에 따라 개인뿐만 아니라 나라의 운명을 바꾸기도 하는 것이다.

그런데 우리는 직원의 중요성을 간과할 때가 많다. 어떤 직원이 와도 "내가 진료만 잘하면 되지", "어떤 직원이 와도 별다를 게 없겠지"라고 생각하는 경우가 많기 때문이다. 그런데 좋은 직원을 잘 구하는 것이 진료

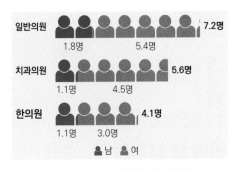

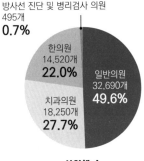

(2023년 통계기준) 1기관당 평균 종사자 수

사업체 수

를 잘하는 것 이상으로 중요한 일이다. 어쩌면 한의원의 운명을 갈라놓기도 할 정도로 말이다.

2023년 통계상 한의원 1개소당 평균 종사자 수는 4.1명이다. 의치한 중에서도 5인 이하 비율이 압도적으로 높은 곳이 한의원이다. 보통 데스크 직원과 치료실 직원 한두 명으로 시작하는 한의원이 많다. 원장을 포함해도 4~5명에 불과하다.

한의원에서 원장은 늘 직원과 마주친다. 직원들과 함께 보내는 시간은 집에서 가족들과 보내는 시간보다도 훨씬 더 많다. 원장이 보내는 시간의 대부분은 환자를 보는 시간과 직원과 함께 있는 시간이라 해도 과언이 아니다.

원장에게 있어서 한의원은 본인의 한의원이다. 하루에 10시간씩 일해도 내 한의원이니 즐겁게 일할 수 있다. 그러나 직원들에게는 그렇지 않다. 입장을 바꾸어 내가 직원이라고 생각해 보자. 만약 월급을 받기 위해서 하루 종일 일한다고 생각하면 하루가 너무나도 길고 지루한 시간일 것이다. 부원장으로 일할 때와 개원할 때 원장이 완전히 마인드가 달라지게 되는 것도 '오너(owner)'와 '엠플로이(employee)'의 마인드 차이 때문이다.

원장들은 늘 여기서 딜레마를 겪는다. 어떻게 하면 직원들이 열심히 일할 수 있게 할 것인가? 늘 고민한다. 그런데 애초부터 직원들과 오너의 마인드는 다를 수밖에 없다. 직원들은 매달 월급날을 손꼽아 기다리지만, 원장은 매달 돌아오는 월급날이 무섭다. 직원들은 달력의 빨간날을 기다리지만 원장은 수시로 있는 공휴일이 무섭다. 직원과 원장은 다르다. 그것을 인정하는 것이 직원 관리의 첫 번째이다. 원장이 원장으로서 가지는 역할이 있고, 직원이 직원으로서 가지는 역할이 있다. 직원들의 역할을 인정하는 데서 비로소 직원들의 소중함을 깨닫게 된다. '왜 직원들이 원끼민큼 일하지 않나?' 마치 생각해서는 안 되나 / 써올 당연한 일이다. 그러나 '직원들이 본인의 역할 안에서 얼마나 충실하고, 얼마나 즐겁게 일할 수 있는가?'가 한의원의 성공에 있어서 무엇보다도 중요한 일이다.

환자가 한의원을 방문했을 때, 가장 먼저 보는 사람은 원장이 아니라 직원이다. 원장은 그다음이다. 직원들의 분위기에 따라 그 한의원의 분위기가 완전히 바뀐다. 직원들이 의욕 있고 즐겁게 일하는 한의원들은 처음 방문할 때 분위기부터 다르다. 밝은 미소로 고객을 응대하고, 최선을 다하여 환자들을 케어한다. 환자가 원장을 만나는 시간은 5분 남짓이지만, 치료받고 나갈 때까지의 직원들을 만나는 시간은 50분이다. 아무리 내가 진료를 잘했더라도 직원 응대가 미숙하다거나, 직원들의 잘못된 행동 때문에 환자들이 한의원을 찾는 발길을 끊을 수도 있다.

잘되는 한의원 안에 못하는 직원이 없다. 잘되는 한의원일수록 직원들의 중요성을 알고 있다. 직원들 모두 한뜻으로 일할 수 있도록 도와준다. 'One Team'이 되는 것의 중요성을 알고 있다. 서로 간에 눈빛만 봐도, 다음 행동을 어떻게 해야 하는지 알고 있다.

각자의 업무 분장을 맡아 효율적이고 신속하게 일하고 있으며, 어느 한 명이 빠진다 하더라도 일에 큰 흔들림이 없다. 마치 벽돌 게임에서 작은 돌 하나를 빼더라도 무너지지 않는 것과 같다.

직원들이 일할 맛 나는 한의원은 안될 수가 없다. 직원들이 왜 일해야 하는지 알고 있는 한의원은 느낌부터 다르다. 동기 부여된 직원들은 똑같은 일을 하더라도 훨씬 더 즐겁게 일하고, 생기 있게 일한다. 환자들도 이를 그대로 느끼게 된다. 이상하게 이 한의원만 왔다 가면 마음이 편하다고 한다. 기분이 좋아진다고 한다.

직원들이 환자들에게 하나라도 더 해주지 못해서 안달이 난 한의원은 직원들이 모두 각자 해야 하는 역할을 알고, 서로 도와가면서 즐겁게 일하는 한의원이다.

어떻게 하면 직원들이 즐겁게 일하는 한의원을 만들 수 있을까? 무엇이든 억지로 시키는 것과 마음에서 우러나오는 동기에서 하는 것은 느낌부터 다르다. 즐겁게 일하는 한의원이 되기 위해서는 직원들이 마음에서 나오는 동기부여를 가지고 일할 수 있어야 한다.

직원들의 동기부여를 하기 위해 첫 번째 필요한 것이 열심히 일하는 직원들에 대한 충분한 보상이다. 일본의 오다 노부나가는 논공행상(論功行賞)을 바탕으로 전국시대(戰國時代)를 통일했다. 그는 뛰어난 용맹을 발휘하고 전투에서 공을 세운 수하들에는 충분한 영지를 하사하였고, 그의 휘하 아래에서 모든 수하들은 공을 세우기 위해 최선을 다했다.

투명한 성과 체계는 직원들의 동기부여에 있어서 가장 큰 요소 중 하나다. 열심히 일한 만큼 칭찬해 주고 인정해 주는 것이 중요하다. 단지 급여뿐만 아니라 업무에 대한 칭찬과 믿음도 직원들이 더 열심히 일할 수 있게 하는 요소 중 하나다.

업무의 성과를 1년 단위로 평가하여 직급에도 반영한다. 이 성과에 따라 때로는 알바가 실장이 될 수도 있고, 실장이 그만둘 수도 있어야 한다. 항상 직급 체계는 열려 있어야 한다. 교조적인 사회는 발전이 없다. 우리나라 양궁이 매번 올림픽 때마다 금메달을 휩쓰는 것도, 투명하게 오로지 성적만으로 올라갈 수 있는 열려 있는 선수 선발 과정 덕분이다. 투명하게 능력을 인정하고, 성과별로 직급을 인정한다면, 직원들은 누구나 열심히 하려고 노력할 것이다.

또한 직원 스스로 우리 한의원에서 일하는 보람이 있어야 한다. 한의원에서 일하는 것이 자신의 성장에도 도움이 되며, 본인의 매일의 행동이 한의원의 비전에 어떻게 기여하는지 명확히 이해할 때, 직원들의 성과는 극대화될 수 있다. 직원들을 한마음 한뜻으로 모으기 위해서는 공통된 목표가 있어야 한다. 본인이 왜 일하는지, 본인들이 하는 일이 어떤 의미가 있는지, 앞으로 어떤 한의원을 만들어 가야 하는 것에 관한 것 말이다.

한의원의 분위기도 중요하다. 긍정적이고 협력적인 분위기는 직원들이 자신의 일을 즐기고, 동료들과 협력하며, 오래 한의원에 다니고 싶다는 생각을 하게 만든다. 반대로, 경쟁적이고 스트레스가 많은 문화는 직원들의 스트레스와 불만을 높이게 된다. 만약 자주 직원들이 바뀌게 된다면 원장 모르게 일어나는 이러한 직원들의 알력(軋轢) 때문인 경우가 많다. 직원들이 자주 바뀌게 된다면 처음부터 교육하고 가르치는 수고는 모두 오롯이 원장의 몫이 된다.

그래서 원장은 직원들이 서로 화합하고 협력하는 분위기에서 일할 수 있도록 조율하는 중재자(仲裁者)로서의 역할을 해야 한다. 직원이 점차 많아지다 보면, 서로 마음이 맞는 직원도 있고, 마음이 맞지 않는 직원도 있다. 마음이 끌리는 사람과 더 친해질 수밖에 없지만, 항상 같은 동료로서 업무에 최선을 다해야 하는 분위기를 만들어야 한다.

좋은 원장은 직원들이 자신의 잠재력을 최대한 발휘할 수 있도록 도와주고, 직원의 의견을 존중하며, 필요한 지원을 아끼지 않는다. 직원들이 자부심을 느끼며 일할 수 있는 환경을 만들고, 그들이 우리 한의원의 일원으로서 가치를 느끼게 하기 위해서는 지속적으로 이 모든 것을 관장하는 원장의 역할이 중요하다. 자율성과 창의성을 발휘할 수 있는 환경을 조성하고, 그들이 자신의 역할에 자부심을 느끼도록 해야 한다.

모든 것은 직원에서 시작한다. 경쟁이 치열한 지금의 시장 환경에서, 지속적으로 경쟁력 있는 한의원이 되기 위해서는 원장은 직원들을 단순한 자원이 아닌 파트너로 바라봐야 한다. 직원들이 회사의 비전과 목표를 공유하고, 그 실현을 위해 스스로 노력하도록 만드는 것이야말로 진정한 잘되는 한의원의 비결이다. 이를 위해서는 직원들에게 투자를 아끼지 않고, 그들의 성장을 지원하며, 그들과 함께 성장하는 한의원의 문화를 만들어 나가야 한다.

좋은 직원이 있어야 좋은 한의원이 될 수 있고, 성공하는 한의원이 될 수 있다. 직원의 성공이 곧 나의 성공이라는 생각으로, 직원들에게 귀 기울이고, 그들의 목소리를 반영하며, 함께 성장해 나가는 길을 원장은 늘 고민해야 할 것이다.

직원론

직원관리가 힘든 이유는 따로 있다

한의원이 성공하기 위해서는 좋은 직원들을 구해야 한다는 것은 익숙한 말이다. 그런데 실제로 직원 관리가 왜 그렇게 어려운지에 대한 깊이 있는 생각은 하지 못할 때가 많다.

왜 직원들의 관리가 힘들까? 그리고 어떻게 직원들을 잘 관리할 수 있을까?

직원 관리는 단순히 업무 지시를 내리고 성과를 평가하는 것을 넘어선다. 직원들을 효과적으로 관리하기 위해서는 다양한 요소들을 관리할 필요가 있다.

직원들은 각기 다른 배경, 경험, 가치관, 성격을 가지고 있다. 어떤 직원은 목표 지향적이고 독립적으로 일하는 것을 선호하는 반면, 다른 직원은 전체적인 분위기를 중시하고 조직적인 환경에서 일하는 것을 좋아한다. 이러한 직원들의 성향의 차이를 이해하고 개별 직원에게 맞는 접근 방식을 취해야 한다.

직원들은 모두 필요와 욕구가 다르다. 직원들의 욕구를 충족시키기 위해서는 원장은 직원들이 어떤 사람인지에 대해서 알아야 한다. 직원들의 삶에 대한 이해와 공감을 가져야 한다.

　모든 직원이 같은 방식으로 동기부여되지 않는다. 한때 나는 많은 월급이 직원들의 동기부여에 있어 가장 큰 부분이라 생각한 적이 있었다. 그러나 그것은 나의 착각이었다. 직원들이 동기부여되는 부분은 다들 다르다. 어떤 직원들에게는 금전적 보상이 동기부여의 중요한 요소일 수 있지만, 어떤 직원들은 자기계발과 인정받는 것, 업무의 의미 등을 더 중시할 수 있다.

　또한 기대와 현실의 괴리도 존재한다. 직원들이 한의원에 지원할 때는 다양한 꿈과 기대를 안고 들어온다. 앞으로 일하면서 자신이 맡게 될 역할이나 경력 발전에 대한 기대를 가지고 오는 것이다. 그러나 현실은 그 기대와 일치하지 않는 경우가 많다. 매일 반복되는 힘든 업무와 스트레스로 인해 지치기도 하고, 자신이 생각했던 역할 이상으로 발전할 수 없다는 사실에 실망감을 느끼기도 한다.

　이처럼 이상과 현실의 괴리로 인해 직원들은 좌절감을 경험할 수 있다. 만약 원장이 직원들의 기대를 충분히 이해하지 못하고, 그에 맞는 경력 개발 기회를 제공하지 않는다면, 직원들은 일에 대한 의욕을 잃고, 그만두고 싶은 마음이 커질 수 있다. 따라서 원장은 직원의 기대를 수용하고, 그들의 성장 가능성을 지원하는 것이 중요하다.

　원장은 한의원의 목표와 직원들의 기대를 조율해야 하는 역할을 맡고 있다. 직원 관리에 있어서 커뮤니케이션은 핵심적인 역할을 한다. 원장과 직원들 간의 소통도 중요하고, 직원들끼리의 소통도 중요하다. 효과적인 소통은 직원들이 자신의 역할을 명확히 이해하고, 장기적인 한의원의 미션과 비전에 부합하는 방향으로 나아가도록 돕는다. 하지만 다양한 배경과 성향을 가진 직원들 사이에서 완벽한 소통을 이루는 일은 쉽지 않다.

의도가 좋다고 하더라도, 방법이 잘못되어 오해를 불러일으키는 경우도 있다. 정보의 왜곡이나 불명확한 지시가 원인이 되는 경우도 있다. 이로 인해 직원들 사이에서 트러블이 생기는 경우도 있다. 원장은 이 과정에서 효과적인 중재자가 되어야 한다. 만약 직원들 사이에 문제가 생길 것 같으면 원장은 빠르게 선제적으로 대응해야 한다. 한 명씩 불러서 서로 간의 의견을 들어보고 조율해야 할 때도 있으며, 문제가 커지기 전에 미리 예방해야 한다.

"호미로 막을 것을 가래로 막는다"라는 말이 있다. 나도 직원들 사이에 트러블을 방치했다가 퇴사로 이어지는 경험이 있었니, 식원들이 자주 바뀌게 되면 환자들도 불안해진다. 또한 처음부터 다시 가르쳐야 하니 진료의 질이 떨어질 뿐만 아니라 원장이나 직원들 모두 기운이 빠지게 된다. 그래서 작은 문제라도 조기에 해결하는 게 정말 중요하다.

직원들을 이끌고 변화에 나설 때, 함께 따라주지 않고, 원장의 의견에 반대하거나 저항하는 직원도 있다. 누구나 사람들은 기존에 해 왔던 방식을 선호하고, 새로운 변화를 거부하는 경향이 있다. 직원들도 마찬가지다. 하지만 필요할 때는 과감하게 변화를 선택해야 할 때가 있다. 이때 직원들을 잘 설득하는 과정이 필요하다.

명량해전에서 이순신 장군은 12척의 배로 일본 배 330척과 맞서 싸워 대승을 거두었다. 그런데 실제 승리의 가장 큰 역할을 한 것은 장군이 이끄는 대장선 한 척이었다는 사실은 잘 알려져 있다. 대장선은 가장 선두에 서서 적진을 향해 나아갔고, 330척이라는 거대한 선단 앞에서 두려움에 떨고 있는 나머지 11척을 뒤로 하고 앞장서 싸우며 용기를 주었다. 이것이 바로 리더의 역할이다. 리더가 먼저 나서서 직원들에게 잘할 수 있다는 믿음과 용기를 주어야 한다.

직원들이 변화에 적응하고, 이를 통해 조직이 지속적으로 발전할 수 있도록 도와주기 위해서는 원장의 생각과 목표를 충분히 이해시켜 주어야 한다. 변화가 생길 때 저항이 생기는 것은 어찌 보면 당연한 일이다. 이때 발생하는 갈등과 저항을 해결하는 것은 원장이 해야 하는 큰 과제이다. 원장은 변화의 필요성을 직원들에게 이해시키고, 그 과정에서 발생하는 문제를 잘 다룰 수 있어야 한다. 이 과정에서 많은 직원들이 이탈할 수도 있고, 완전히 새로운 시스템을 구축해야 할 수도 있다. 그러나 그런 변화에 두려움을 느껴서는 안 된다. 이를 극복하고 잘 이겨내면 새로운 가능성이 열리게 된다.

직원들의 성과 평가에 대해서도 객관적인 기준을 마련해야 한다. 직원들은 자신이 공정하게 평가받고 있다는 믿음을 가질 때 더 열심히 한의원에서 일하게 된다. 만약 평가 과정에서 불공정하게 평가받는다고 생각한다면 직원들은 불만이 생길 수 있다. 그렇기 때문에 직원들의 사기를 높이기 위해서는 명확한 기준을 통한 평가가 필요하다. 예를 들어 직원 업무 성과표를 1년에 2번씩 작성하여, 직원 평가의 근거를 마련하는 것이다. 이를 통해 성과를 평가하고 향후 연봉을 협상하는 데 기준으로 삼을 수도 있다.

직원들에게 피드백을 전달하는 데에는 기술이 필요하다. 항상 긍정적인 피드백만 주면 좋겠지만, 업무를 하다 보면 부정적인 피드백도 전달해야 할 때가 있다. 이때, 피드백을 효과적으로 전달하는 방법이 중요하다.

첫째, 피드백은 반드시 업무에 국한되어야 하며, 직원의 개인적인 면을 지적하지 않아야 한다. 직원 그 자체에 대한 평가가 아닌, 직원의 행동에 대해 이야기해야 한다. 예를 들어, "잘하셨습니다", "수고 많으셨습니다", "이 부분은 조금 더 개선되면 좋겠습니다", "이 부분은 아쉬웠습니다"와 같이 구체적인 행동에 대한 피드백이 필요하다.

또한, 부정적인 피드백을 줄 때는 긍정적인 피드백과의 비율을 고려하는 것이 중요하다. 부정적 피드백 3에 긍정적 피드백 7 정도의 비율을 유지하는 것이 효과적이다. 마지막으로, 직원이 스스로 개선 방안을 생각할 수 있도록 여지를 주는 것이 좋다. "어떻게 하면 더 나아질 수 있을까요?"와 같은 질문을 통해 직원이 주도적으로 발전할 수 있도록 유도하는 것이 바람직하다.

직원들의 업무 분장은 명확하게 규정해 두는 것이 중요하다. 직원들은 본인이 많은 일무 에서 나는 별날 지시받을 때 스트레스를 받을 수 있으며, 서로에게 일을 떠넘기는 상황이 발생해서는 안 된다. 이를 방지하기 위해, 입사 시 근로 계약서에 각 직원의 역할과 업무 범위를 명확히 명시하는 것이 좋다.

한의원에서 직원들이 맡아야 할 일은 단순히 치료실에서 침을 빼거나 물리치료를 하는 것뿐만 아니라, 청소나 정리 등 다양한 제반 업무도 포함된다는 점을 분명히 알려주어야 한다. 또한, 매일 해야 하는 일, 매주 해야 하는 일, 그리고 분기별로 해야 하는 일을 구분하여, 업무의 누락 없이 체계적으로 진행되도록 관리해야 한다.

직원들의 불만은 업무에서 발생하기도 하지만, 직원들 사이의 관계에서 발생하는 경우가 더 많다. 직원들 사이의 관계가 좋으면, 한의원의 분위기가 좋아지고, 한의원 전체의 활력으로 이어진다. 이를 가장 먼저 느끼는 사람은 다름이 아닌 환자들이다. 그런 분위기 속에서 편안하게 환자들은 치료받을 수 있게 된다.

만약 직원들 사이의 관계가 좋지 않다면, 이는 직원들의 사기에 직접적인 영향을 미치게 된다. 사실, 직원들이 퇴사하는 가장 큰 이유 중 하나가 바로 동료와의 관계 문제다. 퇴사하는 직원들의 이야기를 들어보면, 한의원에서 일하는 자체는 좋지만, 함께 일하는 직원들 때문에 일하기 어렵다고 느끼는 경우가 많았다.

이러한 갈등은 나이 차이에서 오는 세대 간의 차이, 가치관의 차이, 혹은 업무 방식의 차이 등 다양한 이유에서 비롯된다. 따라서 직원들 간의 갈등을 줄이고, 팀워크를 높이기 위해서는 각자의 강점을 살려 업무를 배분하고, 가능한 한 성격이 잘 맞는 직원들끼리 팀을 이루게 하는 것이 중요하다. 모든 직원이 서로 완벽하게 맞을 수는 없겠지만, 업무에서는 예외 없이 협력해야 한다. 모두가 한 목표를 향해 함께 나아갈 수 있도록 도와주는 것이 핵심이다.

직원들이 일하는 즐거움을 느낄 수 있도록 조직 문화를 조성하는 것도 중요하다. 만약 직원들 사이에서 발생하는 작은 불만이나 갈등을 관리하지 못하면, 훌륭한 직원도 떠나게 될 수 있다. 이러한 문제는 결국 한의원뿐만 아니라, 원장, 직원, 그리고 환자 모두에게 부정적인 영향을 미친다. 따라서, 직원들 사이에서 발생할 수 있는 갈등을 사전에 해결하고, 함께 즐겁게 일하는 좋은 분위기를 유지하는 것이 한의원의 성공적인 운영에 필수적이다.

직원 관리가 어려운 이유는 결코 단순하지 않다. 인간의 복잡성과 다양성, 기대와 현실의 괴리, 커뮤니케이션의 복잡성, 변화 관리의 어려움, 성과 관리의 도전, 그리고 조직 문화의 영향을 모두 고려해야 하기 때문이다. 이러한 요소들을 감안할 때, 직원 관리가 본래 쉽지 않다는 것은 명백하다.

따라서, 이 복잡성을 이해하고, 이를 극복할 수 있는 전략을 늘 세울 수 있어야 하겠다. 한의원의 성공은 결국 직원들의 업무 만족도와 성과에 달

려 있음을 잊지 말아야 한다. 모든 직원이 즐겁게 일하며 성과를 낼 수 있
도록 원장은 지속적으로 노력해야 할 것이다.

좋은 직원 구하기

누구나 한의원을 하게 되면 직원을 구인하고 좋은 직원과 함께 일하고 싶어 한다. 알아서 내 마음같이 일해주는 직원이 한 명이라도 있다는 건, 마치 천군만마(千軍萬馬)를 얻은 것과도 같은 일이다.

직원의 중요성은 여러 번 강조해도 지나치지 않다. "못된 직원 때문에 한의원을 그만두고 싶다", "좋은 직원 덕분에 한의원이 엄청나게 성장했다" 이런 얘기를 많이 듣곤 한다.

환자들이 왔을 때 가장 먼저 만나는 사람은 원장이 아니라 직원이며, 원장의 진료를 받는 것은 그 다음이다. 처음 한의원을 방문했을 때, 직원만 봐도 '이 한의원이 어떤 한의원이겠구나'를 대략 알 수 있다. 직원이 친절하다면 '원장님도 엄청 친절한 분이겠구나' 하고 말이다. 은연중에 원장의 모든 행동과 생각이 직원들의 마인드에 녹아 들어가 있다.

직원을 구인하다 보면 다음과 같은 유형이 있다.

1. 시키는 일도 못하는 유형
2. 시키는 일만 하는 유형
3. 알아서 일을 찾아서 하는 유형

누구나 3번째 유형의 직원들이 오기를 바란다. 그런데 그런 직원을 만나기는 쉽지가 않다. 하늘의 별 따기와도 같다. 어떻게 하면 좋은 직원을 만날 수 있을까?

《슈퍼노멀》의 저자 주언규 씨는 세상의 일은 운의 영역과 실력의 영역으로 나누어져 있다고 말한다. 운의 영역에서는 최대한 낮은 비용과 시간을 들여 여러 번 시도해서 확률을 높여야 하며, 실력의 영역에서는 내 실력을 높이는 데 자원을 아낌없이 투자해야 한다고 그는 이야기한다.

나 또한 직원을 구하는 것은 철저한 '운'의 영역이라고 생각한다. 처음 직원을 구할 때, 보통 사람인이니 알비진룩, 사오샤 등의 다양한 루트를 통해 구한다. 사실 어떤 사람이 지원할지는 알 수 없다. 괜찮은 직원이 지원할 수도 있고, 정말 아니다 싶은 직원이 지원할 수도 있다. 운과 때와 시가 맞아야 한다.

그래서 구인을 할 때 좀 더 효율적인 방법이 있다. 운의 확률을 높이는 것이다. 내가 아는 한 원장님은 구인 시에 근로계약서를 일부러 1개월 단위로 쓴다. 또한 직원이 1명이 필요하다면 일부러 2명을 구인한다. 그리고 1개월 정도 같이 일하면서 그중에서 본인과 잘 맞는 직원들만 함께 간다. 그런 과정을 여러 번 거치면서 본인의 정체성과 가장 맞는 직원들로 남게 된다.

천시(天時)가 아무리 잘 맞아도 인화(人和)가 되는 직원이 들어와야 한다. 여러모로 나와 맞는 직원을 구해야 한다. 그러기 위해서는 내가 어떤 사람인지를 잘 알아야 한다. 친절한 원장 밑에 불친절한 직원이 없다. 내가 청결과 정리를 중요하게 생각하는 사람이라면, 그에 맞는 직원을 구해야 한다. 나의 정체성에 맞는 직원을 구한다면 같은 방향으로 한의원은 더 시너지를 받게 될 것이다.

나의 정체성에 맞는 직원을 구하기 위해서, 내가 어떤 사람인지를 최대한 잘 드러내야 한다. 사람인, 알바천국, 널스잡 등의 사이트에 구인글을 쓸 때도, 우리 한의원의 철학에 대해서 최대한 자세히 쓰는 것이 좋다. 내가 바라는 직원 상을 생각하며, 어떤 지원자가 올 것인지 상상하며 그에 초점을 맞추어 구인글을 올리면 그에 맞는 직원이 지원하게 될 확률이 높아진다. 글은 구직자 입장에서 '아! 여기에 지원하고 싶다'는 생각이 들도록 최대한 자세하게, 그리고 깔끔하게 써야 한다. 또한 구인 단계에서 서류 면접, 원장 면접, 실장 면접 등 여러 번의 면접 과정을 거쳐서, 구인했을 때 원장뿐만 아니라 실장이나 다른 직원들과도 잘 화합할 수 있을지를 생각하고 뽑아야 한다. 또한 직원을 구할 때는 경력보다는 마인드, 말보다는 태도를 보아야 한다.

직원들의 직무 평가도 정확히 해야 한다. 직무 평가시에 가장 큰 어려움은 '어떻게' 측정하느냐, '무엇을' 판단하느냐, 그리고 '무엇을 위해' 평가하느냐이다. 직원들의 직급을 실장과 팀장, 그리고 주임, 일반 사원으로 구분하고 6개월에 한 번씩 업무 평가를 실시하며, 업무 평가 항목은 최대한 세세히 만든다. 이 업무 평가는 1년에 한 번씩 연봉과 직급을 결정할 때 근거가 된다.

업무 평가를 바탕으로 알바가 실장이 될 수도 있다. 또는 실장도 업무 능력이 부족하다면 언제든 교체될 수 있다. 능력 있는 직원이라면 빠르게 직무 평가에 반영하고, 승진에 반영해 주어야 한다.

만약 논공행상이 늦어진다면 괜찮은 직원은 어느 순간 생각한다. '나는 이렇게 열심히 일하는데, 왜 나는 그만한 대우를 받지 못하는 거지?' 또한 업무를 못하는 직원들은 잘하는 직원들을 배척하기 시작한다. '대충 월급 받는 만큼만 하지, 쟤는 왜 저렇게 튀려고 해?' 어느 순간 열심히 하는 직원들은 다 그만두고 일 못 하는 직원들만 남게 된다. 그렇게 되어선 안 될 것이다.

업무를 잘 모르는 것은 괜찮다. 천천히 배우면 되기 때문이다. 그런데 업무에 대한 태도는 쉽게 변하지 않는다. 그 사람의 정체성과 관련된 것이기 때문이다. 업무에 대한 태도는 무의식적인 표정, 움직임, 말투나 행동에 드러난다. 이런 부분을 놓치지 말아야 한다.

예를 들어 원장이 지시를 내렸을 때 즉각 응답하는 것, 환자의 말을 경청하는 것, 일이 많을 때 귀찮아하지 않는 것, 바닥에 떨어져 있는 쓰레기를 먼저 지시하지 않아도 스스로 치우는 것 등은 말이 아닌 행동으로 생각이 드러나게 되는 법이다.

좋은 직원들이 다 같이 협력하여 일하게 되면 그 한의원의 문화를 만든다. 우리가 대기업을 떠올릴 때 삼성은 능력, LG는 화합, 한화는 의리를 중시한다는 이미지를 떠올린다. 창업주의 핵심 가치가 그 기업의 문화에도 반영된다. 마찬가지로 한의원만이 가지는 유니크함이 있다. 환자들이 그 한의원을 떠올릴 때 가지게 되는 이미지이다.

'나의 한의원은 어떤 핵심 가치를 추구하는지?' 살펴볼 필요가 있다. 또한 핵심 가치에 맞는 직원들로 꾸준히 팀을 만들어 나가야 한다.

간부 직원에게는 믿고 부서 직원들을 관리할 수 있는 권한을 주어야 한다. 사람은 본래 누군가의 지시를 받기 위해 태어난 존재가 아니다. 권한을 주고, 스스로 할 수 있도록 도와주어야 한다. 직원들에게 의존성을 심어주는 원장은 좋은 원장이 아니다. 미숙하더라도 직원들이 주도적, 능동적으로 할 수 있도록 도와주어야 한다. 이를 통해 한 단계 더 성장하는 한의원이 될 수 있다.

또한 업무 분장(業務 分掌)이 명확해야 한다. 이러한 업무 분장은 문서화하여, 본인이 정확히 해야 할 일이 무엇인지 알게 해준다. 또한 지속적인 피드백을 통해 각자의 업무 능력을 더 날카롭게 다듬어 갈 수 있도록 해준다.

마지막으로 직원들에게 이 한의원에서 일하는 자부심을 심어주고, 앞으로의 비전을 제시해 줄 수 있어야 한다. 열심히 하면 성공할 수 있다는 희망을 주어야 한다.

사람은 희망을 먹고 사는 동물이라고 한다. 이곳이 내가 앞으로 오랫동안 있어도 괜찮은 곳인지 직원은 늘 생각한다. 그런 희망이 사라질 때 직원은 떠나게 된다.

한 번씩 그 지역 최고의 호텔 뷔페에서 회식을 하는 것도 좋다. 잘한 직원들에게는 기프티콘이나 선물도 한 번씩 포상 형식으로 주면 좋다. 내가 아는 원장님은 우수직원은 1년에 한 번씩 이탈리아 로마로 2주씩 여행을 보내주기도 한다. 최고의 직장에서 일하는 자부심을 키워줘야 한다.

또한 훌륭한 직원을 품을 수 있도록 나의 그릇을 키워 나가야 한다. 《사장학 개론》을 쓴 김승호 씨는 이야기한다. "지금 당신이 사장을 하고 있는 이유는 전 직장 사장의 마음의 그릇이 당신을 품을 정도로 크지 못했기 때문이다. 그걸 알게 된다면 지금 이 순간 나의 직원들에게 어떻게 대해야 할지 보일 것이다"라고 말이다.

직원들은 공정한 대우, 동등한 기회, 경력을 쌓을 기회를 마련해 주고, 그들의 노고에 감사하는 오너를 원한다.

"인사(人事)가 만사(萬事)다"라고 말했던 삼성 이병철 회장의 말을 기억한다. 이병철 회장은 일생의 80%는 인재를 모으고 교육하는 데 보냈으며, 이건희 회장도 '믿지 못하면 맡기지 않고, 일단 맡겼으면 끝까지 믿는다'는 '의인불용 용인물의(擬人不用 用人勿擬)'의 자세를 고수했다. 삼성이 성공할 수 있었던 것은 이런 최고의 인재상을 추구하면서 오랜 기간 삼성전자를 이끌었던 윤종용 부회장과 황창규 기술 총괄사장을 비롯한 기라성 같은 인재들이 있었기 때문이다.

좋은 직원을 만나는 것은 운의 영역임을 알고, 최대한 좋은 직원이 들어올 확률을 높여야 할 것이다. 또한 좋은 직원이 들어오기 위해서는 나의 정체성을 파악하고, 나의 핵심 가치에 맞는 직원을 채용해야 할 것이다. 또한 채용한 직원들의 비전과 희망을 키울 수 있도록 기회를 제공하며, 그들이 성장할 수 있도록 도와주고 시속석인 피드백을 해주어야 한 것이다.

모든 한의원의 원장님들이 좋은 직원을 구하고, 좋은 직원과 함께 한의원을 해나가고, 더욱 성장하는 한의원이 되기를 꿈꾸고 바래 본다.

직원론

무엇이 그들을 움직이게 하는가

최근에 직원 회식을 위해 부산 롯데호텔을 빌렸다. 호텔 수영장에 딸린 레스토랑에서 근사한 식사를 하며 직원들에게 감사의 의미로 상장을 수여했다. 처음에는 장기근속 직원들만 상을 주려고 했지만, 그렇게 하면 상을 받지 못하는 직원들이 아쉬워할 것 같아 결국 전체 직원에게 상을 주기로 했다. 한의원 조리사에게는 '수라간 최고 상궁상', 탕전실 직원에게는 '장금이상', 친절한 직원에게는 '미소 천사상' 등 각 직원의 특징에 맞는 상장을 수여하고, 부상으로 스타벅스 커피 쿠폰도 나누어 줬다. 직원들은 생각지도 못한 상장을 받고 무척 기뻐했다. 다음 날 회식에 참가했던 직원 13명 중 무려 6명의 카카오톡 프로필 사진이 바뀌어 있었다. 상장과 호텔 레스토랑 사진으로 말이다.

직원들에게는 그 상장이 졸업 후 처음 받는 상장일 수도 있다. 상장을 만드는 데 드는 비용은 용지를 포함해서 불과 5천 원 정도였다. 하지만 상장과 부상을 통해 직원들의 사기를 크게 진작시킬 수 있었다.

우리의 뇌는 늘 새로운 자극을 선호한다. 그러나 새로운 자극은 일상 속에서 만나기 쉽지 않다. 늘 반복되는 일상을 겪을 확률이 더 높다. 특히 직원들의 일상은 원장 이상으로 단조롭다. 그렇다고 급여라도 높으면 모른다. 박봉에 힘들게 한의원과 집을 왔다 갔다 반복하는 생활을 계속하다 보면 지치기도 한다.

그래서 한 번씩 새로운 자극이 필요하다. 완전히 새로운 환경에서 새로운 경험을 하게 해주는 것이다. 직원들이 한 끼 12~15만 원씩 하는 호텔 레스토랑에서 식사를 하는 건 흔한 일이 아니다. 이는 직원들의 자부심이 된다. 본인들이 일하는 곳이 단지 돈을 벌기 위해서 일하는 곳이 아니라는 인식을 갖도록 하는 것이 중요하다. '원장이 직원들을 챙기고 있다'라는 느낌을 받도록 해주는 것이다.

어떤 원장님들은 부원장을 뽑고 나서 일부러 백화점에 데리고 가서 마음껏 쓰게 해주고 비용을 지불해 줬다는 이야기도 들었다. 환자들에게 비싼 치료를 권유하려면 부원장의 마인드도 달라져야 한다. 본인도 큰돈을 써봐야, 환자에게 돈을 쓸 수 있도록 권유할 수 있다는 것이다. 마인드의 세팅이라는 점에서 나도 그 이야기에 적극 공감했다. 부원장이 자신의 가치를 높게 설정하고 자신감을 가지면 자연스럽게 일에 대해 더 많은 책임감을 느끼고 더 나은 성과를 내기 위해 노력하게 되는 것이다.

사람들은 여러 가지 이유로 동기부여된다. 어떤 사람들은 돈, 명예, 권력 같은 외적 보상에 의해 움직이고, 다른 사람들은 성취감, 인정, 자아실현 같은 내적 동기에 의해 움직이기도 한다. 하지만 이 모든 것을 관통하는 중요한 요소는 바로 '인정받고 싶은 욕구'와 '자기 가치의 실현'이다. 어찌 보면 돈을 많이 벌고 싶고 풍요로운 삶을 누리고 싶은 욕구도 있지만, 그만큼 내가 중요한 역할을 하고 있다는 것을 인정받고 싶은 욕구도 클 것이다.

매년 수백억을 버는 스포츠 스타들이 과연 먹고 살기가 힘들어서 더 높은 연봉을 받고 이적하는 것일까? 그들이 더 높은 연봉을 받기 위해 노력하는 이유도 결국 자신의 가치를 인정받기를 원하기 때문이다.

직원들의 가치를 인정해 주는 것은 무엇일까? 그들을 이해하고, 그들의 잠재성을 개발하여, 그들의 능력을 최대한 발휘할 수 있도록 도와주는 것이다. 환자들과 마찬가지로 직원들도 백이면 백, 개성이 다르다. 단순 업무를 좋아하는 직원이 있고, 창의적인 업무를 좋아하는 직원이 있다. 친절하고 손이 빠른 직원도 있고, 환자 응대보다는 회계 처리나 디자인 업무 등을 잘하는 직원도 있다. 만약 성향에 맞는 일을 하지 않게 된다면, 직원은 출근이 매일 고역일 것이다. 과연 그 직원이 문제인 것일까? 그런 직원의 성향을 파악하지 못하고 적재적소에 배치하지 못한 원장이 문제인 것이다.

그런데 직원의 성향을 어떻게 파악할 것인가? 사실 직원의 성향 파악은 첫 면접 때 절반 정도는 결정된다고 봐도 과언이 아니다. 면접을 볼 때 핵심 질문을 통해 파악할 수 있다. 예를 들어, 이전에 한의원을 그만둘 때 사람 일 때문에 그만둔 적이 있었는지 물어보는 것이다. 만약 그렇다면, 그 직원은 앞으로 우리 한의원에 입사하더라도 사람 일 때문에 그만두게 될 가능성이 높다. 또한 면접 때, 업무에 대해 부분이 궁금한 직원들은 채용 후에도 업무를 적극적으로 배우고 성실히 익혀 나갈 가능성이 높다. 반면, 급여나 휴일에 대해 관심을 가지는 직원들은 채용 후에도 급여나 휴일을 더 신경 쓸 가능성이 크다. 일에 대해서 진심으로 절실한 마음을 가진 직원이 앞으로도 열심히 일할 가능성이 높다.

일을 하면서 직원의 성향을 파악해 보고, 수습 기간 동안 업무 숙지도를 평가해서 정식 채용 여부를 결정하기도 한다. 그래서 수습 기간이 필요한 것이다. 수습 기간은 서로 간에 조화를 맞추는 기간이다. 우리가 그 직원이 맞지 않다고 생각하면 언제든지 떠나라고 할 수 있는 기간이며, 직원 또한 한의원이 맞지 않다고 느끼면 언제든지 떠날 수 있는 기간이다.

이렇게 직원들을 심사숙고해서 구인해도, 막상 구인하고 나면 마음 같지 않을 때가 많다. 그리고 정말 괜찮은 직원이라고 생각했는데, 이틀만 일하고 그만두는 경우도 많이 보았다. 그만두면서도 문자 하나 카톡 하나 달랑 남기고 떠나지만, 원장은 어쩔 수 없다.

직원들은 왜 그만둘까? 직원들이 그만두는 이유는 수십 가지가 넘는다. 일이 안 맞는다거나, 힘들다거나, 직원들끼리 서로 안 맞는 등 여러 가지 이유로 그만두게 된다. 그러나 처음부터 그만둘 생각으로 지원하는 사람은 아무도 없을 것이다. 사실 만약 10명을 뽑았다면, 2~3년 뒤까지 계속 함께하는 직원은 2~3명 정도도 안 남는 경우도 많다. 그럼에도 불구하고 남은 직원들은 진짜 우리 한의원의 직원이 된다. 이런 직원들은 원장이 잘 챙겨야 한다.

칭기즈칸의 '발주나 맹약' 이야기가 있다. 몽골의 대칸으로 유라시아를 통일한 칭기즈칸은 어린 시절 극심한 고난을 겪었다. 그의 아버지는 칭기즈칸이 8살 때, 적이 건넨 독주를 마시고 사망했으며, 아버지를 따르던 부족도 그를 배신하고 흩어졌다. 타이추트족의 키릴투크 아래에서 죽을 위기를 가까스로 넘기기도 했지만, 결국 그는 몽골을 통일하고 유라시아 전역을 정복하는 데 성공했다. 몽골을 통일한 시기는 42세로, 그가 여러 역경을 겪은 후 이룬 성과였다.

그가 몽골을 통일하는 데 큰 역할을 한 이들은 '4준(駿)'과 '4구(狗)'였다. '4준'은 제베, 수부타이, 보르추, 젤메로, 그들은 뛰어난 전략과 용맹함으로 수많은 전투에서 몽골군의 승리를 이끌었다. '4구'는 무칼리, 쿠빌라이, 친베, 보로쿨로, 그들은 충성심과 헌신으로 몽골 제국의 영토 확장과

통합에 중추적인 역할을 했다.

이들은 몽골의 철천지원수였던 메르키트족을 무찌르고, 케레이트족을 정복한 후 발주나에서 진흙물을 함께 마시며 맹세했다. 그들은 "이 흙탕물을 함께 마신 사람들은 앞으로 영원히 한마음 한뜻으로 함께할 것이며, 약속을 어기는 자의 눈에는 흙탕물이 들어갈 것이다"라고 서약했다. 이 발주나 맹약을 통해 그들은 완전히 하나로 뭉칠 수 있었고, 이후 몽골 제국이 세계로 뻗어나가는 데 큰 역할을 하게 된다.

이 맹약을 기점으로 그들의 태도와 전술, 성과의 속도와 규모는 모두 극적으로 달라졌다. 칭기즈칸은 내면에 숨겨진 거대한 잠재력을 폭발시키며 천년의 영웅으로 재탄생했다. 그는 전술에서 자무카보다, 정치적 감각에서 토릴칸보다 뛰어나지는 않았지만, 결국 승리자가 되었다. 그의 탁월한 비전과 사람의 마음을 얻는 능력이 그를 위대한 군주로 만든 것이다.

21세기 들어 기업들이 칭기즈칸을 주목하는 이유가 있다. 21세기의 상황이 디지털 유목민들이 늘어나고 있고, 하루가 다르게 바뀌는 디지털 약육강식의 시대가 칭기즈칸의 시대와 비슷한 시대이기 때문이라고 하겠다.

엄청나게 빠른 속도로 세계는 변화하고 있다. 불과 4년 전에 최신이었던 안면인식 체온계가 지금은 쓰레기통에 들어가고 있다. 2016년 알파

고와 대국했던 이세돌의 경기를 아직 기억한다. 8년이 지난 지금, 인공지능은 무시무시한 학습을 거쳤고, 지금은 어떤 바둑 기사가 와도 인공 지능과 100번을 두어도 1번을 이기지 못한다.

디지털 유목민의 시대는 과거 유목민의 시대와 비슷하다. 적은 인원으로도 성과를 낼 수 있다. 빠르게 움직여야 한다. 디지털 노마드의 시대라고 하는 이유이다.

과거 스티브 잡스가 애플을 떠나 있다가 다시 복귀했을 때, 그는 선택과 집중을 통해 애플을 혁신했다. 매킨토시와 함께 운영되던 여러 사업부를 과감히 정리하고, 아이팟에 집중했다. 이 과정에서 전체 직원의 1/3을 해고하는 결단을 내렸지만, 남은 직원들에게는 희망과 비전을 심어주었다. 그는 "반드시 할 수 있고, 반드시 해내야 한다"는 절실함을 강조하며, 성과에 집중하도록 이끌었다. 그 결과, 애플은 아이팟의 성공으로 대박을 터뜨렸고, 오랜 적자에서 벗어나며 기사회생할 수 있었다. 이로 인해 아이폰의 탄생 또한 가능해졌고, 애플의 혁신적인 미래를 위한 발판이 마련되었다.

현재 수많은 스타트업과 1인 기업들이 생겨나고 있다. 모든 위대한 기업이 처음부터 크게 시작한 것은 아니다. 작게 시작하더라도 끊임없이 성장하는 과정을 거친다. 그리고 반드시 중간에 크게 폭발하는 시기를 경험하게 된다. 이는 단순히 운으로 치부할 수 없다. 운이 필요하지만, 준비된 기업만이 그 운을 온전히 누릴 수 있다.

한의원도 마찬가지다. 핵심 직원들이 즐겁게 일할 수 있는 환경이 필요하다. 직원들에게 직급이 필요한 이유는 조직을 효율적으로 운영하기 위한 도구이기 때문이다. 한의원에서 적절한 직급을 두고, 간부 직급의 직원들에게는 다른 한의원보다 더 많은 급여를 지급하며, 열심히 한 만큼

성과를 가져갈 수 있도록 동기부여를 해줘야 한다. 원장만의 '4준 4구'가 필요하다. 세상은 무한 경쟁의 시대다. 직원들은 언제든 떠날 수 있는 존재이므로, 그들에게 마음과 물질적으로 충분한 보상을 제공해야 한다.

칭기즈칸이 거대한 제국을 만들기 위해서는 마음을 나눌 수 있는 4준 4구, 8명의 동료들이 필요했다. 삼성도 마찬가지다. 삼성이 성장할 수 있었던 데에는 윤종용 부회장이 있었고, SK가 성장할 수 있었던 데에는 손길승 부회장이 있었다. 마음을 나눌 수 있는 직원은 그리 많지 않아도 된다. 4준 4구가 아니라 2준 2구라도 괜찮다. 다만, 그들에게는 나의 모든 것을 믿고 맡길 수 있도록 권한과 신뢰를 부여해야 한다. 이것이 그들을 움직이는 힘이다.

직원론

항산과 항심

최근 몇 년 사이 사람들이 좀 더 여유가 없어지고 마음이 바빠진 것 같다. 그리고 물질적 가치가 최우선이 되고, 행복이 우선순위에서 밀리게 된 듯하다. 그만큼 우리의 삶이 팍팍해졌기 때문이기도 하겠다.

작년에 전 세계 17개 선진국을 대상으로 '삶에서 가장 가치 있게 생각하는 것'에 대해 조사한 결과, 한국만 유일하게 '물질적 풍요'를 1위로 꼽았다. 다른 국가들은 가족(38%)을 1위로, 직업적 성취(25%)를 2위로, 물질적 풍요(19%)를 3위로 꼽았지만, 한국은 물질적 풍요(19%)가 1위, 건강이 2위, 가족이 3위, 지위와 사회적 평가가 그 뒤를 이었다.

과거에는 학벌 중심주의가 강했고, '공부를 잘해야 성공한다'는 믿음이 팽배했다. 특히 1997년 IMF 사태 이전에는 직장을 '평생 직장'으로 여기고, 개인의 희생을 감수하더라도 회사의 발전을 위해 헌신해야 한다는 생각이 지배적이었다. 그러나 지금은 그렇지 않다.

최근 직원들을 구인할 때, 기존 세대들과 MZ 세대와의 차이를 많이 느낀다. MZ 세대들은 항상 전체보다 개인을 우선시한다. 정시 퇴근을 중시하고, 주어진 일에서 조금만 더 업무가 추가되어도 스트레스를 받는 경우가 많다.

고성장 시대를 겪은 나라는 우리나라와 비슷한 과정을 거친다. 한국도 개인 소득이 1만 달러를 넘고 3만 달러에 이르기까지 엄청난 성장을 이뤘다. 지금의 부모님 세대는 이러한 성장의 전 과정을 직접 겪었다. 부모님 세대는 가난과 부족함 속에서 자라왔으며, 그래서 물건을 아끼고 소비를 절제하는 성향이 강하다. 평생토록 "쌀 한 말을 다 먹지 못하고 시집 갔다"는 옛이야기는 당시의 고단한 삶을 단적으로 보여준다.

반면, MZ 세대는 대체로 풍요로운 환경에서 자라왔다. 개인의 자유와 시간이 무엇보다 중요하게 여겨지는 시대에서 성장했기 때문에, 회사보다도 개인의 삶의 질과 여유를 중시한다.

근래는 직원을 구인할 때 '주 6일 근무'에 지원하는 사람은 많지 않다. 아침 9시부터 저녁 7시까지, 주 50시간 한의원에서 일하는 것 자체가 부담스럽게 느껴지는 것이다. 하지만 오전이나 오후 파트타임 구인 공고를 내면 지원자가 몰리는 경향이 있다. 심지어 파트타임에 훨씬 좋은 스펙을 가진 사람들이 많이 지원하기도 한다.

그렇다면 왜 이러한 현상이 발생할까? 최근 직원을 구인하면서 느낀 것은, 많은 지원자들이 급여보다도 연차나 근무 분위기를 더 중요하게 여긴다는 점이다. 예전에는 월급을 조금이라도 더 받기 위해 한 시간이라도 더 일하려는 사람들이 많았지만, 이제는 그렇지 않다. 급여가 조금 적더라도 삶의 질을 중시하며, '워라밸(Work & Life Balance)'을 중요시하는 경향이 크게 증가한 것이다. 하지만 이렇게 월급에 한계가 있는 상황에서, 직원들이 과연 지속적으로 일할 유인을 느낄 수 있을까?

몇 년 동안의 코로나 시기 동안 우리나라에서 과시적 소비가 유행했다는 이야기를 들은 적이 있다. 해외여행을 가지 못한 돈으로 골프를 치거나 명품을 구매하는 사람들이 늘어난 것이다. 이러한 현상은 역설적으로 부의 양극화와도 연결된다. 부자들은 더욱 부유해지고, 일반 직장인들은 아무리 일해도 집 한 채를 사기 힘들 정도로 부동산 가격이 급등하면서, 돈을 모아 부자가 되기 어렵다는 생각이 자리 잡은 것이다. 그래서 주식이나 코인 등 한탕을 노리는 경향도 생기게 된 것이다.

명리학에는 '정재(正財)'와 '편재(偏財)'라는 개념이 있다. 정재는 꾸준히 벌어서 얻는 재물을 뜻하고, 편재는 한 번에 크게 벌 수 있는 재물을 의미한다. 편재는 큰 돈을 벌 수 있는 기회를 제공하지만, 망했을 때는 다시 일어서기 힘든 느낌이 있다. 반면 정재는 수순히 벌기 때문에 안정적이지만, 크게 성공할 가능성도 낮다. 그렇지만 정재는 힘이 세다. 김승호 회장도 그의 책 《돈의 속성》에서 꾸준히 버는 300만 원이 한 번에 버는 500만 원보다 더 강력한 힘을 가진다고 말하기도 했다.

맹자의 사상 중에 '항산(恒産)과 항심(恒心)'이라는 유명한 이야기가 있다. "항산이 없는 사람은 항심을 가질 수 없다(無恒産而有恒心者, 惟士爲能)." 이 말은 경제적 안정이 도덕적이고 안정적인 삶을 유지하는 데 필수적이라는 뜻이다. 당시 춘추전국시대에 많은 백성들은 경제적 궁핍에 시달렸고, 그러한 환경에서는 도덕적 판단이 흔들리기 쉽다는 의미이다. 오늘날에도 경제적 안정이 도덕적 삶과 사회적 안정의 기반이 된다는 점에서 이 말은 여전히 유효하다고 하겠다.

이러한 맥락에서 보면, 직원들에게 다른 곳보다 이왕이면 조금 더 나은 급여를 지급하는 게 좋다. 직원들이 안정된 삶을 영위해야 한의원도 지속적으로 성장할 수 있다. 예전에는 5만 원, 10만 원 차이로 이직하는 경우가 많지 않았지만, 지금은 다르다. 직원들은 언제든지 원장이 모르는 사이에 알바천국이나 사람인 등에서 조금이라도 더 나은 조건의 일자리를 찾을 수 있다.

직원 한 명이 퇴사하면 처음부터 다시 교육하고 가르치는 데 큰 기회 비용이 발생한다. 또 친절하고 능력 있는 직원이 떠나면 기존 환자들도 이탈할 수 있다. 그렇기 때문에 좋은 직원이 안정적으로 오래 일할 수 있도록 급여를 안정적으로 제공하는 것이 중요하다.

또한 급여는 상방(上方)을 열어두는 것이 좋다. 원장의 급여와 직원들의 급여는 다를 수밖에 없다. 그렇지만 한의원이 잘되는 것이 원장 혼자만의 노력 때문이 아니라 직원들의 노력 덕분이라는 생각을 가지면 직원들에게 감사한 마음을 느끼게 된다. 그 마음을 표현하는 가장 확실한 방법 중 하나가 급여다.

열심히 일하는 직원들에게는 그에 상응하는 물질적 보상이 따라야 하고, 이들에게는 더 높은 직급으로 성장할 수 있는 기회를 주는 것도 필요하다. 지금 우리 한의원의 실장도 처음에는 평일 파트타임 아르바이트로 시작했지만, 능력을 인정받아 실장으로 임명되었다. 주간 당직 아르바이트로 시작한 선생님도 열정적으로 일하고 환자들로부터 많은 칭찬을 받으면서 1년 만에 팀장 자리에 올랐다. 열심히 일하는 직원들은 업무에 대한 태도부터 다르다. 단순히 시간을 때우려는 직원은 일에서 즐거움을 찾지 못하고, 시키는 일만 하며 나머지 일은 귀찮아한다. 이런 직원들이 많으면 한의원의 성장에 제동이 걸릴 수밖에 없다.

따라서 열심히 일하는 직원들에게 급여 인상이나 인센티브의 기회를 주어야 한다. 매년 2번씩 직원 평가를 통해 급여 인상 폭을 결정하고, 직원들이 자신의 급여가 어떤 기준으로 결정되는지 명확하게 알 수 있도록 해야 한다. 간부급 직원의 경우, 한의원 전체 매출에 인센티브를 연동시키는 것도 좋은 방법이다. 예를 들어, 부장의 경우 한 달 평균 입원 환자

수에 따라 인센티브를 차등 지급하면, 한 명이라도 더 환자를 유치하려고 노력할 것이다.

진료원장의 경우도 마찬가지다. 진료원장이 얼마나 적극적으로 치료를 권유하느냐에 따라 매출은 천차만별(千差萬別)로 달라지게 된다. 특히 추나 요법과 같은 경우는, 시술 시마다 몸이 힘든 걸 각오해야 한다. 원장은 그 것이 바로 본인의 수입과 연결되지만, 진료원장은 그렇지 않다. 추나가 꼭 필요하다 하더라도, 귀찮아서 그 과정을 생략할 수도 있다. 하지만 치 료하는 데 있어 적절한 인센티브로 부상해 준다면 더 이용적으로 일할 수 있을 것이다.

그런데 인센티브는 양날의 검과 같다. 잘 사용한다면 한의원에 도움이 되지만, 잘못 사용한다면 독이 될 수도 있다. 예를 들어 진료원장들이 인 센티브만을 위해 진료를 하거나, 직원들이 인센티브만을 위해 근무를 한 다면, 환자들도 그걸 느낀다. 환자를 돈으로 보게 된다면 환자들도 떠날 수밖에 없다.

닐 도쉬와 린지 맥그리거의 《무엇이 성과를 이끄는가?》라는 책에서는 인센티브의 역설에 대한 이야기가 나온다. 인센티브라는 건 당근과 채찍 과 같다. 둘 다 효과적인 것처럼 보이지만 사실 지속 가능하지 않다고 이 야기한다. 인간은 당근을 준다고 일을 더 하는 것도 아니고 채찍질을 한 다고 안 하던 일을 새롭게 하는 것도 아니다. 일을 통한 성장과 가치를 높 이는 것이 중요하며, 이를 통해 직원들이 자부심을 가지고 일할 수 있도 록 해야 한다.

일본의 전설적인 경영인 이나모리 가즈오도 "경영자는 직원들에게 단 순히 일을 시키는 것이 아니라, 그들이 가슴 뛰는 목표를 향해 나아가도 록 이끌어야 한다"고 말했다. 직원들이 자신의 일에 자부심과 열정을 느낄 때, 더 높은 성과를 이룰 수 있다. 최고의 배를 만드는 방법은 배를 만드는 사람들에게 구체적인 지시를 내리는 것이 아니라, 그들의 마음속에 끝없는 바다에 대한 동경을 심어주는 것이다.

여유라는 것은 단순히 경제적 여유만을 의미하는 것이 아니다. 정신적, 정서적, 시간적 여유를 포함한다. 직원들이 안정된 마음과 즐거움을 느끼며 일할 수 있도록 원장은 늘 노력해야 한다. '항산에 항심'이라는 말처럼, 직원들의 안정이 곧 한의원의 성공을 의미하기 때문이다.

직원론

원장이 없이도 한의원이 돌아가는 법

장사와 사업의 차이는 무엇일까? 장사는 내가 없으면 돌아가지 않는 것이며, 사업은 내가 없어도 돌아가는 것이다. 한의원을 하기 위해서는 사업자 등록증을 내야 한다. 한의원도 엄연한 사업이다. 그런데 한의원을 장사하듯 하는 원장님들이 있다. 하루라도 내가 진료하지 않으면 한의원이 망할 거라고 생각한다. 그래서 한의원을 떠나지 못한다. 요즘에 365 한의원들이 우후죽순 생기면서 주 6일 근무, 그것도 모자라 주 7일 365일로 일하는 한의원들도 많아졌다.

OECD국가 중에서 가장 일을 많이 하는 나라가 멕시코, 코스타리카, 다음으로 한국이라고 한다. 그만큼 우리는 '일 중독' 상태인 경우가 많다. 그런데 그 일을 정말 즐겁게 하는 사람들이 과연 얼마나 될까? 어찌 보면 자신의 목숨을 갈아서 일을 한다. 근래 주 52시간 이하로 일하는 법안이 통과되는 것이 이슈가 되는 이유가 있다.

《내과 박원장》이라는 웹툰에도 그런 내용이 나온다. 조그만 개인 병원을 운영하는 내과 박원장은 운영이 너무 힘들고 망해가는 와중에, 주변의 잘되는 부의(富醫) '장사군' 선배를 따라 한다고 혼자서 365일 진료하다가

일에 치여서 죽을 만큼 힘들어한다. 그리고
매일 하루도 쉬지 않고 진료하다가 갑자기
심정지로 쓰러진 '소대광' 선배를 보고, 비로
소 365진료를 포기한다.

그런데 아이러니컬하게도 사실 원장이 한
의원에 있는 것만으로 한의원이 잘되는 것이
아니다. 한의원 밖에서 나의 한의원을 객관적
으로 바라볼 수 있어야 한다. 장기나 바둑도 바로 옆에서 훈수를 두면 더
묘수가 보이는 법이다. 나의 한의원에 대한 정확한 '메타 인지'가 필요하
다. 나의 한의원은 어떤 한의원인가? 나의 한의원의 강점은 무엇인가?
나의 환자들은 나의 한의원의 무엇을 보고 내원하는가? 나의 한의원이
더 성장하기 위해서는 어떤 부분을 앞으로 더 강화해 나가야 할 것인가?
이에 대한 명확한 인식이 필요하다. 또한 계속해서 주변의 잘되는 한의
원들을 벤치 마킹해야 한다. 뿐만 아니라, 미세한 시류를 감지하고 빠르
게 대응하고 변화할 수 있어야 한다.

《슈퍼노멀》의 저자 주언규 씨는 말한다. 그는 우리가 0.1%의 천재가
아니라면, 그 천재를 가장 빨리 따라 할 수 있어야 한다고 말한다. 돌연변
이를 알아보고, 최대한 그 돌연변이를 따라 하는 것이다. 이는 주식 하는
시골 의사로 유명한 박경철 씨의 강의에서도 나온다. 그가 주식으로 큰
성공을 거두었던 이유 중 하나는 휴대폰이 대중화되기 전, SK텔레콤 주
식을 사서 큰 시세 차익을 거두면서부터이다. 모두가 삐삐를 사용하던
시대에, 누군가 거대한 벽돌같은 핸드폰을 가지고 왔다. 기지국에서 전화
도 잘 터지지 않던 시절, 핸드폰은 무척 귀한 물건이었다. 하지만 이걸 그
저 재미로 바라보는 사람만 있었는가 하면, 여기서 기회를 바라본 사람

이 있었다. 박경철 씨는 당시 SK텔레콤 주식을 대거 사들였고, 이후 휴대폰이 대중화되면서 그는 엄청난 시세차익을 얻었다.

휴대폰을 발명한 사람이 '돌연변이'다. 그 돌연변이를 알아보고, 시대의 변화를 예측하고, 변화에 빠르게 탑승하는 사람이 '슈퍼노멀'이다. 박경철 씨는 이런 천재(=돌연변이)는 불과 0.1%에 불과하다고 말한다. 인류 문명은 어찌 보면 이 0.1%의 천재들로 인해 계속해서 진화해 왔다. 우리가 만약 그런 돌연변이가 아니라면, 그런 돌연변이를 빠르게 알아보는 1%에 드는 것이 중요하다. 아이폰이 처음에 건행되있을 때도 미국시서니, 비국에서 이이픈의 성공 기능성을 곧 소프트뱅크의 손정의 회상은 일본의 아이폰 유통의 배타적인 독점권을 따냈고, 이후에 일본에 아이폰을 유통하면서 엄청난 성공을 거두어, 일본 부호 1위가 되기도 하였다.

누구나 인생에 있어서 큰 기회가 3번은 지나간다고 한다. 그런데 준비된 사람은 그 기회를 잡지만, 준비되지 않는 사람은 그 기회를 놓친다. 심지어는 그것이 기회였다는 사실조차도 모르고 넘어간다. 중요한 것은 우리에게 오는 기회를 알아볼 수 있는 깨어 있는 생각을 가지는 것이다. 한의원 안에만 있으면 사고가 갇힌다. 계속해서 눈을 넓혀야 한다.

샴페인을 일찍 터뜨리자는 말이 아니다. 사고가 굳어지는 것을 경계해야 한다는 말이다. 모든 사업에는 시기가 있다. 처음에 사업을 키우는 시기에서는 미친 듯이 일에 뛰어들어야 한다. 세계 최고 부자 일론 머스크가 일주일에 일하는 시간은 100시간에 육박한다. 워라밸을 중시하는 미국에서 그렇다. 그는 모두가 알아주는 워커홀릭이다. 일이 너무 즐거워서 도저히 견딜 수가 없다고 한다. 잠을 자는 순간 말고는 아마 일 생각만 할 것이다. 그런데 그 혼자서 일해서 그렇게 큰 기업을 운영할 수 있을까? 그렇지 않을 것이다. 수없이 많은 사장단과 참모, 그리고 일하는 사원들이 있기 때문에 그가 존재한다.

목공 이야기가 있다. 어떤 유명한 목공이 있었는데, 그 목공은 모든 일을 완벽하게 하기로 유명했다. 모든 사람들이 그 목공에게 일을 맡겼다. 그가 생각하기에도 다른 사람이 하는 일은 본인이 보기에 성에 차지 않았다. 그래서 그는 모든 걸 자신이 다 떠맡았다. 그는 점점 더 늙어갔고, 나이가 들면서 도저히 본인이 일을 할 수 없는 지경에 이르렀다. 그가 죽으면서 그의 모든 노하우도 사라졌다. 모든 기업의 시작은 먼지 같은 기초에서 시작된다. 그 기업이 성장해 나가면서 반드시 거치는 단계가 있다. 그 단계 중 하나가 바로 위임의 단계이다. 기업이 기초를 일으킬 때는 몰입과 전력투구라는 시기가 필요하다. 반면, 위임의 단계가 와서는 '레버리지'라는 도구를 최대한 활용해야 한다.

레버리지(Leverage)라는 건 여러 가지를 포함한다. 우리가 빌려 쓰는 대출도 레버리지다. 미래의 나의 소득을 당겨서 지금 현재 사용하는 것이다. 한편, 돈뿐만 아니라, 업무를 위임하는 것도 레버리지다. 다른 사람에게 업무를 맡기는 것이다. 한의원의 규모가 커지면 커질수록 위임의 중요성에 대해서 깨닫게 된다. 직원이 한두 명일 때는 그다지 걱정이 없다. 내생각을 한두 명에게 전달하면 되기 때문이다. 굳이 메신저를 쓸 필요도 없다. 데스크나 치료실에서 말로 전달하면 되기 때문이다. 그런데 말의 장점은 빠르게 전달된다는 것이지만, 말의 단점은 휘발성이 강하다는 것이다. 들을 땐 이해가 되지만, 시간이 지나면 사라져버린다. 무슨 말을 했는지 기억을 못할 때도 많다.

그렇기 때문에 시스템을 만들기 위해서는 모든 인원들이 동시에 볼 수 있고 확인할 수 있고, 내용이 휘발되지 않도록 사내 메신저를 통해 모든 직원들이 모든 내용을 공유하는 것이 필요하다. A가 알고, B가 모르는 일이 있으면 나중에 반드시 문제가 된다. 한의원에 걸려온 전화를 받고 직원이 아는 대로 대답했는데 알고 보니 그렇게 대답하면 안 되는 내용이었다. 이런 일은 한의원에서 비일비재로 벌어지곤 한다. 그런가 하면 초보 직원의 미숙한 응대나 마음에 안 드는 말 한마디 때문에 단골 환자들이 떨어지기도 한다.

공유는 협업의 핵심이다. 그렇기 때문에 원내에서 활용할 수 있는 여러 협업 툴(tool)을 활용해야 한다. 원내 메신저는 기본이다. 구글 드라이브를 사용할 수두 있고, 잔디 메신저를 한8할 수도 있다. 크기가 난 농의상의 경우는 시놀로지와 같은 NAS (Network Attached Storage) 시스템을 활용해서 누구나 접속해서 볼 수 있도록 할 수도 있다. 업무 매뉴얼을 만드는 것도 매우 중요한 일이다. 말단 직원에서, 실장 부장과 같은 핵심직원, 그리고 진료원장님들에게 이르기까지 각자의 매뉴얼을 만들어야 한다. 또한 매뉴얼은 상시 수정하고 보완할 수 있어야 한다.

보완은 피드백을 통해 이루어진다. 그날 온 환자들 한 분 한 분이 모두 다 피드백의 대상이라고 생각하면 된다. '오늘 왔던 환자의 치료에서 우리가 어떤 부분이 부족했는가? 무엇을 더 보완할 수 있을까? 무엇 때문에 환자가 만족했을까? 어떻게 하면 이 부분을 더 살려나갈 수 있을까?' 생각해 보면 여러 가지 방법들이 이루어질 수 있다. 이렇게 매일의 일상이 업무 매뉴얼의 재료가 되는 것이다. 이런 업무 매뉴얼의 끝판왕이 세세한 업무별로 구체적으로 유튜브 영상을 만들어 제작해 두는 것이다. 초보 직원이 오더라도 이러한 영상의 시청을 통해서 빠르게 업무를 습득할 수 있다. 반면, 업무 매뉴얼이 없으면 일이 제각각이 되고, 시스템이 아닌 사람이 운영하는 한의원이 된다. 직원이 퇴사하는 일이 생기면 다시 처음부터 일일이 가르쳐야 하며, 그에 소모되는 시간과 에너지는 오로지 오너의 몫이다. 또한 이런 일이 반복되어서는 결코 한의원이 성장해 나갈 수가 없다. 모든 기업이 한 단계 더 성장하기 위해서는 이러한 단계가 반드시 필요한 것이다.

자전거를 타고 있는데 사람이 페달을 뗀다면 그 순간 자전거는 넘어진다. 비행기의 기장이 자리에서 사라진다면 그 비행기는 그 자리에서 추락한다. 하지만 사람이 아닌 시스템이 한의원을 운영하고 있다면 그렇지 않다. 그러기 위해서는 모든 직원이 주도적으로, 능동적으로, 그리고 창의적으로 일할 수 있도록 도와줘야 한다. 성공자는 훌륭한 동기 부여자이다. 직원들에게 의존성을 심어주는 리더는 좋은 리더가 아니다. 부딪혀 보고 깨져 보고 미숙하더라도 직원들을 통해 한 단계 더 성장하는 한의원이 되어야 한다고 생각한다.

매뉴얼이 중요한 이유

모든 직원들이 내 마음같이 움직여준다면 얼마나 좋을까? 때로는 한의원에 나 말고 나의 분신이 여러 명 있으면 좋겠다고 생각한다. 아마도 많은 원장님들이 한 번쯤은 이런 생각을 해보았을 것이다.

'주인 한 명이 머슴 아홉 명의 일을 한다'는 옛말이 있다. 아무리 직원이 열심히 한다고 해도, 원장만큼 열정적으로 일하기는 어렵다. 그렇기 때문에 우리는 종종 직원의 중요성을 간과하게 된다. 특히 한의원과 같은 의료업은 직원의 존재가 더욱 중요하지만, 치료 기술만을 중시하다가 직원관리의 중요성을 놓치는 경우가 많다. 그런데 직원을 잘못 써서 망하는 병원도 많이 보았고, 직원 한 명을 잘 뽑아서 흥하는 병원도 많이 보았다.

각 직원들은 저마다의 개성과 배경을 가지고 있다. 다양한 사람들이 한 공간에서 함께 일하는 만큼, 서로 잘 맞는 직원도 있고, 그렇지 않은 경우도 많다. 원장의 역할은 이러한 직원들을 한 목표로 통합하여 나아가도록 만드는 것이다.

나 역시 한의원을 운영하면서 5, 6명의 직원들과도 의견을 맞추기 힘들 때가 많았다. 그럴 때면 도대체 삼성 같은 수십만 명의 직원이 있는 기업들은 어떻게 관리되는지 궁금했다. 그런데 대기업에 다니는 친구들이나 지인들의 이야기를 들어보면 오히려 규모가 커질수록 업무가 더 쉬워진다고 했다. 보통 10명 정도의 직원이 있을 때가 가장 일이 많다고 한다. 왜 그럴까? 작은 조직일수록 각자의 역할이 겹치고 의사소통이 복잡해지는 경우가 많기 때문이다.

1, 2명의 직원이 있을 때는 아무 걱정이 없다. 원장이 생각하는 바를 바로 직원에게 전달하면 되기 때문이다. 하지만 5, 6명이 넘어가는 순간, 서로 업무에 대한 공유가 중요해진다. 한 명이 아는 게 다른 사람이 모를 수도 있다. 10명이 넘어가면 실장과 부장 같은 관리자를 두어야 할 시점이 오게 되고, 20명이 넘어가면 원장이 잘 모르는 직원들도 생기는 순간이 오게 된다. 이때부터는 경영과 관리의 영역으로 들어가게 된다. 원장이 모든 일에 일일이 손을 미칠 수 없는 순간이 오게 된다. 이때는 믿고 일을 맡길 수 있는 분신(分身) 같은 사람이 필요해진다.

이때가 바로 매뉴얼이 빛을 발하는 순간이다. 매뉴얼은 한의원의 모든 운영 과정을 담고 있는 지도이다. 매뉴얼 한 장에 이 한의원의 모든 것이 드러나야 한다. 만약 매뉴얼을 통해 모든 직원들이 한 목표로 일사불란하게 움직일 수 있다면, 마치 원장의 분신이 여러 명 있는 것과 같은 효과를 낼 수 있다. 그런 한의원이 어찌 안될 수가 있겠는가?

직원들과 함께 한 목표로 나아가는 병원이 얼마나 성공할 수 있는지 나 또한 최근에 느끼게 된 경험이 있다. 수도권에서 한방병원을 운영하는 A 원장님의 직원들은 놀라울 정도로 열심히 일했다. 그들은 OKR (Objectives and Key Results)을 습관화하고, 매주 금요일마다 피드백을 하며, 수요일마다 독서 모임을 통해 함께 성장하고 있었다. 원장과 직원이 함께 성장해야 한다는 사실을 몸소 보여주는 사례였다.

직원들이 매뉴얼을 통해 원장의 의도와 목표를 정확히 이해한다면, 원장은 더 이상 모든 일을 직접 관리할 필요가 없다. 매뉴얼은 신입 직원이나 경력이 부족한 직원에게 명확한 가이드라인을 제공해 혼란을 줄이고, 업무의 효율성과 품질을 높이는 데 결정적인 역할을 한다. 매뉴얼이 잘 갖추어져 있으면, 원장은 마음 놓고 진료에 집중할 수 있고, 안정적인 진료를 할 수 있게 된다. 나아가, 원장은 신뢰할 수 있는 직원들에게 더 많은 책임을 맡길 수 있기 때문에 원장의 역할이 리더십으로 전환될 수 있다.

매뉴얼은 그 자체로 가치가 있지만, 직원들이 이를 적절히 사용하고 이해해야 쓸 수 있고이니. 따라서, 매뉴얼은 항상 최신 상태로 업데이트되어 있어야 하며, 직원들이 이를 이해하고 적용할 수 있도록 교육의 일부로 포함되어야 한다. 원내에서 발생하는 모든 일은 직원들이 메신저를 통해 보고하게 하고, 메신저에 남은 업무 기록이나 방법은 또다시 매뉴얼의 재료가 된다. 메신저 내용은 휘발되기 쉽지만, 공유한 내용을 바로 매뉴얼에 옮겨두면, 다음에 언제든지 찾아볼 수 있게 된다.

최근 나는 노션(Notion)을 활용해 매뉴얼을 제작했다. 이전에는 한글 파일로 매뉴얼을 만들었지만, 한눈에 파악하기 어렵고, 어디에서나 접속하기가 불편하며, 누구나 쉽게 수정하기 어려워 활용도가 떨어졌다. 신입 직원 교육 자료로 사용하던 매뉴얼도 시간이 지나면 잊히기 일쑤였다.

그 와중에 노션이 눈에 들어왔다. 사실 과거에 몇 번 사용해 본 적은 있었지만, 노션을 제대로 활용하지는 못했다. 기본적인 단축키와 명령어를 익혀야 하는 등 진입 장벽이 있었기 때문이다.

그러다 전문가 대행 앱인 크몽에서 검색해 보니, 노션으로 매뉴얼을 제작해 주는 크리에이터들이 많았다. 그들 중 한 명과 연락해 불과 15만 원이라는 비용으로 노션 매뉴얼을 만들 수 있었다. 내가 직접 이 정도 퀄리

티의 매뉴얼을 만들려면 몇 달이 걸렸을 것이다. 기존에 한글 파일로 작성된 매뉴얼이 있었고, 노션을 잘 다루는 전문가가 있었기에 가능한 일이었다.

노션은 게다가 무료이다. 개인 계정에 만들어 두고, 한의원 계정으로 공유를 걸어두면 직원들이 사용하는 한의원 계정에서도 언제든지 수정이 가능하다.

노션의 매뉴얼이 편리한 이유는 페이지 클릭을 통해 바로 상세페이지로 들어갈 수 있기 때문이다. 그렇기 때문에 한 장의 매뉴얼로도 수백 장의 내용을 담을 수 있다. 또한 업무별로 나누어 한눈에 일목요연하게 볼 수 있으며, 구글드라이브나 NAS와도 연동시켜 클릭 시에 바로 연결되게끔 해 둘 수도 있다. 구글드라이브의 자료들은 언제든 작성하고 공유할 수 있으며, 실시간으로 수정하거나 다운받을 수 있기 때문에 협업 툴로는 편하다. 그렇지만 프로세스별로 구체적으로 업무를 일목요연하게 정리하는 툴로는 노션만 한 게 없는 것 같다.

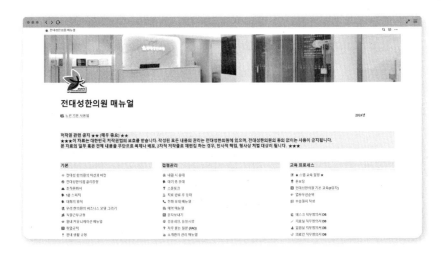

처음부터 매뉴얼을 만들 때, 접수할 때부터 환자가 나갈 때까지의 모든 과정을 상상하며 매뉴얼을 만들어 보았다. 그러다 보니 아주 세세한 내용까지도 매뉴얼에 들어가게 되었다. 그렇게 매뉴얼을 만들고 활용해 보니 무척 마음에 들었다. 처음 입사한 직원이 매뉴얼만 보고도 어떤 일을 해야 하는지 한눈에 들어왔다. 매뉴얼을 활용하면서부터 어떤 직원이 와도 업무를 원활하게 수행할 수 있을 것 같다는 생각이 든다.

물론 매뉴얼은 여전히 완성되지 않았으며 앞으로도 계속해서 보완해 나가야 할 것이다. 매뉴얼은 나의 요직이는 매뉴얼이이나 하나, 직원들이 인체나 참너하니 수성하고 보상할 수 있는 매뉴얼이어야 한다고 생각한다. 그렇게 해서 계속 더 나은 매뉴얼을 만들어 가는 것이 필요하다.

모든 직원들의 참여를 통해 만들어진 매뉴얼은 한의원의 대체 불가능한 힘이 된다.

모든 직원들이 모든 업무를 숙지하고 있다면, 마치 한의원에 원장이 수십 명이 있는 것과 같은 효과를 낼 수 있다. 더 나은 매뉴얼은 앞으로도 사람에 의존하지 않고 시스템으로 운영되는 한의원으로 만들 수 있는 강력한 도구가 될 것이라 나는 믿는다.

5장

경영론

경영론

잘되는 한의원의 특징

누구나 잘되는 한의원을 꿈꾼다. 그런데 실제로 그렇지 않다. 한 해 면허를 취득하는 한의사가 800명에 달한다. 매년 700개의 한의원이 생기고 600개의 한의원이 문을 닫는다. 예전만큼 개원이 녹록치 않다. 대출도 쉽지 않고, 개원 환경도 좋지 않다. 신규 한의사가 막상 개원하기에는 주변의 이슈가 너무 많다. 그런데 이 와중에도 잘되는 데는 잘 된다. 나는 그것이 궁금했다. 왜 잘되는 한의원은 잘될까? 진료를 잘해서 그럴까? 과연 잘되는 곳이 무조건 치료를 잘해 주는 곳일까?

　세상에서 최고의 맛을 내는 햄버거 가게가 있다. 그런데 손님이 별로 없다. 파리가 날린다. 고든램지 햄버거는 서울 롯데월드와 부산 센텀시티 딱 2곳에만 들어가 있다. 햄버거 하나에 10~20만원을 호가하기도 한다. 그런데 사람들이 늘 몰려 기다린다. 무엇이 다를까? 고든램지라는 네임밸류에 사람들이 가치를 부여한다. 그 가치가 비용으로 표현된다.

　파텍 필립과 바쉐린 콘스탄틴 시계에 몇 억씩을 지불하는 이유도 그 시계가 시간이 잘 맞아서일까? 당연히 시계는 잘 맞을 것이다. 그런데 그건 1,000원짜리 중국산 시계도 마찬가지다. 그 시계에 담긴 브랜드밸류, 역사, 품격에 대한 가치에 지불하는 것이다. 시계의 본질은 정확한 시간을 알려주는 것이지만, 그건 기본이지 그것이 전부가 아니다. 치료는 한의원의 여러 가지 요건 중 하나이다. 필요조건이지 충분조건이 아닌 것이다.

스타벅스 원두커피가 이 세상에서 제일 맛있는 커피는 아니다. 그런데 스타벅스에 가면 따뜻한 분위기 공간에서 커피 향을 맡으며, 소중한 사람들과 함께 시간을 보낼 수 있다. '스타벅스'라는 이름만 들어도, 그런 공간과 이미지를 떠올린다. 대일밴드와 호치키스도 마찬가지다. 특정 브랜드가 아예 그 제품의 대명사가 되어 버렸다. 콜라라는 브랜드를 돈으로 환산할 수 있을까? 아마 돈으로 환산할 수가 없을 것이다. 잘되는 한의원은 자신의 브랜드를 최대한 살린다. 유형이든 무형이든 언제나 존재감을 과시한다.

동네 토착부의 한의원은 예전부터 그곳에 있었다. 어릴 때부터 치료받았던 아이 환자들이 커서 나중에 산후 보약도 짓고, 애들 성장 한약도 지으러 온다. 신흥 부의 한의원은 365일 진료를 한다. 매일 쉬지 않고 진료해서 한 명의 환자라도 더 보려 한다. 어쨌든 항상 그곳에 있다. 각자 반드시 존재해야 하는 이유가 존재한다. 그들만의 전략을 추구한다. 브랜드가 확고하다.

우리가 어떤 서비스를 이용하는 것은 그 서비스를 통해서 얻는 기대가 있기 때문이다. 한의원도 그렇다. 어떤 한의원의 방문을 통해서 본인이 얻는 기대가 있으며, 그 기대는 예상 가능해야 한다. 그런데 어떨 때는 그 기대치가 충족되었다가 어떨 때는 충족되지 않는다면, 그 브랜드 가치는 훼손될 것이다.

당신의 한의원은 어떤 브랜드 전략을 추구하는가? 당신의 한의원만을 표현할 수 있는 단 하나의 단어가 있어야 한다. 이런 브랜드 가치 위에서 그 한의원이 확고히 설 수가 있다. 내가 보았던 잘되는 한의원들의 특징이 있다.

먼저, 잘되는 한의원들은 새로운 변화에 두려움이 없다. 린 스타트업 (lean startup), 일단 새로운 변화를 먼저 시작한다. 그리고 보완한다. 또한 트렌드를 거스르지 않는다. 또한 수익의 많은 부분을 한의원에 재투자한다. 그를 통해 환자에게 그 혜택이 가게끔 한다. 한의원이 원장의 개인 한의원이라 생각하지 않는다. 직원들이 마음껏 뛰어노는 공간으로 만들어 준다. 직원 각자의 잠재성을 최대한 끌어올려 자신이 잘할 수 있는 분야에서 최적의 기량을 발휘하게끔 한다. 또한 일에 체계가 잡혀 있고, 일사불란하다. 모든 직원들이 눈빛만 봐도 통한다. 초진 환자가 왔을 때 어떻게 응대해야 한다는 그들만의 매뉴얼이 있다. 환자에 대한 배려에 충실하며, 한의원을 찾는 백인백색(百人百色)의 환자의 응대와 치료, 나갈 때까지의 모든 과정이 능수능란하게 이루어진다. 사소한 직원의 한마디, 바닥에 떨어져 있는 침 한 개. 이것이 한의원을 망하게도, 흥하게도 한다는 것을 안다. 이런 부분까지 놓치지 않는다.

또한 잘되는 한의원들의 특징은 항상 중심이 환자에게 있었다. 나는 30분 동안 떠들었는데 고객이 전혀 관심이 없다면, 내가 잘못하고 있는 것이다. "어떻게 하면 내가 잘 치료해 주지?"보다 "이 사람이 왜 이 병이 왔을까?"부터 생각하고, 초점을 환자에게 맞춘다. 허리가 아픈 사람이 다 나아서 여행도 가고 자전거도 타고, 손주와 함께 산책도 가고. 삶의 질이 개선된 모습을 상상하게 해준다. 그 상상은 의사와 환자가 함께 공유하는 그런 상상이다. 환자 스스로 치료하고 싶게끔 하고, 스스로 결정하게끔 돕는다. 치료에서 만족한 환자는 다음에도 찾게 되며, 혹여나 본인이 다 낫더라도 다른 환자를 소개해 준다. 초진이 재진이 되고, 재진이 또 다른 초진으로 이어지기 때문에, 결코 한의원이 안될 수가 없다. 아주 단순한 진리이다. 이 연결 고리에서 무언가 빠져 있다면 그 약점을 찾아 보완할 필요가 있을 것이다.

한의원은 원장이 하는 게임이다. 원장이 스스로에 대해서 잘 알 필요가 있다. 메타인지가 필요하다. 내가 어떤 사람인지에 대한 분석을 통해 나의 잘하는 분야는 무엇인지? (Strength) 나의 약점은 무엇인지? (Weakness) 앞으로 기회는 무엇이 있을지? (Opportunity) 무엇이 향후 위협이 될지? (Threat) (SWOT) 아는 것이다. 이러한 SWOT분석을 통해 나의 강점과 약점, 외부 환경의 기회와 위협을 체계적으로 파악하여 전략을 수립하여 기회를 활용하고 위협에 대응할 수 있는 효과적인 전략을 세울 수 있다.

나의 브랜드 가치를 살리고, 환자가 무엇을 원하는지를 파악하여, 사소한 부분까지 챙겨서 새로운 변화를 받아들이고 환자들에게 혜택이 돌아가게 하며, 그리고 그 피드백이 계속해서 이루어질 수 있도록 하는 것. 그것이 잘되는 한의원의 비결이라고 보아도 무방한 것이다.

경영론

변화에 늘 깨어 있기

우리의 뇌는 항상 익숙함을 선호한다. 직원들이 일하러 왔을 때 처음에는 우왕좌왕 헤매지만, 2주 정도 일을 하다 보면 점점 손에 익는다. 나중에는 생각하지 않아도 몸이 저절로 그 동선을 따라 움직이고 있다. 인간은 적응의 동물이라고 한다. 환자가 왔을 때, 추나를 해야 될 때 저절로 추나 베드에 앉아서 나도 모르게 손이 저절로 가고 멘트가 나오는 걸 보면 신기하다.

인간에게 있어, 의식의 영역이 1%라고 하면, 무의식의 영역이 99%라고 한다. 사람이 습관을 만들지만, 습관이 사람을 만들게 된다. 어느 순간 사람은 습관에 따라서 움직이게 된다. 한의원에 출근하는 것도 그렇다. 어느 순간 내가 출근하는 시간이 딱 진료 시작 전의 시간이 된다. 알람을 맞춰 놓지 않아도 항상 도착해 보면 정해진 시각에 한의원에 도착한다.

이렇게 사람은 뇌의 에너지를 최소한으로 사용하기 위해서 습관이라는 도구를 쓰는 것으로 진화해 왔다. 그런데 이러한 습관은 일의 효율성을 높이기도 하지만, 창의성을 떨어뜨리기도 한다. 한의원에서 진료를 하다 보면 자신만의 패턴과 루틴이 생긴다. 루틴화된 진료는 좋은 점도 있고,

나쁜 점도 있다. 진료를 하는 데 쓰는 에너지가 줄어든다는 점은 좋은 점이지만, 기존의 방식을 고집하게 되고, 변화하는 것을 두려워하게 된다는 점은 나쁜 점이다.

과연 침은 15분을 유침(留針)해야만 하는가? 차트는 종이 차트를 사용해야만 하는가? 물리 치료는 ICT와 부항을 반드시 해 줘야만 하는가? 우리가 기존에 당연하다고 생각했던 것들이 사실은 당연한 것이 아니라 습관의 영역이었던 것이 꽤 많았음을 발견하게 된다. 이것을 구분해야 한다.

무엇이 환자에게 가장 도움이 되는지 생각해 보면 방법이 나온다. 허리를 삔 환자를 치료할 때 어떤 환자는 굳이 오랫동안 유침 없이 단자 후 장요근(腸腰筋) 마사지만 해도 허리가 펴지는 환자도 있다. 환자가 원하는 것은 '허리가 낫는 것'이지 '침을 맞는 것'이 아니다. 현재의 상황에서 환자의 니즈를 해결해 주는 것이 중요한 것이다.

종이 차트도 예전부터 늘 써 왔기 때문에 썼다. 그런데 어느 순간 '왜 그렇게 해야 하는가?' 하는 생각이 들었다. 차팅의 본질은 소통하는 것이다. 빠르게 입력하고 소통할 수 있다면 다른 방법을 고민해 봐야 한다. 그런 고민 속에서 노트북과 태블릿을 활용한 차팅에 대해서 고민하게 되었다.

물리치료의 본질은 치료적 의미도 있지만 침 치료 전에 시간을 버는 의미도 있다. 항상 ICT, 부항만 할 필요는 없다. 소노스팀이 더 나을 수도 있다. 간단히 흡입 부항만 쓸 수도 있다.

이것이 좋고, 저것이 나쁘다는 말이 아니다. 우리가 늘 당연하다고 생각했던 것들에 대해, 익숙했던 것들에 대해서 늘 '왜 그럴까?' 하고 의문을 제기하는 게 필요하다는 말이다. '왜?'라는 말에서 새로운 방법을 궁리하게 된다. 교조적인 사회는 늘 경직된 사회가 되며 변화가 끼어들 틈이 없게 된다. 이런 사회는 발전할 수가 없다.

항상 사회는 기존의 방식에 대한 의문과 새로운 것에 대한 고민, 연구와 개발, 그리고 수용과 적응을 통해 발전해 왔다. 한의원이 잘 될 때는 새로운 변화에 대한 갈급함이 없다. 환자가 빠질 때야 비로소 스스로를 돌아보게 된다. '내가 그동안 무엇을 잘못했는가? 어떤 부분에서 소홀했는가? 어떻게 하면 이것을 개선할 수 있을까?' 생각하게 된다.

기존의 틀 안에서는 늘 성장이 제한되어 있다. 매출을 30% 올리겠다고 목표를 잡은 사람은 기존의 틀에서 그 목표를 이루기 위해서 애쓰게 된다. 그런데 매출을 300% 올리겠다고 목표를 잡으면, 기존이 틀로는 이룰 수 없다. 기존의 방식과는 완전히 다른 방식의 생각을 해야만 한다.

예를 들어보자. 식당을 하면서 장사를 할 때 회전율을 감안하고 객단가를 감안하면 그날 올릴 수 있는 물리적인 매출의 최대치가 나온다. 지금 만약 내가 올리고 있는 매출이 내가 생각하는 최대치의 50% 정도라면, 내가 올릴 수 있는 매출은 나머지 50%가 한계인 것이다. 그런데 만약 매출이 내가 생각하는 최대치의 10배, 100배라면? 기존의 방식으로는 도저히 답이 안 나온다. 기존의 물리적인 매출의 최대치를 벗어날 수가 없기 때문이다. 그때 새로운 창의적인 생각이 나오게 된다. 배달이 답이 될 수도 있고, 매장을 확장할 수도 있다. 회전율을 더 빠르게 하는 방법을 고민해 볼 수도 있다. 밀키트를 개발할 수도 있다. 해외 진출을 생각해 볼 수도 있다.

우리가 보는 스타트업(startup)들도 처음 시작은 이렇게 작게 시작한 경우가 많다. 《돈 그릇을 키우는 6가지 방법》의 저자이자, 람보르기니를 타고 출근하는 주차 요원으로 유명한 조조칼국수 대표 김승현 씨도 처음에는 칼국수 가게를 대구의 반지하의 아주 작은 매장에서 시작했지만, 그의 사업 철학과 스토리를 다룬 《휴먼 스토리》 유튜브 조회수가 500만 회 이상을 기록할 정도로 대박 났고, 지금은 부산, 수원, 서울에 이르기까지 많은 지점들이 생기게 되었으며, 밀키트 사업도 대박이 났다. 그는 지금 직영매장과 밀키트 사업만으로도 연 매출 200억을 올리는 사업가가 되었다. 그가 홀 매장만 고집했다면 아마 지금과 같은 매출을 올리기는 힘들었을 것이다. 코로나 시대 때 시류를 파악하고 밀키트 사업으로 빠르게 진출했으며, 많은 주문의 수요에 대비하여 공장을 신설하고, 준비가 되어 있었기 때문에 가능한 일이었다.

한의원의 매출의 한계는 얼마인가? 우리가 생각하는 월 매출 3천만 원, 1억 원 모두 우리의 생각 속에 그어진 선은 아닌가? 새로운 도전과 함께 경험을 해 보는 것도 나쁘지 않다. 《빠르게 실패하기》라는 책에서는 성공의 비결은 더 잘 준비되고, 더 대단한 목표라는 것이 성공에 중요한 요소가 아님을 이야기한다. 오히려 지금 당장 시작할 수 있는 작은 행동과 잦은 실패에 성공의 열쇠가 있다고 말한다. 대다수의 사람은 어떤 일을 시작하기에 앞서 앞으로 자신이 도달할 거창한 목표를 세운다. 그리고 그 성공에 필요한 셀 수 없이 많은 요소들을 출력한다. 그 요소들이 있어야 성공에 다가갈 수 있다고 여기는 것이다. 그 요소들을 준비하는 데 드는 시간과 비용, 노력을 쏟는 동안 실제 목표는 시작도 하지 못하거나 사전 준비 과정에 너무 많은 에너지를 사용해 사업적 타이밍을 놓치거나 인생의 기회를 놓치게 되는 것이다.

성공자들이 공통적으로 이야기하는 것이 바로 실패는 결코 리스크가 아니라는 것이다. 오히려 많은 실패를 해 보아야, 더 큰 실패를 예방할 수 있다. 에디슨이 6,000번 실패 끝에 발명한 것이 지금의 필라멘트 전구라는 건 잘 알려진 이야기이다. 성대 치료를 전문적으로 하는 한의원으로 새롭게 프랜차이즈 도전을 해본다. 분명 시행착오를 많이 겪게 될 것이다. 지금까지 내가 했던 방식과는 완전히 다른 방식이기 때문이다. 하지만 그렇게 하면서 소중한 경험이란 게 남는다.

입원실 한의원도 마찬가지다. 한의원을 하다 망할 수도 있다. 그런데 입원실을 하지 않으면 모르는 것들이 있다. 당직 부분, 차트 쓰는 방법, 대규모 직원 관리 등… 무엇이든 외부에서 바라보는 것과 직접 뛰어드는 것은 하늘과 땅 차이다.

코로나 시기 초반에 빠르게 안면 인식 온도계를 설치하거나 소독을 철저히 하면서 환자들에게 인간된 한의원이니는 인식을 심어주며 한 날세니 심쓰는 한의원들도 있었다. 한시석으로 비대면 상담이 가능한 점을 활용해서 전화나 인터넷 상담으로 한약 및 비급여 매출을 폭발적으로 성장시키는 한의원들도 있었다. 집에만 있으면서 살이 찌거나 운동이 부족한 사람들을 상대로 다이어트로 대박나는 한의원들도 있었다. 기존의 틀을 부수고 성장하는 곳들은 어디에서나 있었다.

한의원의 트렌드는 지금도 계속해서 바뀐다. 물치 빵빵 한의원이 득세한 시절이 있었다. 365일 진료 한의원이 득세한 시절도 있었다. 한방병원이 우후죽순 생겨났던 것도 불과 1, 2년 전이다. '지금은 어떤 트렌드로 변화하고 있는가? 미래에는 어떤 한의원이 대세가 될까?' 늘 생각해야 한다. 중요한 것은 변화뿐만 아니라 변화 그 이후의 세계이다. 문제는 '환자의 니즈를 충족시킬 수 있는가?'이다. 그에 대한 해답을 제시해 주는 것이 미래의 한의학의 화두일 것이다. 한의사 앞에 펼쳐진 미래가 그저 낙관적이지만은 않다. 현실 앞에서 불평하기보다는 어떻게 하면 지금의 상황에서 최선의 방법을 찾고, 앞으로 무엇을 어떻게 해야 할지를 고민해야 한다. 변화를 당연히 받아들이고, 변화에 늘 깨어 있어야 한다.

Two Track 한의원

내가 한의대에 들어왔던 것이 2002년이다. 당시 허준과 대장금 등의 드라마가 선풍적인 인기를 끌었고, 전통 의학에 대한 호기심이 아주 높았던 시기였다. 90년대 후반부터 한의대 입결이 높아지기 시작했던 것 같다. IMF 전에는 그렇지 않았다. 당시는 서울대 전자공학과, 서울대 건축학과가 가장 수능 점수가 높았었다. 당시는 기술을 수출하고 해외에서 건설 붐이 일어나던 때였다. 그런데 IMF를 겪으면서 평생 직장으로 인식되던 대기업에서 수없이 많은 사람들이 실직하고, 사업을 하던 사람들이 빚더미에 앉으면서 길거리에 내몰리는 일들이 벌어졌다. 상대적으로 안정적인 공무원이나 의사, 한의사 등의 직업이 인기를 끌게 되었다.

지금도 의사, 한의사, 변호사와 같은 전문직 직종이 여전히 다른 직종에 비해 안정적인 직종은 맞다. 그렇지만 예전처럼 오픈만 하면 잘되는 시대는 지나갔다. 망하는 병원들도 엄청나게 많이 늘어났다. 그런데 한편으로는 성공한 창업자들도 많이 생겨나고 있다. 그들은 한목소리로 지금이 단군 이래 창업하기 가장 좋은 시대라고 한다. 점점 더 자기만이 특별히 잘하는 무언가가 있는 사람들은 무슨 일을 하더라도 성공할 수 있는 시대가 되고 있다. 예전에는 자본이라는 허들을 뛰어넘어야만 성공할 수 있었던 일들이 지금은 그렇지 않고도 가능해지고 있다. 스마트스토어로 월 매출 1억을 올리거나, 앱 개발로 대박을 내서 회사 매각 대금으로 떼돈을 버는 사례도 심심치 않게 듣는다. 10년 전과 지금이 다르듯이, 앞으로도 달라질 것이다.

트렌드는 눈코 뜰 새 없이 빠른 속도로 변화하고 있다 모든 것이 공유의 시대로 접어들고 있다. 전문가와 비전문가의 경계가 무너지고 있다. 관심 있는 분야를 파 가듯여 누구나 전문가를 뛰어넘는 지식을 가진 수도 있다. 무조건 내 지식만이 옳다고 생각하는 사람을 가장 경계해야 한다. 열린 마음으로 지식을 받아들여야 한다. 나도 개원 초기에 한방만이 무조건 옳고, 양방은 그르다고 생각했던 적이 있다. 수면제를 드시던 환자분께 몸에 해로우니 무조건 끊으라고 하기도 했고, 진통제 주사는 맞지 말라고 한 적도 있다. 그때의 내 생각이 얼마나 편협한 생각이었는지 느낀다. 환자에게는 자신에게 맞는 치료를 해주는 사람이 명의다. 매일 내원하는 환자 한 명 한 명을 내 스승이라 생각하면, 배울 것이 너무나도 많다. 한 명을 통해 한 가지의 경험을 배울 수 있어도, 1년이 지나면 365개의 경험이 쌓인다. 처음 막 한의대를 졸업했을 때는 모든 환자를 한 번에 낫게 해주고 싶었다. 그런데 그런 환자는 흔치 않았다. 낫는 것은 병기(病期)에 따라 다르고, 환자의 회복력에 따라 다르다. 잠을 잘못 자서 목이 안 돌아가는 사람은 침 치료 한 번에 즉시 그 자리에서 좋아지기도 한다. 그런데 수십 년 된 협착증 환자는 결코 하루 만에 낫지 않는다. 낫는 데도 시간을 두고 치료해야 한다.

그렇기 때문에 환자에 맞는 치료계획이 중요하다. 그러기 위해서는 내가 가진 지식을 총동원해야 한다. 환자 스스로 본인의 질환이 어떤 질환인지 알게 해주며, 어떤 치료가 필요한지 충분한 치료 계획을 세워 환자 스스로 본인의 치료에 대해 참여할 수 있도록 도와줘야 한다.

환자의 질병 그 자체를 치료 목적으로 삼기보다는 병의 근본 원인을 찾아 환자를 도와 치료하는 데 있어서 양방은 결코 한의학을 따라잡을 수 없다. 이런 한의학의 장점을 최대한 잘 살리는 것이 중요하다. 충분한 상담을 통해 정확한 병명을 확인하고, 병의 근본적인 원인을 치료해 줄 수 있도록 환자에게 맞는 맞춤식 처방이 필요하다. 반면, 빠르게 치료하기를 원하고, 쉽게 처방받기 원하는 사람들의 수요도 충족해야 할 필요가 있다. 한의원을 찾아, 자세한 상담과 문진을 통한 처방을 하는 것에 대해 막연한 귀찮음과 번거로움을 싫어하는 환자들도 있다. 홍삼과 밀크씨슬, 오메가3 등과 같은 건기식(健機食) 시장이 빠르게 확산하고 자리 잡을 수 있었던 것은 바로 이 부분 때문이다.

《장사의 신》은현장 씨의 유튜브에서는, 맛은 좋지만 장사가 안되는 가게들이 나온다. 영상에 나오는 요리사는 자신의 요리에 대해서 자부심이 있다. 일본산 적초를 쓰고, 최고급 생선으로 만든 카이센동을 만들며, 고시히카리와 수향미(秀香米)를 블렌딩해서 만든 쌀로만 초밥을 만든다. 하지만 손님이 없다. 손님의 니즈는 합리적 가격에 좋은 분위기에, 맛있게 먹을 수 있는 음식이다. 니즈를 생각하지 않고 요리사의 입장에서만 생각한다면 음식이 팔리지 않는다.

한의원도 마찬가지다. 한의원을 찾는 사람들의 다양한 니즈를 충족시키지 못해 놓치는 수요가 생각보다 많다. 사람들의 다양한 니즈(needs)를 충족시키기 위해서는 맞춤식 대응이 필요하다. 기성복처럼 누구나 가져갈 수 있는 것도 있어야 하며, 반면 맞춤복처럼 개개인에 맞추어 처방하는 것도 있어야 한다. 즉, 투 트랙(two track)이 필요하다. 한의학 시장이 2

조인데 비해 건기식 시장이 무려 6조이다. 이런 수요를 놓친다면 배의 양쪽으로 물고기가 지나가는데 한쪽만 그물을 드리우는 것과 같다.

정관장에서 광고를 할 때 마냥 질시(嫉視)할 필요가 없다. 그들의 마케팅 능력은 배울 점이 있다. 《오징어게임》의 국민배우 이정재까지 동원하여, 추석 명절 전후로 공중파 최고 피크 시간에 광고를 하는 그들의 패기를 보면 놀랍다. 과연 우리는 그만한 비용을 써서 광고를 할 수 있을까? 한편으로는 그들의 광고에 올라타는 방법도 있다. 추석, 설날 명절 때 오히려 그들이 우리를 광고해 주는 식이다.

"민족의 명절 때 가족과 친지에게 미움을 선물하세요"라는 광고를 할 때 우리도 원내에 광고해 두는 것이다. "'인삼을 찐 홍삼 vs. 인삼+지황+복령+봉밀의 4가지 약재로 정성으로 만든 경옥고', '정관장의 홍삼 vs. 한의사가 직접 고른 6년근으로만 구증구포한 홍삼' 어떤 게 더 좋을까요?"라고 원내에 광고해 둘 수도 있다. 명절 전후로 이벤트를 할 때마다 환자에게 문자를 보낼 수도 있다. 《오징어게임》의 이정재에게 광고비를 주지도 않고 그 효과를 쓸 수도 있는 것이다.

유도의 기술 중에 최고의 기술이 상대방의 힘을 이용해서 넘어뜨리는 기술이다. 우리도 마찬가지로, '그들의 힘을 맞받아치기보다는 그들의 힘을 어떻게 이용할 수 있을까?'를 늘 생각해야 한다. 우리가 할 수 있는 부분을 단지 침, 뜸, 한약에 국한시킬 필요는 없다. 한의사보고 침, 뜸, 한약으로만 환자를 치료하라고 이야기한 사람은 아무도 없다. 그것은 고정관념일 뿐이다. 한의학적으로 할 수 있는 모든 치료에 한의사가 개입할 수 있다. 우리가 가지고 있는 의학 지식을 통해 결합해 나간다면 얼마든지 새로운 영역을 개척해 낼 수도 있다.

나는 나를 필요로 하는 사람들에게 어떤 도움을 줄 수 있을까? 그 사람의 삶을 나아지게 하는 데 있어서 어떤 일을 할 수 있을까? 누군가에게 필요한 사람이 된다면, 다른 사람에게 큰 도움을 줄 수 있다면, 그 사람은 반드시 성공할 수밖에 없다. 스마트폰이라는 완전히 새로운 아이템으로, 사람들의 생활 자체를 바꿔주었던 애플의 스티브 잡스나 미국의 끝에서 끝까지 1주일 걸리는 배송을 이틀 내에 해낸 아마존의 제프 베조스가 큰 부자가 된 것처럼 말이다.

한의사라는 본질에 충실하면서도 나 스스로를 최대한 많은 사람들에게 알려야 한다. 나를 필요로 하는 사람이 생각보다 많다는 걸 늘 잊지 말아야 한다. 내가 그들에게 어떻게 도움을 줄 수 있을지 늘 생각해야 한다. 그것을 충족시킨다면, 앞으로 어떤 미래가 닥쳐오더라도 위태롭지 않을 것이다.

04

경영론

단순한 것이 가장 강력하다

에어아시아 회장 토니 페르난데스가 항공사를 인수할 때, 그는 100억 원의 빚을 떠안는 대신 주당 25센트라는 파격적인 가격에 회사를 손에 넣었다. 당시 에어아시아는 수십 년간 만성 적자로 고통받고 있었고, 더 이상 회생 가능성은 없어 보였다. 많은 사람들은 그의 실패를 예상했지만, 그는 파격적인 변화를 시도했다. 불필요한 지출을 과감히 줄이고, 가격을 대폭 낮춰 만성 적자였던 회사를 흑자로 전환시켰다. 2대였던 항공기는 500대로 늘어났고, 에어아시아는 아시아 전역에 취항하는 저비용 항공사로 성장했다.

그의 성공 비결은 단순했다. "가격이 싸고, 많은 도시에 취항합니다"라는 캐치프레이즈로 핵심을 찌른 것이다. 런던에서 경제학을 전공하고 음악 사업을 10년간 경영했던 그는 항공업계에 대한 고정관념을 타파하며 새로운 길을 열었다. 말레이시아 총리가 그에게 "당신은 항공 사업을 해본 적이 없으니 성공할 것이오"라고 말했듯, 그는 전혀 다른 방식으로 항공사를 운영했다.

에어아시아 회장은 기존 관행을 무너뜨렸다. 격납고 건설에 수천만 달러를 요구한 전문 업체 대신, 자신이 집을 지었던 건설사에 의뢰해 50만 달러에 격납고를 지었다. 기내 서비스는 유료화하고, 항공료는 최대한 낮췄다. 이러한 전략을 통해 에어아시아는 극적으로 회생했고, 그는 말레이시아의 27번째 부호가 되었다.

우리는 종종 본질을 놓칠 때가 많다. 가능한 한 단순한 것이 가장 강력하다. 저가 항공사의 본질은 가격이다. 가격을 낮추기 위해 불필요한 지출을 줄여야 한다. 그렇다면 한의원의 본질은 무엇일까?

한의원의 본질은 바로 사람들의 아픈 곳을 치료하고, 삶의 질을 높이는 것이다. 환자들은 단순히 원장의 매출을 올리기 위해 방문하는 것이 아니다. 몸의 불편함을 해결하고 더 나은 삶을 살기 위해 한의원을 찾는 것이다. 이를 잊지 말고, 한의원의 본질적인 목표에 충실해야 한다.

그러나 아픔이라는 것은 매우 주관적인 개념이다. 심각한 통증을 겪는 사람도 있지만, 예방을 위해 미리 치료를 받는 사람도 있다. 교통사고 후 초기에는 가벼웠던 통증이 시간이 지나며 점점 심해지는 경우도 있다. 각 환자의 기준은 다르지만, 결국 그들이 힘들어하는 지점을 찾아내고 해결해 주는 것이 한의원의 역할이다.

그러기 위해선 먼저 환자들이 왜 우리 한의원을 방문하는지, 그리고 그들이 내원하기까지 어떤 의사결정 과정을 거치는지 잘 파악해야 한다. 모든 환자의 구매 의사결정 과정에는 4단계가 있다. 바로 '인식-흥미-고민-행동'이다. 한의원이 각 단계에서 어떻게 대응하고 셋팅을 하느냐에 따라 환자의 결정을 끌어낼 수 있다.

첫 번째 인식 단계에서는, 환자가 우리 한의원이 어떤 곳인지 알게 되는 것이다. 환자들은 처음 내원할 때, 이 한의원이 어떤 치료를 잘하는지 알지 못한다. 그들에게 이 한의원이 어떤 진료에 강점을 가지고 있는지

인식하게끔 하는 것이 이 단계의 목표다. 이때는 구매 의사가 형성되지 않은 상태로, "아, 이 한의원에서 이런 치료를 하는구나" 정도로만 인지한다. 그래서 원장이 잘하는 치료, 가입한 학회, 취득한 학위 등을 보여주고, 구체적인 숫자와 사례들을 함께 강조하면 효과적이다.

둘째, 흥미 단계에서는 우리 한의원에 대해 관심과 흥미를 느낄 수 있도록 만들어 주어야 한다. 예를 들어 우리 한의원에서 치료받고 좋아진 환자들의 치료 후기를 대기실에 DP해 두는 것이다. 또는 대기실 샤이니기에 한약 치료 프로그램을 진행하는 환자들의 목록을 상병과 함께 게시해 두는 방법도 있다. '이 한의원에서 이렇게 많은 사람들이 치료받고 있구나'라는 인식을 가지게 해 주는 것이다. 또한, 사람들의 관심이 많은 뉴스를 게시하는 것도 흥미를 유발할 수 있는 방법이다. 예를 들어, 파리 올림픽에서 배드민턴 금메달을 딴 안세영 선수가 한의 치료를 받았다는 신문 기사를 스크랩해 두어 붙여두는 식이다.

셋째, 고민 단계에서는 환자가 무엇을 할지 고민하게 되는데, 이때 그들의 선택의 폭을 줄여주는 것이 중요하다. 예를 들어, 환자들은 약을 몇 제나 지어야 할지 모를 수 있다. 이때 다른 환자들의 예를 제시하는 것이 효과적이다. "장기적인 질환의 경우, 3개월 이상 치료하는 분들이 많으신데, 보통 1개월부터 시작하는 경우가 많습니다"라는 식으로 구체적인 사례를 들어주면 환자의 고민이 줄어들게 된다. 또한, 한의원의 메뉴는 가능하면 단순화하는 것이 좋다. 맛집은 메뉴가 다양하지 않다. 핵심 메뉴와 빠른 회전율로 승부한다. 한의원에서도 주력으로 하는 치료를 집중적으로 어필하여 환자의 선택의 고민을 줄여주는 것이 좋다.

넷째, 행동 단계에서는 환자에게 강한 확신을 심어주는 것이 중요하다. "약을 꾸준히 잘 드시면 지금보다 훨씬 더 나아지실 거예요", "치료받은 분들은 다들 좋아지시더라고요" 등 긍정적인 언어를 최대한 많이 사용하는 것이 효과적이다. 사람들은 긍정적인 말을 좋아하며, 긍정적인 상상은 실제로 현실을 긍정적인 방향으로 이끌어주게 된다. 그래서 환자들이 "좋아질 것"이라는 말을 듣는 것만으로도, 그들이 실제로 좋아지는 방향으로 나아갈 수 있게 된다.

또한, 마지막으로 클로징 멘트가 매우 중요하다. 환자가 치료를 선택했을 때의 이득과, 선택하지 않았을 때의 손해를 강조하면 더 강력한 클로징을 할 수 있다. 예를 들어, "지금 치료를 시작하시면 통증에서 벗어나고, 일상생활의 활력을 되찾을 수 있습니다. 반면, 결정을 미루시면 지금의 불편함이 더 오래 지속될 수 있습니다"와 같이, 치료의 장점과 미룰 경우의 불이익을 대비시켜 어필하는 것이다.

이처럼 구매 의사 결정 과정인 '인식-흥미-고민-행동'에 집중해 각 단계별로 급여와 비급여 세팅을 할 수 있다. "왜 매출이 늘지 않는가?"라고 스스로 자책하지만, 실제로는 환자들이 돈을 쓸 준비는 되어 있는데, 세팅이 잘되어 있지 않아 매출로 연결되지 못하는 경우가 많지는 않았는지 생각해볼 필요가 있다. 예를 들어, 환자가 인식은 했지만 흥미를 느끼지 못했거나, 고민은 했는데 행동으로 이어지지 않은 것이다.

우리가 소비할 때, 무엇 때문에 그 제품을 구매하게 됐는지 본질적인 부분을 생각해 보면, 구매 의사 결정 과정을 알 수 있다. 사람들을 생각하게 만드는 것은 이성이지만, 사람들을 행동하게 만드는 것은 감성이다. 예를 들어 꼭 필요한 물건이 아니었지만, 홈쇼핑을 보면서 지금 안 사면 안 될 것 같아서 구매 버튼을 눌렀던 경험이 있을 것이다. 또는 내가 좋아하는 연예인이 입은 옷이기 때문에 묻지도 따지지도 않고 구매했던 경험도 있을 것이다.

구매 의사결정 과정을 알게 되면 그에 맞춰 세팅해 볼 수 있다. 예를 들어, '인식-흥미' 단계에 맞춰 세팅하면 흥미 단계에서 가벼운 문의가 늘어날 수 있다. 블로그에 사람들이 관심을 가질 만한 주제로 포스팅을 하면 방문자 수가 증가하고, 질문하는 사람들도 많아진다. 여기서 멈추지 않고, '고민-행동' 단계에서 좀 더 적극적으로 움직일 수 있도록 세팅하면 실제 구매로 이어지는 비율도 높아질 수 있다. 각 단계를 업그레이드할 때마다 해당 단계에서의 반응들이 나타나는 것이다.

이처럼 사람들이 구매를 실행하는 포인트는 사람마다 다르다. 누구나 '중요한 사람'이 되고 싶은 욕구가 있고, 비싸더라도 좋은 것은 꼭 구매하고 싶어 한다. 그렇기 때문에 효과적인 마케팅 전략을 세우려면 사람들의 심리를 잘 파악하는 것이 중요하다. 사람들을 움직이는 것은 단순히 가격이 아니다. 특히 건강에 관한 문제라면 더욱 그렇다.

환자의 마음을 얻기 위해서는 환자가 진정으로 원하는 것을 이해하고 그 기대를 충족시켜야 한다. 환자들이 움직이는 지점은 각자 다르다. 무엇이 환자를 움직이게 하는지 알기 위해서 원장은 항상 깨어 있어야 할 것이다.

경영론

나를 경영하라

잘되는 한의원이 되기 위한 몇 가지 조건이 있다. 먼저, 환자들이 한의원을 찾도록 만들어야 한다. 이를 위해서는 환자들이 '이 한의원을 찾아야 할 이유'를 분명하게 느낄 수 있어야 한다. 그리고 치료를 받은 후에도 "이곳에 오길 정말 잘했다"는 만족감을 가질 수 있어야 한다.

환자의 만족도는 단순히 치료 효과만으로 결정되지 않는다. 물론 치료가 잘되면 환자는 만족할 수 있지만, 그 한의원에서만 제공하는 특별한 서비스나 아이템도 환자의 만족에 중요한 영향을 미친다. 환자들이 원하는 것, 그리고 그들이 필요로 하는 것에 맞춰 지속적으로 대응하는 것이 한의원이 성장하는 데 있어 가장 중요한 부분이다.

한의원 경영의 첫 번째 원칙은 모든 것을 환자의 관점에서 생각하는 것이다. "환자가 우리 한의원에 찾아온 이유는 무엇일까?"라는 질문에서 출발하면, 이 환자가 원하는 것이 무엇인지, 그리고 어떻게 하면 이 사람의 문제를 효과적으로 해결해 줄 수 있을지를 알게 된다.

갈수록 환자들이 한의원을 찾는 기대치는 갈수록 높아지고 있다. 결국 병원을 찾는 이유는 '본인의 삶의 질을 높이기 위해서'라는 것이 핵심이다. 모든 환자를 100% 만족시킬 수는 없겠지만, 우리 한의원의 치료에 만족한 환자들은 자연스럽게 다른 사람들에게 초진을 소개하게 되고, 이러한 소개는 선순환을 이룬다.

환자들이 한의원을 찾는 이유는 단순히 몸이 아프기 때문만이 아니라, 삶의 질을 향상시키기 위해서이다. 현대 의학이 병 자체를 치료하는 데 중점을 둔다면, 한의학은 병이 발생하게 된 환경이나 습관 등 전반적인 맥락을 살펴보는 전인적(全人的) 접근을 한다. 따라서 한의학은 Treat-ment(치료, 세스보다) Care(관리, 돌봄) 두 부에서 가깝요 피피고 있다. 아플 때 내원했던 환자들에게 미리 예방한다는 측면에서 정기적인 내원이나 관리를 제시해 볼 수도 있다.

보통 병원은 의사가 진료를 하고, 환자가 진료를 받는 수직적인 구조로 인식되기 쉽다. 하지만 환자들이 스스로 치료에 참여하게 만드는 것이 매우 중요하다. 즉, 환자가 자신의 질병이 발생한 원인을 자각하고, 의사에게 어떤 도움을 받아야 할지를 이해하며, 스스로 치료 과정에 적극적으로 참여하는 것이다.

치료 후에는 만족한 환자들에게 치료 후기를 요청하거나 소개를 부탁하기도 한다. 또한 환자의 시간을 아껴드리기 위해 예약제를 도입해 대기 시간을 줄이고, 대신 치료에 충분한 시간을 쏟도록 노력한다.

또한, 원내 메신저를 활용하여 환자의 상황이나 정보를 세세하게 공유하고, 직원 모두가 환자 치료에 함께 참여할 수 있도록 한다. 단순히 원장의 업무를 보조하는 것이 아니라, 각 직원이 1:1로 환자와 소통할 수 있도록 하는 것이다.

그리고 직원들이 구체적으로 어떤 일을 해야 하는지를 분장하고, 매뉴얼을 통해 업무의 일관성과 효율성을 높인다. 비전과 미션을 정립하여 직원들과 함께 지속적으로 성장하는 한의원의 문화를 만들어 나가고, 능력 있는 직원과 한의원에 기여하는 직원들에게 적절한 대우를 아끼지 않아야 한다.

처음부터 한의원을 크게 운영하는 원장은 흔치 않다. 금수저 원장이 아닌 경우, 대부분은 대출을 통해 어렵게 한의원을 시작하게 된다. 나 역시 최소한의 비용으로 양수하여 한의원을 시작했다. 한의원을 잘 운영하기 위해서는 매출과 경비 사이에서 균형을 잘 잡아야 하는데, 줄일 수 있는 경비에는 한계가 있다. 그래서 수익을 높이는 데 더 초점을 맞춰야 한다.

수익을 높이기 위해 중요한 요소는 객단가와 N수(내원 환자 수)이다. 결국 한의원은 사람을 상대하는 일이다. 그런데 한의원의 객단가를 높이는 것에 대해 환멸을 느끼는 원장님들이 종종 있다. 하지만 그렇게 생각해서는 안 된다. 객단가는 내가 환자에 대해 얼마나 큰 책임을 지는지를 나타내는 중요한 척도다. 한약을 먹는 환자와 침을 맞는 환자들이 기대하는 니즈는 다르다. 객단가가 높아진다는 것은 환자의 기대치 또한 그만큼 높아진다는 것이고, 원장 또한 그 기대치를 충족시키기 위해 더욱 노력하게 된다. 즉, 약을 짓기 위해서라도 더 열심히 공부할 수밖에 없게 되는 것이다.

'가격의 역설'이라는 말이 있다. 백화점에서 특정 브랜드의 제품이 잘 팔리지 않자 가격을 내리려고 했는데, 담당자의 실수로 뒷자리에 0이 하나 더 붙어버렸다. 그런데 다음날 그 제품이 불티나게 팔렸다는 이야기다. 사람의 마음을 움직이는 것은 이성이 아니라 감성이다. 어떤 물건을 파는 데 있어 중요한 것은 '왜 사람들이 그 물건을 사야 하는가?'이다. 스토리가 중요한 것이다. 똑같은 사과라도 태풍에 떨어지지 않고 남아 있는 '합격 사과'라는 타이틀을 달고 몇 배나 비싸게 팔린 이야기를 우리는 이미 알고 있다.

가격을 결정하는 것은 유니크함과 대체불가능성이다. 내가 하는 진료를 다른 곳에서도 하고 있다면, 이미 그 진료는 대체불가능성을 잃는다. 오직 우리 한의원에서만 할 수 있는, 나만의 자신 있는 최고의 진료 과목이 하나 필요하다. 내가 필요한 환자는 멀리서라도 찾아올 수밖에 없다. 만약 그런 게 없다면, 만들어야 한다. 내가 가장 잘할 수 있는 분야에 대해 생각하고 날카롭게 다듬는 것이 필요하다.

모든 일에서 '지금 여기 이 순간'이 가장 중요하다고 생각한다. 현재의 순간들이 모여서 미래가 되기 때문이다. 그래서 현재를 충실히 살아가기 위해 노력해야 한다. 힘든 상황에서 낙심하거나 탓하기보다는 해결책을 찾으려는 자세가 필요하다. 하늘이 무너져도 솟아날 구멍은 있다. 신은 늘 이겨내지 못할 시련을 예비하지 않는다. "나를 죽이지 못한 시련은 나를 더 강하게 만든다"는 니체의 말처럼, 어려움은 결국 나를 성장시킨다.

한의원 안에만 갇히지 말고 다른 분야에도 관심을 가지기 위해 노력해야 한다. 사람마다 잘하는 분야가 다르기 때문에, 많은 사람을 만나고 다양한 경험을 하다 보면 어느 순간 생각의 틀이 깨지곤 한다. 한의원을 경영하는 것뿐만 아니라 여러 분야에 대해 꾸준히 공부하는 것이 중요하다. 세상에 있는 모든 것을 경험하는 것, 그것이 바로 지구별 여행자로서 우리가 이 세상에 온 이유이기도 하다.

돈을 벌기 위해서 한의원을 해서는 안 된다. 돈을 벌려면 다른 사업을 하는 것이 좋다. 한의원은 결국 원장의 몸을 갈아 넣는 직업이기 때문에 큰돈은 벌기 힘들다. 평생 벌 수 있는 돈이 제한되어 있다. 그렇지만 한의원을 통해 여러 좋은 기회를 만날 수 있다. 아픈 사람들을 치료해 준다는 것은 결국 나의 선업(善業)을 쌓게 해주는 일이다. 선업을 쌓다 보면 좋은 인연이 생기기도 한다. 또한 베풀게 되면 반드시 돌아오게 된다. 이것이 바로 '카르마'의 법칙이다. 이 과정에서 자연스럽게 내가 가지고 있는 지식과 진료, 그리고 인연과 자산이 결합되어 나가는 것이다.

한의대에서 학문에 대해 배우지만, 경영에 대해선 가르쳐 주지 않는다. 개원 이후에도 기본기를 탄탄히 쌓아야 하는데, 그러기 위해서는 학생 때부터 진료뿐 아니라 경영에 대해서도 늘 고민해야 한다. 경영학이나 심리학에 대한 책을 많이 읽고, 잘되는 한의원 참관을 자주 가보는 것이 좋다. 만약 본인이 페이닥터라면, 내가 페이닥터가 아니라 대표원장이라 생각하고 일하다 보면 보이지 않는 부분들까지 볼 수 있다. 경험과 생각들이 모이면 성공으로 이어질 수 있다.

요즘 한의계는 어려운 상황이 지속되었던 것 같다. 하지만 이 와중에도 묵묵히 일차 의료를 담당하며 아픈 환자들을 보살펴 주는 많은 한의사 원장님들이 있어, 어떤 상황에도 불구하고 한의학은 지금까지 꿋꿋이 버텨올 수 있었다. 한의학이 주도권을 되찾기 위해서는 결국 국민들의 선택을 받아야 한다고 생각한다. 앞으로 노인 인구가 늘어나고, 나이가 들면 아픈 곳이 생기기 마련이다. 그때 한의원이 국민들의 일차 의료기관으로서 적극적인 역할을 해야 한다. 환자들이 한의학에 대해 호감을 가질 수 있도록 각자의 한의원에서 진심으로 진료하며, 양방에 비해 가지고 있는 우리의 장점을 최대한 잘 알리는 것이 필요하겠다. 물론 제도적 개선을 위해서도 목소리를 꾸준히 내어야 할 것이다.

다행히 최근 초음파와 X-ray 등 영상 진단이 제도적으로도 인정받는 좋은 뉴스가 있었다. 한의학이라는 학문 안에서 우리가 환자들에게 제공할 수 있는 분야는 정말 무궁무진하다고 생각한다. 환자를 진료하는 것 외에도 한의학이 환자들의 삶에 어떻게 도움을 줄 수 있을지를 고민해 보면, 그 방법은 정말 많다. 지금도 다양한 플랫폼에서 한의학이 인정받고 활용되며, 일반인들에게 생소한 분야들이 많이 알려지고 있다.

어찌 보면 최근 자보에 대한 개악도, 교통사고가 났을 때 한의 의료기관을 찾는 비율이 점차 높아지면서 보험사에서 위기를 느꼈기 때문일 것이다. 우리가 잘할 수 있는데 아직 알려지지 않은 부분이 너무나 많다. 아직도 한의원은 발목 삐거나 허리 삘 때만 침 맞으러 가는 곳이라 생각하는 사람들이 많다. 이런 인식을 바꾸고, 한의원이 해줄 수 있는 분야들이 많이 있다는 것을 앞으로도 꾸준히 증명해 나갔으면 좋겠다.

입원실 한의원의 흥망성쇠에 대해

나는 외래만 하는 한의원을 8년 동안 운영해 왔다. 그러던 중, '병원에는 입원실이 있는데, 왜 한의원에는 입원실이 없을까?' 하는 의문이 들었다. 병원에서는 입원이 필요한 환자들도 많지만, 그들이 받을 수 있는 치료는 제한적이다. 예를 들어 골절 환자는 병원에서 깁스를 하고 bed rest를 취하며, 수액을 맞고 물리치료를 받는 것이 전부다. 시간이 지나면서 뼈가 붙기만을 기다리는 것이다. 그런 환자들에게 뼈를 잘 붙도록 돕는 한약 처방을 쓰거나, 약침 치료를 하거나, 침 치료를 병행하면 당연히 회복이 빠를 수밖에 없다. 그런데 그 당시에는 입원실이라는 모델 자체가 없었기 때문에 비교 대상군 자체가 없었다. 졸업하고 개원하면 외래 환자만을 보는 것을 당연하게 생각했던 것이다.

　입원실 한의원이라는 개념이 생소했지만, 막상 입원실을 오픈해야겠다는 결심을 하고 나니 모든 것이 일사천리로 진행되었다. 일단 입원실이 있는 한의원을 찾아갔고, 그곳은 학교 시절 함께 다녔던 후배가 운영하는 곳이었다. 후배도 본래 정형외과로 운영되다가 한의원 입원실로 운영되던 곳을 양수했었다. 그렇기 때문에 입원실 한의원의 시스템에 대해 잘 알고 있었다. 후배에게 입원실 한의원에 대해 궁금했던 점을 물어보았는데, 고맙게도 알고 있는 부분에 대해 가감 없이 알려주었다. 당시 후배의 대답이 입원실 한의원을 준비하면서 큰 도움이 되었던 것은 물론이다. 만약 내가 용기를 내어 먼저 움직이지 않았다면 결코 입원실 한의원을 준비하지 못했을 것이다.

입원실 환자들이 대부분 걷지 못하는 환자일까? 그렇지 않다. 생각보다 입원에 대한 상병은 꽤 인정이 잘된다. 심사평가원에서 정의한 입원의 기준은 일상생활에 지장을 줄 정도의 통증이 있어 안정이 필요하고, 의료인의 지속적인 관찰과 치료가 요구되는 환자에게 적용된다.

한의원에 오는 환자들 중에서도 요통, 무릎 통증, 발목 통증 등으로 인해 보행이 어렵고, 장기적인 치료가 필요한 환자들이 꽤 많다. 사실, 입원 치료를 받고 싶어도 입원 시설을 갖춘 한의원이 드물기 때문에 이러한 환자들이 정형외과나 다른 병원으로 빠져나가는 경우가 많다. 그렇기 때문에 이런 환자들에게 입원 치료를 적극적으로 권유드릴 수 있다.

입원실 운영의 장단점을 생각해 보면, 먼저 장점으로는 외래와 다르게 하루에 두 번 치료가 가능하다는 점이다. 외래에 비해서 입원 치료에 대한 수가가 더 후하게 책정되는 것도 장점이다. 또한, 실비 보험에서 1세대 보험의 경우는 급여와 비급여 항목까지 100% 지원되는 경우가 많고, 2세대 이후에도 급여 항목에 대해 80~90%까지 지원된다.

하지만 단점도 있다. 외래에 비해 경비가 많이 들고, 추가 비용도 많이 발생하며, 관리에 손이 많이 간다. 괜찮은 시설로 만들려면 인테리어 비용도 상당히 많이 들고, 공간을 써야 하기 때문에 추가적인 임대료도 발생한다.

또한 입원실은 단순히 열기만 한다고 운영되는 게 아니다. 입원실을 관리할 인력이 있어야 한다. 외래의 경우 하루에 30명 정도의 환자를 보려면 2~3명의 간호사면 충분하지만, 입원의 경우 하루 10명의 환자만 봐도 당직 인력 2명, 부장님 1명, 조리사 1명, 청소 인력 1명 등 추가적인 인력이 필요하다. 이렇듯 고정비가 꾸준히 발생하는 구조이기 때문에, 일정 수 이상의 입원 환자를 유지하지 않으면 운영에 어려움이 생길 수 있다. 매출이 고정비를 충당하지 못하게 되면 적자로 이어지기 쉬운 구조인 것이다.

과거에는 교통사고로 한의원에 입원 시에 상급 병실료가 적용되어 한의원 운영에 유리한 점이 많았다. 하지만 이를 악용해 교통사고 입원환자의 상급 병실료를 과도하게 청구하는 한의원들이 생기면서 정책적인 제한이 도입되었다. 그래서 작년부터는 의원급 한의원에서는 상급 병실료가 더 이상 인정되지 않으며, 경상 입원도 5일 이내로 제한되었다. 무엇이든 도가 지나치면 문제가 되는 법이다. 이러한 이유로 자동차보험 개정안 이후, 자보 환자를 주로 대상으로 하던 많은 입원실 한의원들이 문을 닫게 된 것이다.

항상 돌이켜보면, 잘될 때야말로 가장 조심해야 할 시기였고, 힘든 순간이 오히려 기회였던 적이 많았다. 상급병실료 붐으로 2020년부터 2022년까지 약 3년간 입원실 한의원들이 우후죽순 생겨날 때가 입원실 한의원 붐의 절정이었던 것 같다. 이후 많은 입원실 한의원들이 어려움을 겪으며 문을 닫았고, 나 또한 위기를 맞이했다.

특히 2년 전, 핵심 직원들이 한의원을 떠나면서 더욱 힘든 시기를 겪었다. 입원실을 담당하던 부장이 그만두었고, 새로운 부장을 구하는 과정에서 여러 가지 어려움을 겪었다. 매일 22개 풀베드로 운영되던 입원실이 평균 환자 3명까지 줄어들기도 했고, 너무 안돼서 입원실 문을 닫는다는 흉흉한 소문까지 돌기도 했다.

하지만 그 과정을 통해 나는 소중한 것을 얻었다. 입원실 운영에 대해 더 깊이 공부하고, 보험 관련 지식도 확실히 숙지하게 되었다. 무엇보다 입원실 운영에 대해서 방만했던 나 자신을 반성하고, 직원들과 함께 한의원의 분위기를 다시 다잡는 계기가 되었다. 그때 만약 내가 그런 힘든 과정을 겪지 않았다면 과연 지금처럼 더 성장할 수 있었을까? 분명 그렇지 못했을 것이다.

위시 입원실에서 상시를 보냈던 밑에 새새부도 땐히 한 분 민 환을 시족처럼 정성껏 대하며 작은 일에도 최선을 다했다. 덕분에 환자들의 칭찬이 끊이지 않았고, 2년이 지난 지금 그 선생님은 우리 한의원의 팀장으로 승진해 함께 일하고 있다. 새로 오신 부장님 역시 진심으로 한의원을 생각하며 환자들을 가족처럼 돌보고 있다. 여러 직원들의 노력 덕분에 그때의 위기를 잘 이겨낼 수 있었고, 지금은 환자들로부터 신뢰받는 한의원이 되었다고 생각한다.

'비 온 뒤에 땅이 더 굳는다'는 말처럼, 힘든 과정을 겪었기에 한 단계 더 성장할 수 있었고, 모두가 더 열심히 하는 분위기로 변화했다고 느낀다.

앞으로도 입원실 한의원을 운영해 나가면서 일의 능률을 높이고, 더 효율적이고 더 즐겁게 일할 수 있는 다양한 방법을 생각하고 실천해 나가는 것이 나의 목표다.

중요한 것은 본질(本質)이다. 애플이 디자인이라는 본질에 충실해서 성공했고, 아마존이 빠른 배송에 충실해 성공했듯이, 한의원의 본질이 무엇인지 끊임없이 생각하고 그 본질에 집중해야 할 것이다.

입원실 시스템이 앞으로도 이전에 비해 더욱 빠듯해질 것임은 분명하다. 인건비와 수도광열비 등 경비가 지속적으로 오르고 있고, 365일 가동하는 이전의 시스템이 지금은 그다지 효과적이지 않다. 과거처럼 무리한 확장을 하며 자본에만 의존하던 입원실 한의원은 문을 닫는 곳이 더 늘어날 것이다. 하지만 규모가 크면서도 치료도 잘하고, 친절하고 따뜻한 입원실 한의원은 앞으로도 잘될 것이다. 이미 많은 곳에서 양극화(兩極化)가 진행 중이지만 입원실 한의원은 앞으로도 양극화가 더욱 심해져서, 잘되는 곳은 계속 잘되고, 안되는 곳은 더욱더 어려워질 것으로 생각한다.

앞으로 입원실에 대한 정책이 어떻게 바뀔지는 모르겠다. 하지만 나는 항상 '투자(invest)가 있는 곳에 수입(income)이 있다'고 생각한다. 한방병원 또한 수십억 원 이상의 투자 비용이 들기 때문에 수익이 날 때도 수억 원의 수입이 날 수 있다고 생각한다. 반면 그만큼의 리스크를 짊어지고 가기 때문에 수억 원을 잃어버릴 수도 있다. 정책에 대한 리스크에도 늘 노출되어 있다. 그렇기 때문에 병원이 잘된다고 마냥 부러워할 것이 아니다. 모든 결정에는 위험 부담이 따르며, 그 위험을 감수할지 안정적인 길을 택할지는 각자의 선택인 것이다. 그것은 원장의 성향과도 관련된 일이라 하겠다.

기회의 신

.

기회의 신 '카이로스'는 그리스 신화에서 앞쪽 머리카락은 길고 뒤쪽은 대머리인 남성 신으로 묘사된다. 카이로스의 동상을 보면 벌거벗은 몸에 신발을 신고 있으며, 어깨와 발뒤꿈치에는 날개가 달려 있고, 손에는 저울과 칼을 들고 있다.

카이로스의 앞머리가 풍성한 이유는 기회가 다가왔을 때 쉽게 붙잡을 수 있다는 의미를 담고 있으며, 뒷머리가 없는 것은 기회가 지나가면 다시는 잡을 수 없다는 것을 상징한다.

어깨와 발뒤꿈치의 날개는 기회가 매우 빠르게 지나감을 나타내며, 저울과 칼은 기회를 잡기 위해서는 정확한 판단과 신속한 결단이 필요하다는 뜻이다. 몸이 벌거벗은 것은 기회가 눈에 잘 띄도록 하기 위함이고, 신발을 신고 있는 것은 기회는 언제든지 달아날 수 있기 때문에 늘 준비하고 있어야 한다는 의미를 담고 있다.

우리는 인생 속에서 수많은 기회를 마주한다. 그런데 그 기회가 왔을 때 알아차리지 못하고 지나쳐 버리는 경우가 많다. 시간이 지나 뒤돌아보면 그때가 큰 기회였다는 걸 깨닫게 되지만, 이미 놓친 후라 돌이킬 수 없다.

TV 프로그램 《이휘재의 인생극장》에서도 "그래 결정했어!" 하고 외치는 한 번의 선택이 시간이 지나면 어떻게 다른 결과로 벌어지는지를 보여준다. 하지 않은 선택의 결과는 아무도 예측할 수 없다. 그저 마음속에서 막연히 추측할 뿐이다. 사람은 동시에 두 가지 선택을 할 수 없기 때문에, 로버트 프로스트의 시 《가지 않은 길》처럼 항상 선택하지 않은 길에 대한 아쉬움이 남게 마련이다.

나 또한 되돌아보면 몇 번의 기회가 있었던 것 같다. 내가 양정으로 이전한 지 약 1년이 되었을 때, 우리 한의원의 길 건너편에 신축건물이 들어섰다. 원래는 낡은 1층짜리 점포들이 늘어서 있던 곳에 순식간에 10층짜리 건물이 세워졌다. 누군가 주변의 땅을 싸게 매입해 건물을 세운 것이었다. 임대료를 알아보니 우리 한의원의 임대료와 크게 차이 나지 않았고, 위치가 좋다 보니 금방 임대가 다 찼다. 당시 평당 1,000만 원도 안 되는 가격에 매입한 땅이 평당 3,000만 원 이상의 가치로 올랐으며, 건물에서 나오는 임대 수익은 말할 것도 없었다. 그 땅을 사고 건물을 세운 사람이 진정한 위너였다.

만약 내가 그 건물에 들어갔다면 어땠을까? 아마 지금보다 훨씬 더 잘되었을지도 모른다. 고층이 아닌 저층에서 진료를 보며 접근성도 더 좋았을 거고, 유동 인구가 많은 만큼 환자도 더 많았을 것이다. 지금도 그 건물 1층에 있는 저가 커피 가게는 다른 곳보다 압도적으로 잘되고 있다. 나아가, 만약 내가 당시 주변 토지를 매입하고 신축을 진행했더라면 초기에는 자금압박을 받고 이자와 공실 부담에 힘들었겠지만, 결국 내 건물에

서 진료하며, 환자로 인해 발생하는 트래픽까지도 건물의 가치에 흡수시
켜 부동산 가치의 상승을 이뤄낼 수 있었을 것이다.

그 뒤 6개월쯤 지났을까? 진료 중이던 환자로부터 새로운 이야기를 들
었다. 한의원 근처에 나이 80이 넘은 원장님이 진료하시던 내과가 있었
는데, 원장님이 고령으로 돌아가시면서 그 건물이 매물로 나왔다는 소식
이었다. 우리 한의원 바로 옆에 있는 30평 정도의 4층짜리 통건물이었
다. 매매 금액도 나쁘지 않다고 했다.

아시던 병시 나는 부동산에 내내 신며 일시 갓바닌 시기였나. 내들을
최대한 일으키면 불과 10~20%의 자본금으로도 건물을 매수할 수 있었
음에도, 당시 나는 한의원 개원 빚을 어떻게든 갚아야 한다는 생각밖엔
없었다. 결국 그 건물은 금방 다른 사람에게 매매되었고, 멋지게 리모델
링되었다. 40년이 넘은 건물이었지만, 리모델링 후 완전히 새 건물로 변
모했다. 현재는 1층뿐만 아니라 2~4층까지 각각 다른 업종으로 임대가
맞춰져 있다.

그 당시 그 건물의 매매가는 9억 정도였으나, 지금은 감정가가 30억이
넘는다. 오래된 건물을 사서 깨끗하게 리모델링하고 임대를 제대로 맞추
고, 건물의 가치를 상승시키면 큰 시세 차익을 얻을 수 있다는 사실을 나
는 깨달았다. 나는 지금도 그 건물 앞을 지날 때마다 '그때 이 건물을 샀
어야 했는데'라는 아쉬움을 느끼곤 한다.

내가 한의원을 양정으로 옮겼던 것이 2016년이었는데, 2년 정도 진료
를 했을 즈음, 2018년부터 어르신들이 점점 사라지기 시작했다. 재개발
이 시작되면서 많은 분들이 다른 곳으로 이주하셨던 것이다. 당시 나는
재개발의 개념 자체에 대해 잘 알지 못했다. 재개발이 진행되면서 주변의
오래된 집들은 모두 철거되었고, 그 자리에는 아파트가 들어서기 시작했

다. 6년이 지난 지금, 내가 있는 양정의 1~3구역 중 2구역은 작년에 신축 아파트 입주가 완료되었고, 1구역은 내년에 완공을 앞두고 있다. 3구역도 최근 분양이 완판되었으며, 빠르게 아파트가 지어지고 있다. 아마 3년 뒤에는 모든 구역의 입주가 완료되어 한의원 주변은 상전벽해(桑田碧海)가 될 것이다.

당시 한의원 뒤쪽에 있던 다 쓰러져 가던 1억도 안되던 오래된 집들이 재개발 계획이 발표되면서 입주권으로 신분 상승하였고, 몇 억이 뛰어버렸다. 이 과정을 지켜보면서 나는 상승장에서 재개발과 재건축이 얼마나 큰 자산가치를 올릴 수 있는지 깨닫게 되었다. 만약 내가 부동산에 조금만 더 관심을 가졌더라면, 그리고 재개발에 대해 조금만 더 공부했더라면, 한의원 주변의 '뽕밭이 바다가 될 거라는' 사실에 대해서 미리 짐작할 수 있었을 것이다.

물론 가정은 아무 의미가 없는 것이긴 하지만, 그때 오래된 집들을 전세를 끼고 몇 채 정도를 사두었다면, 8년간 한의원을 운영했을 때보다 더 많은 자산의 상승을 이루어낼 수 있었을 것이다.

무엇이든 관심이 있어야 보이는 법이다. 부동산 버블 시기를 겪으면서 이제는 대부분의 국민이 부동산에 대해 잘 알고 있지만, 당시에는 부동산에 대해 모르는 사람들이 더 많았다. 그럼에도 불구하고, 그때도 부동산 투자자들은 존재했다.

남들이 아무도 관심을 보이지 않을 때 가치를 발견하는 사람이 큰 부자가 될 수 있다. 반면, "소문난 잔치에 먹을 것 없다"는 말처럼 남들이 돈을 벌었다는 이야기를 들었을 때나 모두가 뛰어들 때는 투자해야 할 때가 아니라 오히려 정리해야 할 때다.

지금 가장 힘든 사람들은 2020년과 2021년 저금리 부동산 버블 시기에 무리하게 대출을 일으키며 영혼까지 끌어모아 투자한 사람들이다. 금리가 두 배로 오르면서, 이전에 이자로 100만 원을 내던 사람이 이제는 200만 원을 내게 되고, 가처분 소득이 제로를 넘어 마이너스가 되는 경우도 속출하고 있다. 그 사람은 월급보다 조금이라도 더 벌고 싶다는 마음뿐이었을 것이다. 그러나 자신의 한계를 넘어선 무리한 투자가 결국 지금의 고통을 초래했다. 감당할 수 없는 대출과 과도한 부담이 결국 그를 재정적 위기로 몰아넣은 것이다.

세상의 모든 것은 변하기 마련이며 순환하게 되어 있다. 오르막이 있으면 내리막도 있는 법이다. "거안사위(居安思危), 위기지학(爲期之學)"이라는 말처럼, 편안할 때일수록 다가올 위기를 대비해야 하며, 미래의 어려움에 대비해 항상 준비해 두어야 한다.

잘될 때 나에게 호의를 베푸는 사람들도 경계해야 한다. 그들의 이면을 꿰뚫어 볼 수 있어야 한다. 한의원을 5년 정도 운영하다 보면, 한의원에 걸려오는 수많은 쓸데없는 전화들을 거르는 능력이 자연스럽게 생기는 것처럼, 무엇이 진짜 기회인지 아닌지 구별하는 안목이 필요할 것이다.

진실로 가는 길은 결코 쉽고 편한 곳에 있지 않았다. 어려움을 극복하고 이겨낸 뒤에야 비로소 진정한 달콤한 결실을 맺을 수 있었다. 한의원 경영 역시 마찬가지였다. 항상 내가 잘될 때 무언가 문제가 생기곤 했고, 힘들 때 오히려 그것을 바탕으로 한 단계 더 성장하는 계기가 되곤 했다.

항상 기회라는 신은 몰래 찾아와서 바람처럼 사라지기 마련이다. 기회(機會)라는 의미 자체가 적절한 시기나 조건이 모여 있는 상태라는 뜻이다. 영어로도 'opportunity(기회)'는 라틴어 동사 'opus(준비하다)'에서 유래한 명사다. 즉, 영어에서도 기회는 미리 준비되어 있어야만 잡을 수 있다는 의미를 지니고 있다.

하늘은 스스로 돕는 자를 도우며, 노력하는 사람에게만 기회가 주어진다. 내가 일상의 모든 순간에 최선을 다하고 준비되어 있다면, 언제든 기회가 찾아왔을 때 그것을 잡을 수 있을 것이며, 비로소 성공이라는 열매를 맺을 수 있다고 믿는다.

6장

성공론

성공론

동네 한의원으로 성공하기

한의원 원장은 정말 고된 직업이다. 개원을 선택한 순간, 고단한 자영업자의 삶이 시작된 것이다. 그러나 이 길을 걷도록 강요한 사람은 아무도 없다. 한의원을 운영하기로 선택한 것은 바로 나 자신이다. 한의원을 경영한다는 것은 단순히 진료를 넘어서 매출을 일으켜야 하며, 그로 인해 나와 연관된 많은 직원들과 가족들의 생계를 책임져야 하는 무거운 책임을 감당하는 일이다.

항상 한의원이 잘될 수는 없다. 잘되는 날도 있고, 그렇지 않은 날도 있다. 누구나 사람인 이상 매일 매출과 환수를 신경 쓰게 된다. 그러나 매일의 환수나 매출에 얽매이다 보면 초조해지고, 결과적으로 매출이 더 떨어지는 상황이 발생할 수 있다. 환수와 매출은 목표에 따른 결과여야 하지, 목표가 되어서는 안 된다.

매일의 환수와 매출은 그날그날 달라질 수 있지만, 분기나 연 단위로 매출이 정체되거나 후퇴해서는 안 된다. 만약 그렇다면, 그 원인에 대한 분석이 필요하다.

분석을 위해서는 수치화되고 정량화된 데이터의 확인이 필요하다. 데이터를 통해 현재 무엇이 필요한지를 파악하고 그에 맞도록 대응할 수 있다. 가장 기본적으로 확인해야 할 데이터 지표는 초진 수와 재진율이다. 특히 초진 수는 한의원의 외부 인지도와 환자 유입력을 평가하는 중요한 지표다. 초진 환자가 많다는 것은 한의원이 많은 사람들에게 관심을 받고 있음을 의미한다. 그러나 초진 수만으로는 한의원의 지속적인 성공을 보장할 수 없다. 초진 환자가 치료에 만족해야 재진으로 이어지고, 재진 환자가 만족해야 새로운 초진 환자를 소개할 수 있기 때문이다. 결국, 초진 수는 한의원의 초기 성장 가능성을 나타내지만, 지속적인 성장을 위해서는 환자 만족도가 뒷받침되어야 한다. 즉, 초진 수는 한의원의 초기 유입력, 재진율은 환자의 만족도와 치료 효과를 평가하는 지표로 활용될 수 있다.

재진율을 대략적으로 계산하려면, 해당 달의 총 환자 수를 초진 수로 나누면 된다. 한의원에서 이상적인 재진율은 일반적으로 5~6 이상이 되는 것이 좋다. 초진 환자가 왔을 때, 이환 기간이나 병기에 따라 적절한 치료 기간을 설정하고 치료 계획을 수립하여 환자가 이를 잘 이행할 수 있도록 도와주어야 한다. 재진율이 높다는 것은 환자가 치료에 만족하고 있다는 증거이며, 한의원의 운영이 비로소 안정적으로 접어들었다는 것을 의미한다.

핵심은 내원한 환자들의 만족도이다. 환자들을 만족시키기 위한 한의원에서 환자와 만나는 접점은 매우 중요하며, 이러한 접점을 우리는 MOT (Moment of Truth)라고 부른다. 각 접점에서 환자의 경험을 개선할 요소를 찾다 보면, 수십, 수백 가지의 세부 사항이 나올 수 있다.

"내가 환자라면?"이라는 관점에서 역으로 생각해 보는 것이 중요하다. 한의원을 검색하는 순간부터, 입구를 열고 들어서는 순간, 원장을 만나고, 치료를 받고 나가는 순간까지, 모든 접점에서 환자가 만족할 수 있도록 관리한다면, 환자는 자연스럽게 증가할 것이다.

한의원 원장은 진료를 잘해야 하지만, 진료를 잘하는 것만큼 중요한 것은 환자를 잘 응대하는 것이다. 이때 가장 필요한 덕목은 사람에 대한 이해와 감성이다. 환자에 대한 진심 어린 공감과 경청이 무엇보다 중요하며, 이를 위해서는 원장이 환자를 진정으로 좋아해야 한다. 환자는 단순히 내가 치료해야 할 대상이 아닌, 나와 한의원을 신뢰하고 찾아온 소중한 손님이다. 그렇게 인식하고 존중하며 친절하게 응대하는 자세가 필요하다. 어떤 환자이든 이해하고 공감하며, 수용할 수 있는 인내심과 수용력이 있다면, 동네 한의원장으로서 성공할 수 있을 것이다.

환자를 많이 보는 것이 항상 좋은 일일까? 사실 원장 1인, 2인, 그리고 직원 1명, 2명, 3명에 따라 한의원의 최대 매출은 어느 정도 한계가 있다. 단순히 환자가 많다고 해서 무조건 좋은 것은 아니다. 중요한 것은, 본인이 목표로 하는 환자 수와 매출을 달성할 수 있는 한의원 구조와 시스템을 먼저 갖추는 것이다. 이 시스템이 제대로 마련되어야 환자 수가 늘어도 효율적으로 대응할 수 있으며, 장기적으로도 안정적인 경영이 가능해진다.

원장 1인, 직원 2~3인으로 운영되는 한의원에 갑자기 백 명의 환자가 몰려올 일도 없지만, 설령 그런 일이 생긴다고 해도, 그 환자 수를 유지하기는 쉽지 않다. 원장의 마음가짐, 체력, 광고 전략, 진료 시스템, 그리고 인력 등이 갖춰지지 않으면 환자 수와 매출이 증가해도 이를 장기적으로 유지하기 어려운 것이다.

또한 어떤 한의원 시스템으로 설정하는지도 매우 중요하다. 365일 야간 진료를 하거나, 주 5일 진료를 하거나, 특정 진료에 특화된 한의원으로 운영하는 등 다양한 방식이 있겠지만, 단순히 매출을 늘리기 위해서나 경제적 어려움 때문에 무리하게 365일 진료를 고수한다면, 계속해서 늘어나는 경비와 끊이지 않는 직원 문제, 그리고 부족한 체력적인 한계로 인해 후회할 가능성이 크다. 따라서 자신의 목표, 체력, 능력에 맞는 진료 시스템을 갖추는 것이 무엇보다 중요하다.

예를 들어, 적은 환자를 보더라도 객단가를 높이는 진료를 원한다면 약 처방이나 추나 등의 시스템을 갖추는 것이 효과적이다. 반면, 많은 환자를 빠르게 진료하고자 한다면 회전율을 높일 수 있는 시스템을 마련해야 한다. 아무런 준비 없이 환자 수가 늘어나기를 기다려서는 안 된다. 1명의 환자가 오더라도, 100명의 환자가 오더라도 언제든지 원활하게 대응할 수 있는 유연한 시스템을 구축해야 한다.

만약 매출이 줄어든다고 해서 직원 수부터 줄이는 것은 그 한의원이 쇠퇴하는 지름길이다. 매출 감소의 원인이 배후 세대의 감소라든지, 거시경제의 상황과 같은 근본적인 원인 때문인지, 아니면 환자와의 접점에서의 만족도가 부족했는지 원인을 파악해야 한다. 전자의 경우라면 경비를 줄이는 것이 옳은 선택일 수 있지만, 후자의 경우라면 근본적인 문제를 해결하고 개선하는 것이 우선이다.

만약 매출이 나오지 않는다고 성급하게 직원 수를 줄인다면, 다시는 지금의 환수와 매출을 회복하지 못할 가능성이 높다. 따라서 직원 수를 줄이기보다는 매출 감소의 원인을 정확히 파악하고 해결하는 것이 급선무라고 할 수 있다.

한의원의 장기적인 목표를 설정했다면, 그 목표를 달성하기 위해 OKR(목표 및 주요 결과) 방법을 활용하는 것이 효율적인 목표 달성에 큰 도움이 된다.

OKR은 인텔의 CEO였던 앤디 그로브(Andy Grove)가 제창하였고, 1999년 당시 초창기 신생기업이었던 구글에 적극적으로 도입되었다. OKR은 구글의 모든 직원이 자신의 기여하는 부분을 명확히 이해하고, 조직의 전반적인 방향성과 일치하도록 도와주었으며, 이를 통해 구글은 불과 20여 년 동안 엄청난 성장을 이룰 수 있었다. 구글의 공동 창업자인 래리 페이지(Larry Page)는 "OKR은 우리를 10배로 성장하도록 이끌었고, 우리는 그것을 여러 번 경험했다"고 말했다. 현재는 국내외 유수의 대기업에서도 OKR을 적극적으고 도입퇴여 있다.

OKR의 구성 요소는 다음과 같다.

Objectives(목표):
- 목표는 조직이나 팀, 개인이 달성하고자 하는 중요한 성과를 나타낸다.
- 목표는 야심차고 영감을 주는 것이어야 하며, 명확하고 간결하게 표현된다.
- 예시: "한의원에 내원하는 환자들의 만족도를 대폭 향상시킨다."

Key Results(핵심 결과):
핵심 결과는 목표를 달성하기 위해 필요한 구체적이고 측정 가능한 성과 지표이다.
- 일반적으로 3~5개의 핵심 결과가 한 목표 아래 설정된다.
- 예시: "환자들의 치료 만족도 점수를 90점 이상으로 올린다", "매주 치료후기를 3건 이상 부탁한다", "매월 소개 환자를 5명 이상 받는다."

OKR에서 핵심은, 목표(O: Objective)와 핵심 결과(KR: Key Result)를 설

정하고 이에 따른 해야 할 일(Initiative)을 찾아 정렬하는 것이다. OKR의 O는 무모하거나 비현실적이기도 하지만, 생각만 해도 가슴이 뛰는 목표이다. KR은 O를 달성하기 위해 필요한 정량적인 수치화된 핵심 결과이며, 또한 I는 KR을 이루기 위해서 당장 해야 하는 일들이다.

OKR은 분기별로 설정되며, 조직 전체의 목표부터 팀 및 개인 목표까지 계층화된다. 이 과정에서 모든 직원이 자신의 OKR을 동료들과 공유할 수 있어 투명성이 높아지고, 전체 조직이 같은 방향으로 나아가도록 한다. 또한, 분기별 OKR의 공유와 피드백을 통해 조직 전체의 성과를 되돌아볼 수도 있다.

처음 나는 한의원에서 OKR을 도입하는 것이 과연 가능할까 하는 의문을 품었던 적이 있다. 그렇지만 한의원에서도 충분히 활용할 수 있으며, OKR의 원리는 매우 단순하지만 그 효과는 엄청나다는 것을 경험했다. 이는 인간이 가진 목표에 대한 정합성을 바탕으로 접근하는 방식이기 때문이다. 내가 아는 원장님도 코로나 시기에 한방병원을 운영하며 힘든 시기를 겪었지만, OKR을 병원에 도입하여 체계적으로 활용한 후부터 극적인 매출의 상승을 일으킬 수 있었다.

OKR은 완벽할 필요는 없다. 만약 모든 목표를 매일 이룬다면 그것은 진정한 목표가 아니다. OKR의 핵심은 내가 바라는 목표에 매일 더 가까워진다는 데 있다. 목표를 10개 세우고 그중 5개라도 이룬 사람과 목표조차 세우지 않고 매일 일상을 살아가는 사람은 1년, 10년이 지나면 그 성과가 확연히 달라질 수밖에 없다. 로켓을 쏘아 올릴 때는 똑같은 방향을 향하고 있지만, 처음의 0.0001도의 차이가 1년 뒤에는 완전히 다른 지점으로 향할 수 있는 것과 같다.

구글이 1999년 설립되고 현재 세계 시가총액 4위의 기업으로 성장하기까지 수없이 많은 OKR을 시행했을 것이다. 한의원에서도 단계별로 처음에는 원장부터 시작하여 점차 핵심 직원들, 여력이 된다면 전체 직원들까지 확대해 나가면 더욱 효과적일 것이다. 매일 습관화된 업무를 하는 직원들에게 OKR은 새로운 동기부여를 제공하는 좋은 도구라고 생각한다.

어제보다 나은 오늘, 오늘보다 나은 내일을 꿈꾸는 것은 모든 사람의 본능이다. 막연한 생각을 구체적인 계획으로 옮기기 위해 OKR이라는 도구를 활용해 보자. 매일 더 나은 하루를 만들어 가는 데 도움이 될 것이라 믿는다.

성공론

성공하는 기버가 되기

어릴 때부터 나는 항상 1등이 되고 싶은 마음이 강했다. 공부가 재미있고 즐거워서 한다기보다는, 반에서, 학교에서 1등을 하고 싶다는 열망이 컸다. 그래서 시험 공부를 할 때도 내가 가진 자료들을 혼자만 알고 싶었고, 다른 친구들에게는 알려주기 싫었다. 마치 그 자료를 공유하면 내가 1등 자리를 놓칠 것만 같았기 때문이다. 이는 대학을 졸업하고, 사회에 나와서도 마찬가지였다.

하지만 시간이 지나면서 내가 가진 것을 움켜쥐려 할수록, 스스로 점점 더 고립되고 외로워지는 것을 느꼈다. 반대로, 내가 조금 손해를 보더라도 다른 사람들에게 베풀 때 오히려 몇 배로 돌아왔다. 그제서야 진정한 성취는 혼자서 모든 것을 차지하려는 마음이 아니라, 함께 나누고 성장하는 데 있다는 것을 깨달았다.

세계 3대 경영 대학원 중 하나인 와튼 스쿨의 교수이자 조직 심리학의 권위자인 애덤 그랜트는 그의 저서 《기브 앤 테이크》에서 사람들을 기버(giver), 매처(matcher), 테이커(taker)로 나눈다. 기버는 다른 사람에게 베풀기를 좋아하는 사람, 매처는 주는 만큼 받는 사람, 테이커는 받기만을 바라는 사람이다. 겉으로 보기에는 주기보다 많이 받는 테이커가 성공하기 쉬운 것처럼 보인다.

그러나 사람들의 성향과 성공의 정도를 조사한 결과는 그 반대였다. 테이커와 매처는 보통의 평범한 사람들이 많았지만, 기버는 양극단에 분포해 있었다. 가장 실패한 사람들도 기버가 많았으며, 가장 성공한 사람들도 기버가 많았다. 이러한 기버들의 성공은 테이커와 매처들이 결코 따라잡을 수 없을 정도로 두드러졌다.

시사는 이 상황은 두 가지로 분석하였다. 실패하는 기버는 타인의 이익에 대한 관심도, 자신의 이익에 대한 관심도 모두 없는 경우가 많았다. 반면, 성공하는 기버는 자신과 타인의 이익 모두에 관심이 많은 사람들이었다.

사람들은 보통 개인의 이익과 타인의 이익이 하나로 이어지는 연속체라고 생각한다. 그래서 타인의 이익을 중요시할수록 자신의 이익을 하찮게 여겨야 한다고 믿고, 실제로 그렇게 행동하는 경우가 많다. 마찬가지로 자신의 이익을 중시할수록 타인의 이익을 하찮게 여겨야 인과관계가 맞다고 생각하는데, 사실 이는 잘못된 인식이다. 자신의 이익과 타인의 이익은 서로 독립적이며, 완전히 별개의 것이다. 나의 이익과 타인의 이익을 함께 추구하는 사람이 진정으로 성공할 수 있다.

과거의 세대는 주로 생산에 종사하는 경우가 많았다. 이는 제로섬 게임과 유사하다. 내가 어떤 물건을 생산할 때, 다른 곳에서 동일한 것을 만든다면 자원을 나눠야 하므로, 내가 살아남기 위해서는 다른 사람이 실패해야 한다. 이러한 구조는 경쟁으로 인한 여러 병폐를 초래했다.

반면, 현대 사회에서는 다른 사람에게 서비스를 제공하는 직업에 종사하는 비율이 점차 높아지고 있다. 사실상 대부분의 직업이 서비스 중심으로 변화하고 있다. 이러한 사회에서는 사람과 사람이 끊임없이 연결된다. 내가 잘되어야 다른 사람도 잘될 수 있고, 다른 사람이 잘되어야 나 역시 성공할 수 있다. 따라서 이런 사회에서는 기버가 성공할 수밖에 없다.

노벨 경제학상 수상자인 허버트 사이먼(Herbert Alexander Simon)은 "자신의 이익을 챙길 줄 아는 이타주의자는 자기 이익을 전혀 챙기지 못하는 어리석은 이타주의자보다 덜 이타적일 수 있지만, 그들은 어리석은 이타주의자나 이기주의자보다 세상에 훨씬 더 바람직한 존재"라고 말했다.

기버들이 자주 하는 말 중 하나가 "제가 도와드릴 일이 있을까요?"라는 말이다. 이런 말을 자주 하는 사람은 성공할 확률이 매우 높다. 여기서 중요한 점은 "있을까요?"라는 표현이다. 기버는 항상 현재 상황에서 긍정적인 방법을 찾는다.

기버는 항상 베풀기 때문에 주변 사람들로부터 긍정적인 평가를 받는다. 테이커가 승리하면 반드시 패자가 존재하기 마련이다. 테이커가 성공할 때, 사람들은 그들의 성공을 질투하며 그들이 잘되지 않기를 바라는 경우가 많다. 반면, 기버가 성공하면 사람들은 그들을 응원하고 지지한다. 이로 인해 기버는 더 높은 성공 확률을 갖게 된다. 실제로 성공한 한의사들을 보면, 그들 주변에는 항상 베푸는 사람들이 많았다.

내가 가입해 있는 단톡방 중에 '한경연(한의 경영 연구소)'이라는 단톡방이 있다. 그곳에는 상상을 초월할 정도로 높은 매출을 기록하는, 소위 '부의(富醫)' 원장님들이 다수 활동하고 있다. 그러나 내가 더욱 놀랐던 점은, 이 부의 원장님들이 단톡방에서 아낌없이 지식을 공유한다는 사실이었다. 나 또한 개원 초기, 한경연 단톡방을 통해 다양한 임상 팁과 경영 팁을 배울 수 있었다. 본인이 알고 있는 것을 이렇게까지 공유해도 되나 싶을 정도로, 모든 것을 아낌없이 나누었다. 그들이 지금까지 성공할 수 있었던 이유는 바로 '기버'이기 때문일 것이다.

기버는 자신이 가진 지식을 모두 공유하기 때문에, 겉보기에는 실패할 확률이 높아 보일 수도 있다. 그러나 기버는 이를 통해 많은 팬과 지지자를 얻는다. 그리고 그들의 응원과 지지를 바탕으로 한 단계 더 성장하게 된다.

나 역시 2년 전, 내가 알고 있는 한의원 경영에 대한 내용을 담은 책을 출간했고, 최근 메디스트림 플랫폼을 통해 출판 공모전에 글을 기고했다. 그 후 많은 원장님들이 내 책과 글을 읽고 응원과 격려를 보내주었다. 이러한 서로 나에게 큰 힘이 되었고, 나를 한 단계 더 성장하게 해주었다.

한방병원을 운영하는 한 원장님은 우리 한의원에 직접 참관을 오시기도 했다. 나 또한 그 원장님과의 대화를 통해 많은 것을 배우고 느낄 수 있었다. 특히 내게 깊은 울림을 주었던 것은 원장님이 직원들에 대해 가지고 있던 생각이었다. 그분은 한방병원을 운영하면서 매달 적자가 1억 원이 넘을 정도로 심각한 경영 위기를 겪었지만, 그 위기를 오히려 발판 삼아 본인이 들을 수 있는 모든 경영 강의를 듣고 이를 병원에 접목했다고 한다.

원장님은 피터 드러커의 경영 이론, 3P 바인더에서 말하는 정리 방법, 그리고 기업에서 사용하는 OKR 시스템을 병원 경영에 도입했다. 또한 직원들과 함께 병원을 발전시키는 방법을 끊임없이 연구했다. 그 결과, 망해가던 병원은 기사회생하며 매출이 크게 상승했고, 성공한 한방병원의 원장으로 거듭났다. 그는 여기서 멈추지 않고 한의사 플랫폼을 통해 활발히 경영 강의를 펼치며 자신의 경영 방식을 많은 사람들에게 알리고 있다. 처음에는 그를 잘 몰랐던 사람들도, 그의 스토리를 듣고 나면 자연스럽게 그를 응원하게 된다. 이것은 단지 다른 한의사들뿐만이 아니다. 그의 직원들, 그리고 그가 진료하는 많은 환자들 역시 비슷한 마음으로

그를 응원하게 된다. 이렇게 결코 실패할 수 없는 환경이 자연스럽게 만들어지는 것이다.

최근 성공하는 기업들의 중요한 요건 중 하나가 '착한 기업'이 되는 것이라는 점도 같은 맥락이다. 과거 삼성은 재벌가로서 질시(嫉視)를 받았지만, 삼성 장학금이나 사회 환원 사업을 통해 '착한 기업'으로 자리 잡으면서 사람들로부터 긍정적인 평가를 받기 시작했다. 그 결과, 점차 삼성의 편이 되는 사람들도 늘어났다. SK 또한 울산에서 크게 성장하면서 땅을 기부해 울산 대공원으로 조성, 시민들에게 환원했다. 이처럼 사회에 기부하며 좋은 평판을 얻고, 한 단계 더 성장하는 기업의 예시는 무수히 많다.

경주 최부잣집 이야기는 많은 사람들에게 잘 알려져 있다. 경주 최부자는 "사방 백 리 안에 굶는 사람이 없게 하라"는 가훈으로 유명하다. 최부잣집은 12대에 걸쳐 300년 동안 부를 유지하며, 주변의 가난한 이웃을 돕고 구제하는 데 힘썼다. 그들은 수확물의 대부분을 기부하거나 소작농에게 낮은 소작료를 받았고, 필요한 농기구와 생활용품 등을 지원했다. 흉년이나 전염병이 돌 때에는 아낌없이 재산을 내어 구휼했으며, 그들의 선행은 '부자는 3대를 못 간다'는 속담을 무색하게 하며, 지금까지도 회자되고 있다.

성공한 기버가 되기 위해서는 자신의 성공뿐만 아니라 타인의 성공에도 관심을 가져야 한다. 베풀며 선행하는 삶을 사는 것이 결국 몇 배로 나에게 돌아온다. 1등이 아니어도 괜찮다. 사회는 성적순이 아니다. 내 편이 많아질수록 더욱 풍요롭고 행복한 삶을 살 수 있다. 이것은 길고 오래가는 한의원을 운영하기 위해서도 꼭 필요한 덕목이라 생각한다.

세금과 노무 그리고 사람

한의원을 하게 되면 누구나 세무와 노무 부분을 만나게 된다. 세무는 돈에 관련된 일이고, 노무는 사람에 관련된 일이다. 그런데 개원하기 전에는 여기에 대해 별다른 관심이 없다. 당장 내 일이 아니기 때문이다. 내가 부원장일 때도 마찬가지였다. 그저 월급 명세서에 찍힌 급여내역 중에 실수령액이 얼마인지에 대해서만 관심이 많았다. 당장 내가 손에 쥐는 금액이기 때문이다.

노무에 대해서도 전혀 몰랐다. 5인 이하 사업장과 5인 이상 사업장의 차이, 그리고 법정 휴일과 기타 휴일에 대해서도 알지 못했다. 개원 초기에 세무 업무도 세무사에게 그저 맡기기만 했을 뿐이었다. 세무사도 주변 지인을 통해 알음알음으로 찾아보았고, 소득률도 남들 신고하는 대로만 하면 된다고 생각하고 하고 있었다. 그런데 나중에 알고 보니 세무사가 기장을 엉망으로 하고 있었다. 차트 프로그램에서 총 진료비와 비급여를 더한 금액을 총 매출로 잡아야 함에도 불구하고, 총 진료비를 총 매출로 책정하고 예상 소득률을 형편없이 낮게 책정했던 것이다. 나중에 비급여를 더한 금액을 급하게 매출로 잡다 보니 소득률은 엄청 올라가 버렸고,

그해에 나는 이전 해에 내는 세금에 비해 엄청나게 많은 금액을 세금으로 내게 되었다.

그때부터 나는 느꼈다. "세무사도 무조건 믿으면 안 되겠다!" 하고 말이다. 세무 업무도 병원 기장을 많이 해보고, 경력이 있는 세무사에게 맡겨야 하는 것이다. 또한 내 스스로 세무에 대해서 지식이 충분한 상태에서 맡겨야 한다. 내 돈을 지켜주는 사람은 아무도 없다. 세금에 대해서 잘 알고 있는 상태에서 세무사에게 맡기는 것과 아무것도 모르는 상태에서 세무사에게 맡기는 것은 천지 차이다. 세무사도 사람이기에 실수가 있을 수 있고, 세금에 대해 잘 아는 원장님의 기장은 더 꼼꼼하게 처리될 수밖에 없다.

세금에는 여러 종류가 있으며, 크게 국세와 지방세로 나뉜다. 우리가 홈택스를 통해 납부하는 세금이 국세이고, 위택스를 통해 납부하는 세금이 지방세이다. 국세에는 종합소득세, 종합부동산세, 부가가치세 등이 포함되며, 지방세에는 취득세, 등록세, 주민세, 자동차세 등이 포함된다. 나는 그동안 세금 체계에 대해 잘 몰랐고, 세금 고지서가 올 때쯤에야 "세금 낼 때가 됐구나" 하며 납부하곤 했다. 하지만 세금 체계를 이해하고 공부한 후, 합법적으로 절세할 수 있는 방법도 알게 되었다.

기부금은 매년 소득의 10%까지 경비 처리할 수 있다. 이를 활용해 주변 복지관이나 기업과 MOU를 체결하고 한약이나 파스를 기부하는 것도 합법적으로 경비처리가 가능하다. 지역 사회에 기부하면서 좋은 일도 할 뿐만 아니라, 환자 유치에도 긍정적인 영향을 준다. 또한 청첩장은 개당 20만 원씩 경조사비로 처리할 수 있으며, 부모님 명절에는 현금 대신 카드로 상품권을 구입해 드리는 것이 경비 처리에 더 유리하다. 매월 발생하는 이자도 경비 처리가 가능하기 때문에 실제로는 대출을 받더라도 절반 가량의 금액이 경비 처리가 된다. 실제 이율보다 더 저렴한 금액으로 사용 가능한 것이다. 그래서 돈이 있더라도 필요하다면 적당히 개원 대출을 받아 시작하는 게 낫다. 더 나아가서는 의료기기 도매업 법인을 설립하여 원내 소모품을 공급받거나 지주 법인인 MSO법인을 설립하여 컨설팅 비용에 대해서도 경비 처리를 하는 방법을 고려할 수도 있다.

한의원은 개인 사업자이자 면세 사업자이기 때문에 경비 처리할 수 있는 항목이 제한적이다. 하지만 법인은 개인 사업자에 비해 다양한 항목에 ~~세 경비 처리니가 가능하다. 비록 법세가 기능하나 이 밸 세 부분 2억 원~~ 이하의 경우 법인세율이 10%에 불과해 개인 사업자로 운영하는 것보다 유리한 점이 많다.

경비 처리의 핵심은 적격 증빙에 있다. 그중 가장 확실한 적격 증빙은 세금계산서와 카드 매출이다. 따라서 부가세를 내더라도 세금계산서를 받을 수 있으면 항상 챙기고, 적은 금액이라도 카드 결제를 사용하는 것이 좋다.

그런데 학교에서는 이런 내용을 가르쳐주는 사람이 없었다. 처음에는 당연히 세무사가 알아서 처리해 줄 거라 생각했지만, 내가 직접 자료를 준비하고 공부하며 신경 써야 한다는 사실을 절실히 깨달았다. 급여 부분도 마찬가지다. 부원장으로 일할 때는 통장에 찍히는 400만 원이 내 급여라고 생각했지만, 실제로 대표 원장님은 600만 원 이상을 지출하고 있었다. 퇴직금 또한 나라에서 주는 돈이 아닌 고용주의 부담이다. 건강보험, 국민연금, 고용보험, 산재보험도 고용주와 근로자가 절반씩 부담하게 되어 있다.

그래서 연봉이 1억 원이라 해도 매월 실수령액은 약 650만 원 정도지만, 고용주는 이보다 훨씬 더 많은 비용을 지출하고 있는 것이다. 노무 문제도 마찬가지다. 우리나라 노동법은 세계적으로도 유례가 없을 만큼 까다롭고 엄격하다.

근로기준법이 제정된 것은 1950년대로, 이 법은 당시 고용주의 갑질로부터 상대적으로 약자였던 근로자의 권익을 보호하기 위해 만들어졌다. 그래서 고용주에게 불리하다고 느껴질 정도로 근로자를 보호하는 조항들이 많다. 예를 들어, 근로자는 언제든지 퇴사할 수 있지만, 고용주는 3개월 수습 기간이 지나면 근로자를 마음대로 해고할 수 없다. 심지어 수습 기간 내에 해고하더라도 서면 통지를 하지 않으면 부당 해고로 간주되어 해고된 기간 동안의 급여를 보상해야 한다. 또한 근로계약서를 작성하지 않으면, 근로자가 하루만 일하고 그만두더라도 고용주는 약 200만 원의 벌금을 물게 된다. 이를 악용해 5인 이상 식당을 돌아다니며 일부러 해고당하고, 부당해고 구제 신청을 통해 고용주로부터 수천만 원을 갈취한 대학생 사례가 유튜브 채널 《궁금한 이야기 Y》에 소개된 적도 있다.

문제는 학교에서 이러한 내용을 가르쳐주지 않는다는 점이다. 학생일 때는 대부분 모를뿐더러, 심지어 부원장일 때도 잘 모르는 경우가 많다. 개별적으로 관심이 많지 않으면, 개원 후에야 이런 문제에 부딪혀 당황하는 경우가 많다. 그래서 나는 이러한 내용들이 학교 교과 과정에 포함되면 좋겠다는 생각이 든다. 자세한 이론이 아니라, 개원 시 실제로 마주하게 되는 핵심적인 사항들만 다룬다면 1~2시간 내에 충분히 설명할 수 있을 것이다. 실전 세무나 노무와 같은 필수적인 내용들로 말이다.

개원을 하게 되면 사람에 대해서도 알아야 할 필요가 있다. 사람에 대해서 알기 위해서는 인문학과 심리학에 대해서도 공부가 필요하다. 예전에는 사람에 대해 깊이 생각하지 않았지만, 한의원을 운영하면서 어떤 직원을 고용하느냐에 따라 한의원의 분위기가 완전히 달라진다는 것을 깨달았다. 그 후로 사람의 중요성에 대해 새삼 인식하게 되었다.

직원을 한 번도 해고하지 않았다는 것은 자랑스러운 것이 아니다. '착한 원장'이라는 이미지에 스스로 갇혀있는 건 아닌지 고민해 볼 필요가 있다. 때로는 리더는 차가운 얼음처럼, 그리고 날카로운 비수처럼 행동해야 한다. 모든 직원에게 착한 원장이 되려고 하면 결과적으로 '좋은 게 좋은', '물에 물 타버린' 식의 미온적인 원장이 되어버린다. 열심히 일하는 직원과 그렇지 않은 직원을 구분해야 하며, 성실한 직원은 더욱 응원하고, 그렇지 않은 직원은 과감하게 김대릴 수 있어야 하니,

직장이라는 곳은 나뿐만 아니라 나의 한의원에서 일하는 모든 구성원들이 가족의 생계를 책임지고 근무하는 곳이다. 어떤 직원의 업무 능력 저하나 태도 문제로 다른 사람들의 생계에 악영향을 미친다면, 그것은 해고 사유가 될 수 있다. 그것이 그 사람의 능력 부족이라면 도와줄 수 있지만, 태도의 문제이며 시간이 지나도 개선되지 않는다면 과감하게 정리해야 한다. 썩은 사과를 방치하면 상자 전체의 사과가 다 썩어버린다. 원장은 썩은 사과를 빨리 구별해 내고, 모든 직원이 한마음이 되어 협력할 수 있는 환경을 조성해야 한다.

조직을 바꾸려 하면 두려움이 앞선다. '지금까지 잘해 왔는데 갑자기 바뀌면 어떻게 하지? 직원이 바뀌면서 한의원이 안되면 어쩌나?' 하는 생각이 들 수도 있다. 그러나 의외로 직원이 바뀌고 나면 한의원의 분위기가 더 좋아지고 활기를 찾기도 한다. 한의원은 원장이 주도하는 게임이다. 직원과 원장이 합이 맞지 않으면 부정합의 상태가 지속되고, 한의원 전체의 분위기에도 영향을 미치며, 그 영향은 고스란히 환자에게 간다.

따라서 원장과 직원의 가치관을 일치시키고, 조직의 비전과 미션을 명확히 하며, 한의원의 방향성을 확립하는 것이 중요하다. 목표를 향해 배

를 힘껏 저어 가듯이 모두가 같은 방향으로 합심(合心)하여 나아가도록 하는 것이 원장의 역할이라고 하겠다.

상권 공부가 필요한 이유

누구나 한의대를 졸업하고 국가고시를 통과하면 한의사가 된다. 하지만 '한의원을 어떻게 운영해야 하는가?'에 대해서는 깊이 생각해 보지 못하는 경우가 많다. 나 역시 한의사가 되고 나면 자연스럽게 남들이 가는 길을 따라가게 될 거라고 막연히 생각했다.

그런데 내가 한의원을 해보니 완전히 처음부터 배워야 했다. 학교에서는 가르쳐주지 않는 것들이 너무 많았다. 처음에 한의원을 할 때 어떻게 하면 잘될 수 있을까 고민했다. 막연하게 야간 진료를 늘리면 환자가 더 많이 오지 않을까 생각했다. 그래서 월, 수요일은 야간 9시까지 진료하고, 주 6일 진료하며 몸을 갈아넣었다.

그런데 지금 생각해 보면 내가 처음 개원했던 한의원은 결코 야간 진료로 재미를 볼 수 있는 곳이 아니었다. 야간 진료가 잘되는 곳은 기본적으로 베드타운이어야 하고, 퇴근 후 집으로 돌아가는 길에 쉽게 들를 수 있는 위치에 있어야 한다.

심리학적으로 출근할 때와 퇴근할 때의 마음 상태는 다르다. 갈 때는 마음이 쫓길 때가 많다. 여유가 없다. 물론 시간도 없을 것이다. 반면 돌아올 때는 좀 더 마음이 여유로워진다. 아픈 데가 있으면 치료도 받고 싶고, 기력이 떨어지면 몸을 챙기는 약도 먹고 싶은 생각이 들 때도 있다. 지금은 그것이 보이는데, 그때는 그렇지 않았다. 일단 어떻게든 시간을 늘리면 환자가 올 거라 생각했다.

먼저, 개원하기 전에 내가 운영할 한의원의 주요 수요층이 누구인지에 대해 명확한 타깃 설정이 필요하다. 이를 위해 상권 분석이 필수적이다. 상권을 제대로 이해하기 위해서는 부동산에 대한 공부도 함께 해야 한다. 예를 들어, 소상공인 상권분석 시스템을 활용해 주변 상가의 임대료와 보증금 현황을 확인하는 방법이 있다. 가장 빠르게 상권을 파악하는 방법 중 하나는 평당 임대료가 어느 정도인지 알아보는 것이다.

상권은 물이 흐르는 것과 같다. 물은 고일 때도 있고, 흘러 지나가는 곳도 있다. 상권은 30년 주기로 크게 바뀐다. 상권의 핵심은 배후수요이다. 주변의 주거지역을 우선적으로 봐야 한다. '주거지역에서 물을 부었을 때 어디로 흘러갈까?' 생각해 보면 된다.

사람은 효율성을 추구하는 동물이기 때문에, 사람의 동선은 항상 최단 거리로 향한다. 아파트 단지에서 지하철역까지 갈 때, 처음에 이사 왔을 때 길을 잘 모를 때는 큰길로 가지만, 살다 보면 얼마 지나지 않아 어느 순간 최단 거리를 찾아서 가고 있는 나를 발견하게 된다. 그렇게 사람들이 지나가는 동선을 따라 상권이 형성되게 된다.

신도시 상가를 분양받을 때 위험한 이유가 여기에 있다. 신도시 상가는 배후 세대를 보고 짓지만, 분양사의 최대 이익을 위해서 단지에 비해 최대한 많은 수의 상가를 입점하려 한다. 또한, 신축상가기 때문에 평당 분양가도 저렴한 편이 아니다. 그런데 시간이 지나면 사람들이 지나는 동선은 점점 정해지게 되고, 지나가지 않는 길은 계속해서 더더욱 한산해진다.

상가는 크게 두 가지로 나눌 수 있다. 충동형 상가와 목적형 상가다. 주변에서 흔히 보이는 편의점이 충동형 상가에 가깝다. 편의점 주인이 너무 친절해서, 물건이 좋아서 편의점을 찾는 경우는 흔치 않다. 길 하나 건너기 싫어서 바로 앞 편의점을 이용하는 경우가 많다. 가장 입지의 영향을 많이 받는 업종이다. 반면 한의원은 목적형 상가에 가깝다. 원장을 많이 탄다. 원장이 진료를 잘하고, 직원이 친절해서 찾아오는 환자들이 많다. 그래서 입지가 조금 떨어지더라도 괜찮은 한의원은 찾아서 오게 된다. 한의원이 주로 1층부터 2층 이상에 끼지에 있는 이유도 이것 때문이다. 아시만 만약 좋은 입지에 저렴한 임대료의 한의원을 선점한다면 그보다 좋을 수는 없을 것이다. 나아가서, 그 입지의 건물을 매수하거나 투자한다면 그보다 더 나을 수는 없을 것이다.

우리는 건물주를 부러워하지만 건물주는 우리를 부러워한다. 건물주의 수익은 임대료에서 나온다. 하지만 한의사의 수익은 우리가 하는 진료 행위에서 나온다. 건물주가 한의사 면허증을 따지 않는 이상 죽었다 깨어나도 이 수익을 얻을 수는 없다.

라라브레드의 강호동 대표는 이러한 사업소득을 자산소득에 가장 잘 결합한 사람이다. 본래 그는 안 좋은 입지에 들어가서 라라브레드를 운영하면서 매출을 끌어올리면서 운영했는데, 어느 순간 자신이 건물을 직접 매입한 후에 사업소득을 늘리면 그 자산소득도 늘어나지 않겠나 하는 생각을 했다. 그 후 그는 서울에서 입지가 약간 떨어지는 곳이지만, 동선이 충분히 생길 수 있는 곳의 건물을 매입하고 인테리어를 하고, 지점을 확장하여, 부동산 가치를 극대화시켜서 100억대 이상의 큰 부자가 됐다.

이것이 바로 '트래픽'이라는 개념이다. 사람들이 모이는 것, 동선이 겹치는 것, 매출이 발생하는 것, 그것이 자산소득의 가치와도 직결되는 것이다. 상가의 임대료도 이를 바탕으로 책정된다.

예를 들어 A급 상가가 평당 임대료가 30만 원, B급 상가가 평당 임대료 10만 원, C급 상가가 평당 임대료가 5만 원이라 가정해 보자. 서울로 치면 명동이나 강남 같은 곳이 A급 임대료를 받는 상권이다. 보통 한의원을 한다고 해도 강남과 명동의 1층에서 하기 쉽지 않다. 그만한 매출을 발생시키기 위해서는 엄청난 부가가치를 내어야 하기 때문이다. 한때 명동의 1층 상가는 중국인을 대상으로 하는 화장품 가게들이 대부분 차지하고 있었다. 화장품 사업이 원가 대비 부가가치가 높은 사업이며, 중국인들의 선호도와 겹쳐서 엄청난 매출을 일으킬 수 있었고, 비싼 임대료를 감당할 수 있었기 때문이다.

코로나 사태 이후, 지금은 상가가 다시 물갈이되고, 또 다른 업종들로 채워지고 있다. 결국 상권은 물과 같다. 흐름에 따라서 수없이 변화한다. 지금의 트렌드가 무엇인지 촉각을 곤두세워야 하는 이유가 이 때문이다. 자산가들은 자산을 가지고 있지만, 그들이 가지지 않고 있는 것은 매출을 이끌어내는 능력이다. 건물주들이 그래서 항상 임대를 낼 때 '병의원 임대'를 내는 이유다. 가장 안정적으로 월세를 받을 수 있기 때문이다. 업종들 중에서 가장 '덜' 망하는 게 병의원이라는게 건물주들은 본능적으로 알고 있다.

건물주 입장에서는 임대료만 밀리지 않게 따박따박 잘 받으면 그것으로 장땡이다. 그래서 한의사가 자산을 가지면서, 이런 능력까지 가지고 있다면, 가치를 만들어 내는 것은 시간문제다. 저렴한 토지를 매입하고, 인테리어를 통해 부가가치를 높이고, 훌륭한 진료로 트래픽을 이끌어 내거나 또한 주변의 상권까지도 만약 살린다면? 그야말로 엄청난 자산 가치의 상승을 이끌어 낼 수도 있다. 나아가서 진료뿐만 아니라, 다른 능력과도 결합한다면 엄청난 시너지 효과를 낼 수도 있다.

얼마 전 모교 경희대학교에 학교 발전과 후학 양성에 1,300억 원을 쾌척해서 세간의 이목을 끌었던 '골든핑거'라고 불리는 경희대학교 출신 이영림 한의사 선배님의 경우가 그렇다. 그녀는 1976년 서울 서초에서 한의원을 하다가 이란 주재 대사의 견비통을 담궐로 진단하여 치료해 준 이후에, 이란 왕실에 초청되고, 왕실 주치의로서 명성을 얻었다. 그리고 현지에서 1년 이상 진료 예약이 밀릴 정도로 명의로서 인정을 받았다. 그러나 그녀가 큰 돈을 번 것은 다른 이유 때문이었다. 치료는 어쩌면 모년 아수삭은 부문에 불과할 것이다. 그녀는 당시 이란에서 수없이 많은 인프라가 지어지는 시기의 돈의 흐름을 발견하고, 필요한 것이 건설업이라는 것을 직감했다. 본업인 한의학과 연관된 것은 아니었지만, 건설 회사를 차려야겠다고 결심하고, 당시 주치의로서의 인맥을 통해 이란 왕실에 건의하게 되고, 한국의 인재들을 채용하여, 한국인 450명, 이란인 2,000명을 채용하는 큰 건설 회사를 창업하게 되고, 전기 발전소 등을 수주하며 매출을 올리게 된다. 또한 많은 이란 왕족들을 치료해 주면서 감사의 의미로 받은 진귀한 유물 등을 처분하여 1,300억 원이나 되는 거금을 모교에 기부했다. 그러면서도 본인이 입고 있는 옷은 무려 45년 동안 입고 있는 허름한 옷이라고 하는 이야기에 놀라움을 금할 수가 없었다.

모든 기업은 수익을 추구한다. 우리가 한의원을 하는 것도 어찌 보면 돈을 벌기 위해서가 가장 클 것이다. 그런데 돈에 매몰되어 버리면 힘들다. 하루하루 입에 풀칠을 하기 위해 살아가는 삶은 지옥과도 같을 것이다. 돈을 벌려면 다른 걸 해야 한다. 큰 사업을 하거나, 회사를 차려야 한다. 한의원으로 버는 돈은 한계가 있다. 오히려 한의원을 통해 사람들을 치료하고, 좋은 영향을 위로 쌓아나가며, 인맥을 만들고, 좋은 업을 쌓는다고 생각하는 것이 마음이 편할 것이다.

경제적 자유라는 성을 함락시키려는 병사

자산 가치의 '퀀텀 점프'를 위해서는 결합해 나가야 한다. 내가 가진 파이프라인을 늘려 나가야 한다. 근로 소득으로 돈을 버는 것은 항상 한계가 있다. 자청의 《역행자》라는 책에서 이런 이야기가 나온다. 만 명의 병사가 지키고 있는 경제적 자유라는 성이 있다. 일반 병사들은 하루에 한 명의 병사만 해치울 수 있다. 그 성을 무너뜨리기 위해서 무려 30년이라는 세월이 걸린다. 전문직은 장수다. 혼자서 3~5명의 병사를 해치울 수 있다. 그래서 10년의 세월이 지나 성을 점령하게 된다. 그런데 장군은 100명의 병사를 거느린다. 장군은 각 병사들이 싸우도록 독려하여 하루에 100명의 병사를 해치우고, 불과 1~2년 안에 경제적 자유라는 성을 점령한다.

부동산과 경매, 그리고 사업으로 큰 부를 이룬 송 사무장은 그의 저서 《EXIT》에서 "큰 부자가 되려면 기술자가 아니라 기획자가 되어야 한다"고 강조한다. 어떤 분야에서든 한 분야의 전문가는 많지만, 2~3개의 분야에서 전문가인 사람은 드물다. 그렇기 때문에 각 분야에서 100%의 전문성을 갖추지 않더라도 70% 정도의 전문성만 있으면 독보적인 차별성을 가질 수 있다고 말한다.

한의사면서도 부동산 지식을 가지고 있는 사람, 한의사이면서도 경영적 지식을 가지고 있는 사람은 많은 편이 아니다. 내가 아는 분야를 늘리고, 기획자로서 그 장점을 살릴 수 있다면 훨씬 더 성공할 확률이 높아진다. 그렇기 때문에 내가 잘 아는 분야는 무엇일까? 무엇이 내가 좋아하는 것일까? 이것을 먼저 파악하는 것이 중요하다. 그 분야를 깊이 있게 공부하고, 나의 진료와 결합해 나가는 것이 성공의 열쇠가 될 것이다.

성공론

부동산 공부하는 한의사

최근 부동산 시장은 여러모로 어려운 상황에 직면해 있다. 특히 미국의 급격한 금리 인상 이후, 많은 사람들이 어려움을 겪고 있다. 그런데도 서울의 부동산 가격은 크게 하락하지 않는 반면, 지방 부동산은 계속해서 하락세를 보이고 있다. 이는 부동산 시장이 점점 더 양극화되고 있음을 단적으로 보여준다. 부동산은 인구 증가, 경제 성장, 화폐 발행, 그리고 인플레이션과 밀접하게 연관되어 있어, 이러한 흐름은 앞으로도 지속될 가능성이 크다.

우리나라의 부동산은 88년 올림픽과 함께 급격한 상승을 경험한 이후 2012년과 2020년에도 그 추세가 이어졌다. 코로나로 경제가 어려운 시기에도 금리 인하와 대규모 화폐 발행으로 자산 가치가 상승했고, 이에 따라 부동산 가격 역시 급등했다. 당시 낮은 금리로 많은 사람들이 대출을 받아 부동산에 투자한 것이 큰 역할을 했다.

그러나 2022년 이후 금리가 급격히 오르면서 2023년부터 전국적으로 부동산 시장이 침체되기 시작했고, 경매 건수는 급증했다. 고금리가 장기화되고 경기 침체가 지속되면서 금융 부담을 견디지 못한 한계 차주들이 매물을 내놓기 시작했다. 지지옥션에 따르면 2024년 5월, 한 달 동안의 경매 건수만 해도 역대 최대인 무려 1만 7,930건을 기록했다.

현재 부동산 시장은 투자자들이 발을 빼고 관망하는 상황이다. 이는 부동산이 사람들의 심리와 밀접하게 연관된 자산임을 잘 보여준다. 2021년에는 뒤늦게라도 부동산을 사지 않으면 안될 것 같은 분위기였지만, 이제는 그 반대인 것이다.

대한민국 인구는 2021년을 정점으로 점차 감소하고 있으며, 출산율도 급속히 하락하고 있다. 이미 실패에서 부동산 시대가 무의미해 보일 수도 있다. 그러나 나는 여전히 부동산 시장에 가능성이 있다고 생각한다. 인구가 감소하더라도 선호 지역의 부동산 가치는 여전히 유지될 것이기 때문이다. 이는 마치 전국에 수백 개의 대학이 있지만, 서울대에 진학하려는 학생들의 수는 줄지 않는 것과 같은 이치다. 또한, 우리나라의 화폐 발행이 계속되는 한 인플레이션은 계속될 수밖에 없기 때문이다.

과거 일본도 8~90년대에 버블 경제의 정점(頂点)을 찍은 적이 있다. 그 뒤 일본은 잃어버린 30년을 겪었지만, 지금도 도쿄와 오사카 같은 핵심 지역의 부동산 가격은 여전히 높다. 반면, 인구 분산을 목표로 개발된 도쿄에서 1시간 20분 정도 떨어진 다마 신도시는 빈집이 넘쳐나며, 지금도 공짜로 준다 해도 집이 팔리지 않는 상황이다.

이 현상을 '연못 효과'라고 부른다. 연못의 물이 점차 마르면, 남은 물은 줄어들지만 물고기들은 오히려 연못 중앙으로 몰리게 된다. 우리나라 역시 인구가 줄어들수록 서울과 강남을 선호하는 현상이 더욱 심화될 것이다. 사람들이 찾는 지역의 부동산 가격은 계속 오르는 반면, 그렇지 않은 지역의 부동산 가격은 더 가파르게 하락할 것이라고 본다.

따라서 부동산 투자에서는 지역의 중요성이 더욱 강조된다. 서울 강남,

성수, 부산 서면, 해운대와 같은 지역은 앞으로도 사람들이 몰리며 가격이 오를 가능성이 크다. 반면, 인구가 줄고 선호되지 않는 지역의 부동산은 가치가 급격히 하락할 수 있다.

인구 성장기에는 어떻게든 전세가 나갔다. 그러나 이제는 전세를 구하기 힘들고 빈집이 될 수 있다는 것을 늘 생각해야 한다. 집은 사람이 살 때에야 비로소 가치가 생긴다. 사용할 사람이 없다면 그저 콘크리트 덩어리에 불과할 뿐이다.

특히 이것은 주택보다 상가가 심하다. 상가를 잘못 사면 삼대가 고생할 수도 있다. 코로나 이후 비대면 문화가 빠르게 확산되었고, 이제는 마트에 가는 것조차 번거롭게 느껴질 정도로 온라인 쇼핑이 활성화되었다. 클릭 한 번으로 쿠팡에서 물건을 받아보는 시대가 되었다.

과거에는 아파트를 지을 때도 항상 세대수에 비해 과할 정도로 많은 상가를 입점시켰다. 분양사 입장에서는 상가 분양이 큰 수익원이었기 때문이다. 그렇지만 지금은 미분양 상가가 넘쳐나고 있다. 상가가 공실이 되고, 매년 빈 상가에서 이자만 낸다면 정말 죽기보다 괴로운 일이 될 수도 있다. 이러한 위험에 대해 분양사에서는 제대로 설명해 주지 않는다. 노후 대책으로 '상가 하나면 끝'이라고 홍보하지만, 이는 상가가 임대되어 월세가 꾸준히 들어올 때의 이야기다. 공실이 발생할 경우의 위험성도 반드시 고려해야 한다.

특히 구분상가나 테마상가는 임대가 나가지 않으면 큰 리스크가 따른다. 상가주택이나 근린상가는 땅값이 보존되는 한 언젠가 오를 가능성이 있지만, 구분상가는 공실이 발생하면 관리비와 이자 비용만 남기게 된다. 반면 대지를 깔고 있는 상가주택이나 근린상가는 땅값이 내려가지 않는 이상 언젠가는 오른다.

스노우볼 효과

그렇기 때문에 한의사가 신축을 하거나 상가주택을 매수해 한의원을 성공적으로 운영하며 건물의 가치를 높이는 것은 좋은 전략이다. 한의원이 잘되면 건물의 가치가 오르기 때문이다. 노동으로 돈을 버는 속도는 자본이 돈을 버는 속도를 따라가지 못한다. 아무리 열심히 일해도 결국은 내가 몸을 갈아 넣어 벌어들이는 돈일 뿐이다. 그러나 진정한 사업가는 자본이 자본을 벌어들이도록 만든다.

'스노우볼 효과(Snowball effect)'라는 개념이 있다. 우리가 10억을 모으는 데 10년이 걸렸다면, 20억을 모으는 데는 20년이 걸릴 것 같지만, 실제로는 그렇지 않다. 오히려 5년, 아니 3년도 채 걸리지 않을 수 있다. 눈덩이가 구르면서 점점 커지듯, 자본은 한 번 흐름을 타면 더 빠르게 커진다. 예를 들어, LH가 수천억 원에 달하는 토지를 분양할 때, 그 규모를 감당할 수 있는 자본력을 가진 기업만 입찰에 참여할 수 있다. 이들은 토지를 매수해 개발 후 발생하는 이익으로 더욱 거대한 자본을 형성해, 경쟁이 어려운 위치에 서게 된다.

2002년 부산 센텀시티의 백화점 부지 입찰에서도 비슷한 사례가 있었다. 당시 롯데는 부산 지역의 대표적인 백화점 중 하나인 롯데백화점 서면점을 운영하고 있었고, 센텀시티 부지에도 다른 기업이 쉽게 들어오지 못할 것이라고 자신했다. 그러나 토지 입찰 마감 5분을 앞두고, 신세계그룹이 기습적으로 입찰에 참여했다. 결과적으로 롯데는 그 금싸라기 땅을 신세계에게 넘겨주게 되었다.

이후 신세계는 센텀시티에 세계 최대 규모의 백화점을 지으며, 부산의 자본을 빠르게 끌어들였다. 에르메스, 샤넬 같은 하이엔드 브랜드들이 입점했고, 이후에는 신세계몰까지 개장하면서 자본을 싹쓸이했다. 롯데백화점 센텀시티점은 개점 첫해에 3천억 원이 넘는 매출을 기록했으나, 하이엔드 브랜드들이 하나둘씩 빠져나가며 지난해에는 연 매출이 겨우 1,100억 원에 그쳤다. 반면, 신세계 센텀시티점은 약 1조 2천억 원의 매출을 기록하며, 신세계 강남점에 이어 전국에서 두 번째로 높은 매출을 자랑하고 있다.

부동산 투자의 핵심은 자본을 불리는 데 있다. 자본이 커지면 더 큰 수익을 기대할 수 있고, 사업 확장도 용이해진다. 부산 신세계백화점의 사례처럼 한 번의 큰 투자로 성공한 기업은 더 큰 자본을 확보하여 경쟁에서 우위를 점할 수 있다. 롯데가 안이하게 생각하다가 신세계에게 중요한 부지를 빼앗긴 것처럼, 시장의 흐름을 읽고 빠르게 대응하는 것이 중요하다.

부동산 투자는 신중해야 하지만, 잘 선택된 부동산은 큰 수익을 가져다줄 수 있다. 특히 저평가된 지역을 발굴하여 개발하고, 한의원을 성공적으로 운영해 건물 가치를 상승시키는 것은 매우 효과적인 전략이다. 한의원을 통해 안정적인 수익을 창출하는 동시에, 부동산 가치 상승으로 자산을 증대시킬 수 있는 것이다.

최근 나는 동의대학교 부동산 대학원 MBA 과정을 수강하며 부동산에 대한 개념과 내가 알고 있는 지식을 정리하고 있다. 부동산은 단순한 투기가 아니라 사람의 의식주(衣食住) 중 중요한 한 부분이다. 따라서 평생에 걸쳐 공부하고 일상생활에서 잘 활용해야 할 분야이다.

부동산은 공간의 학문이라고 생각한다. 한의원을 하더라도 환자를 치료해 주는 공간이 필요하다. 한의원이 잘되면 많은 환자로 인해 발생하는 트래픽은 결국 건물 가치의 상승으로 이어지게 된다. 한의원 운영에서 얻는 수익은 빈껏할 수 있지만 서부 가치 상승이 ㅗ게프ㄴ 기힙十픽으노 올라갈 수 있다. 그래서 한의원을 운영하면서도 부동산에 대한 공부의 끈을 놓지 않는 것이 중요하다고 하겠다. 많은 원장님들이 부동산 공부를 통해 본업에 충실하면서도 더 풍요롭고 여유로운 삶을 누리기를 바란다.

성공론

새로운 시도, 새로운 확장

대부분의 한의원은 비슷한 진료 과목을 내세운다. 대표적으로 추나, 약침, 비만, 성장 등이 있으며, 때로는 교통사고 환자 치료도 포함된다. 개원하는 후배들 역시 이러한 진료 항목을 따르는 경우가 많다. 왜 그런 것일까? 그 이유는 아이러니하게도 한의학이 매우 다양한 분야를 다루는 학문이기 때문이다.

예를 들어, 피부과 전문의는 개원할 때 주로 피부과 질환만 진료하지만, 한의학은 대부분의 질환을 아우를 수 있다. 그러나 모든 과목을 진료항목에 포함할 수는 없기에, 많은 한의원에서는 환자들이 많이 찾는 근골격계 질환이나 비급여 항목인 성장, 비만 치료를 주로 내세우게 된다.

흥미로운 점은, 많은 사람들이 한의원에서 어떤 치료를 하는지 잘 모른다는 사실이다. "태어나서 한의원에 가 본 적 있느냐"라는 질문에, 약 40%의 사람들이 한번도 가본 적이 없다고 답한 통계는 매우 놀랍다. 한의원에서 할 수 있는 치료는 매우 다양하지만, 사람들은 한의원을 단순히 발목을 삐거나 허리가 아플 때 찾는 곳으로 인식하는 경향이 강하다.

나는 한의원을 하면서 이런 질문을 자주 받는다. "거기는 어떤 치료를 잘하나요?"

이 질문에 대한 답은 명확해야 한다. "우리 한의원에서는 이 치료만큼은 '기똥차게' 잘한다"라고 말이다.

나 또한 개원 후 진료 과목에 대해 크게 고민하지 않았던 것 같다. 남들이 많이 하는 치료 위주로 하면 된다고 단순하게 생각했던 것 같다. 환자들도 주로 통증 환자들 위주로 보았다. 하지만 통증을 치료하는 한의원은 전국에 너무 많다. 통증은 신경외과나 정형외과와도 진료 과목이 겹친다. 무릇 투자의 유명들은 다른 길횐에 미해 월등히 높다. 그런데 왜 한의원에서 굳이 통증 환자만 치료해야 하는 것일까?

한의원에서 치료할 수 있는 분야는 무척 다양하다. 거의 모든 내과 과목과 통증 질환을 한의학적 방법으로 치료할 수 있다. 그러나 환자들이 많이 오는 질환 위주로 진료하기 때문에 그 위주로만 보게 되는 것 같다. 주로 허리가 아픈 환자, 목이 아픈 환자, 무릎이 아픈 환자 등 말이다.

나는 학생 시절, 의사는 신과 같고 모든 치료가 완벽할 것이라고 생각했다. 그러나 현실은 그렇지 않았다. 의사도 자신이 아는 한 환자를 도와주는 사람이지, 완벽히 아는 사람이 아니다. 현대의학 역시 미비한 점이 많다. 치료가 어려운 질환도 많으며 치료 매뉴얼만으로는 관리가 힘든 질환도 많다.

어쩌면 한의원을 방문하는 환자들이 많은 이유는 병원에서 제공할 수 있는 치료가 제한적이기 때문일 것이다. 예를 들어 허리를 삐었을 때, 수술이 필요하지 않은 경우에는 물리치료나 진통소염제 외에는 특별한 치료 방법이 없다. 그래서 그런 질환일수록 더 많이 한의원에 와서 치료받고 좋아지면서 그것이 하나의 표준처럼 자리 잡지 않았나 싶다.

그런 의미에서 보면 한의학이 확장할 수 있는 치료 분야가 아직 무궁무진하다. 아직 많이 알려져 있진 않지만, 한의학으로 치료가 잘되는 질환들이 생각보다 많기 때문이다.

성대질환도 그중 하나이다. 성대질환은 유병률은 낮은 편이지만, 이를 겪는 사람들에게는 그 어떤 고통보다도 심각할 수 있다. 특히, 목소리를 직업으로 사용하는 가수나 강사에게 목소리가 나오지 않는다는 것은 마치 하늘이 무너지는 듯한 괴로움이 될 수 있다.

L 원장님은 한의사이자 가수로 활동하는 분이다. 그는 노래와 한의학을 병행했으며, 노래에 대한 열정이 남달랐다. 어느 날, 그에게 큰 위기가 찾아왔다. 목소리가 나오지 않게 된 것이다. 가수로서 목소리는 그의 생명과도 같았기에 이를 잃는 것은 삶 전체에 엄청난 위협으로 다가왔다.

이 상황을 극복하기 위해 L 원장님은 한의학적 접근을 통해 성대 치료법을 개발했다. 그의 성대 치료법은 오랜 연구와 경험 끝에 탄생했다. 한약재로 만든 성대 치료제를 통해 성대에 혈류를 공급하고, 근본적인 회복력을 끌어올리려는 그의 시도는 성공적이었다. 그의 목소리는 서서히 되살아났고, 이후 그는 성대질환을 앓고 있는 환자들을 위주로 진료하기 시작했다.

L 원장님은 처음 부산의 작은 한의원에서 성대 치료를 시작했다. 이후 그는 더 큰 곳으로 진출하기 위해 강남으로 확장했고, 이제는 성대 치료를 전국적으로 알리고 있다. 그는 자신이 개발한 성대 치료법을 통해 가수 영탁, 김장훈, 길구봉구 등 많은 유명인들에게 도움을 주었다. 지금도 많은 가수들이 성대환(聲帶丸)과 맑은소리스틱을 복용

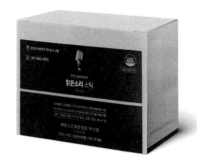

하며 꾸준히 목 관리를 하고 있다.

나 또한 원장님의 이야기에 깊은 감명을 받아 성대 치료를 우리 한의원에 도입하였다. 처음에는 경증 환자만을 치료했지만, L 원장님이 강남으로 이전한 이후에는 나도 영남권에서 중증 성대 질환을 치료하게 되었다. 그 과정에서 성대결절, 성대 폴립 등 목소리와 관련된 다양한 질환을 앓고 있는 환자들을 치료할 수 있었다.

병원에서는 성대결절과 성대 폴립과 같은 중증 성대 질환에 대한 특별한 치료 방법이 없다. 진통소염제, 급이안게, 킨헤기다세 등의 처방할 뿐이다. 심한 성대결절의 경우 수술을 권장하기도 하나, 수술 후에도 재발하거나 근본적인 문제가 해결되지 않아 목소리 문제가 지속되는 경우가 많다.

반면, 한의학적 성대 치료는 약해진 성대에 혈류 공급을 원활하게 해주는 데 중점을 둔다. 성대로 가는 혈류를 촉진하고 회복력을 끌어올리는 치료를 통해 충분히 성대를 회복할 수 있다.

성대 치료는 단기적인 치료가 아니라 장기적인 관점에서 접근해야 하는 과정이다. 성대에 혈류가 충분히 공급되어야 회복이 가능하기 때문에, 3개월에서 6개월 이상의 꾸준한 치료가 필요하다. 그러나 이러한 과정 속에서 성대가 회복되고 환자들이 목소리를 되찾는 모습을 보면서 큰 보람을 느끼고 있다.

성대 치료를 전문적으로 다루는 한의원은 전국적으로도 드물다. 이 때문에 성대 치료는 더욱 큰 가치를 지닌다고 생각한다. 특히 최근 코로나19 이후 목소리 회복이 더디거나, 미세먼지로 인해 만성 기침이나 목통증을 호소하는 사람들도 많다. 단순히 성대 치료로만 국한한다면 비율이 적지만, 이를 기관지와 목의 질환까지 확장한다면 유병률은 상당히 높아진다. 그렇기 때문에 이 분야는 얼마든지 확장 가능한 영역이라 할 수 있다.

나는 언젠가 여명808처럼 편의점에서도 성대환을 쉽게 구입할 수 있는 날이 올 것이라고 믿고 있다. 성대 치료를 통해 목소리를 회복한 수많은 사람들의 경험이 쌓일수록, 더 많은 이들이 이를 찾게 될 것이다. 앞으로도 꾸준한 노력을 통해 성대 치료가 한의학의 새로운 지평을 여는 계기가 되기를 기대한다.

성공론

아웃풋의 시대

"생각하는 대로 살아라. 그렇지 않으면 머지않아 그대는 사는 대로 생각하게 될 것이다."

프랑스 시인 폴 발레리(Paul Valery)가 한 이 유명한 말은 깊은 의미를 담고 있다. '사는 대로 생각한다'는 것은 수동적으로 주어진 환경에 따라 결정을 내리는 삶을 의미한다. 반면, '생각하는 대로 산다'는 것은 내가 주도적으로 계획을 세우고 적극적으로 인생을 살아가는 것을 뜻한다.

우리는 하루의 시간을 어떻게 보내는가? 하루는 24시간, 1,440분, 그리고 86,400초로 이루어져 있다. 누구에게나 주어진 시간은 똑같다. 삼성의 이재용 회장도, 서울역의 한 노숙자도 하루의 길이는 동일하다. 하지만 이 시간을 어떻게 활용하느냐 하는 것은 온전히 본인의 몫이다. 장 폴 사르트르는 인생을 B와 D 사이의 C로 표현하였다. B는 Birth(출생), D는 Death(죽음), 그리고 C는 Choice(선택)를 의미한다. 인간은 출생부터 죽음까지 끊임없이 선택을 하는 존재이다.

우리가 하는 무의식적인 행동이나 생각에도 순간순간 내가 왜 이런 생각을 하고 있는지, 왜 이런 행동을 하고 있는지 알아야 한다. 그러기 위해서는 내 자신에 대한 객관적인 이해와 판단이 필요하다. 내가 만약 생각에 갇혀 있다면 나에 대한 정확한 인지가 힘들다. 생각을 벗어나기 위해서 생각을 객관화시킬 필요가 있다. 그러기 위해서는 매일 작은 것이라도 내가 무엇을 생각하고, 무엇을 행동했는지 기록하는 습관이 중요하다. 생각은 휘발되어 지나가지만 기록은 사라지지 않기 때문이다. 기록을 통해 우리는 자신이 무엇을 고민했고 어떤 결정을 내렸는지 되돌아볼 수 있다. 이러한 작은 기록들이 쌓이다 보면, 나의 사고방식과 행동 패턴을 객관적으로 바라볼 수 있는 힘이 생기고, 그를 통해 자기 자신을 더 깊이 이해할 수 있게 된다.

기록하는 방법은 다양하다. 매일 일기를 쓰는 것도 좋고, 블로그를 운영하는 것도 좋은 방법이다. 어떤 방식이든 내가 경험하고 느낀 것들을 하루도 빠짐없이 솔직하게 기록하는 것이 중요하다. 나의 일상을 기록하는 일기 외에도 감사일기나 미래일기를 써보는 것도 큰 도움이 된다.

《불광불급, 미쳐야 미친다》의 저자이자 복주요양병원과 경도요양병원 이사장인 이윤환 이사장님도 감사일기의 중요성을 강조한 바 있다. 그는 직원들이 감사일기를 쓰고 독서토론에 참여하도록 하면서 전 직원이 존엄케어에 적극 참여하게 했다. 감사한 마음이 긍정적인 에너지를 끌어올리게 되고, 그 에너지가 환자에게도 전달되었다. 이를 통해 직원들은 사명감을 깨닫고, 즐거운 마음으로 일에 임하게 되는 기적 같은 변화를 경험했다.

처음 감사일기에 대해 들었을 때, 나는 '왜 굳이 감사일기를 써야 할까?'라는 생각이 들었다. 하루 동안 감사할 일이 얼마나 있을지 의문이었고, 찾아봤자 몇 가지나 될까 싶었다. 하지만 밑져야 본전이라는 마음으로 감사일기를 쓰기 시작했다. 그런데 신기하게도, 쓰면 쓸수록 감사할 일이 점점 더 많이 보이기 시작했다.

감사일기를 통해 깨달은 것은, 사실 세상에 감사해야 할 일이 무수히 많다는 것이다. 지금 이 순간 이렇게 책을 쓰고 있는 것, 한의사로서 살아가고 있는 것, 더 나아가서는 숨을 쉬며 살아 있다는 사실조차도 감사한 일이다. 감사할 마음으로 세상을 보면 모든 것이 감사할 일로 다가오지만, 불평을 찾기 시작하면 반대로 세상 모든 일이 불만스러운 일로 보이게 된다.

감사는 우리가 이미 가지고 있는 것에 집중하게 해주며, 끊임없는 비교나 부족함에 대한 갈망에서 벗어나도록 도와준다. 또한, 감사를 통해 내가 누리고 있는 것들을 더욱 인식하게 되고, 긍정적인 마음가짐을 유지함으로써 회복력을 높이는 데 기여한다. "감사는 신에게 속하고, 불평은 악마에게 속한다"라는 말이 있다. 나 역시 감사일기를 쓰며 감사할 일들을 되돌아볼 수 있었고, 더 나은 내일을 맞이하는 데 큰 도움이 되었다.

아래는 과거에 내가 썼던 감사일기의 내용이다.

1. 아침 일찍 6시에 알람에 눈을 뜰 수 있으니 감사합니다.
2. 맑은 정신으로 아침을 시작할 수 있어서 감사합니다.
3. 가족과 와이프와 든든한 아들이 있음에 감사합니다.
4. 부모님이 건강하셔서 감사합니다
5. 물 1잔 마시고 상쾌한 기분으로 시작할 수 있어서 감사합니다.
6. 저를 찾아주시는 환자분들이 있음에 감사합니다.
7. 능력 있고 의욕 있는 부원장과 함께 해서 감사합니다.
8. 감사한 마음을 가질 수 있게 해주셔서 감사합니다.
9. 좋은 책을 읽고 좋은 생각을 할 수 있어서 감사합니다.

10. 성대치료를 맡아서 할 수 있어서 감사합니다.

11. 내일 하루를 즐거운 마음으로 준비할 수 있어서 감사합니다.

12. 좋은 직원들이 열심히 일하고 최선을 다해줘서 감사합니다.

감사일기와 더불어 선택일기를 쓰는 것도 좋은 방법이다. 선택일기는 오늘 내가 했던 행동들을 '+'와 '−'로 나누어 기록하는 것으로, 나의 삶에 도움이 되는 선택과 그렇지 않은 선택을 객관적으로 돌아보는 과정이다.

감사일기와 선택일기는 서로 다른 방향으로 작용한다. 감사일기는 일상 속에서 감사를 통해 더 행복해질 수 있도록 돕고, 선택일기는 하루를 되돌아보며 더 나은 선택을 할 수 있도록 이끌어준다. 이 두 가지를 병행하면 내면의 긍정 에너지를 키우는 동시에, 보다 현명한 삶의 방향을 설정하는 데 큰 도움이 된다.

나는 6학년, 4학년이었던 첫째와 둘째와 함께 방학 때 감사일기와 선택일기를 써본 적이 있다. 감사일기와 선택일기를 쓰면서 아이들의 생각과 행동도 점점 더 긍정적으로 변하고, 더 좋은 선택을 하는 날이 늘어났다. 다음은 당시 4학년이었던 나의 둘째 아들이 썼던 선택일기 내용 중 일부이다.

1. 어제 잘 수 있는 최대한 빨리 잤더니 오늘 일찍 일어날 수 있었다(+)
2. 학교에서 친구들과 평소보다 더 많이 놀았다(+)
3. 아침을 많이 먹고 점심을 적게 먹었다(-)
4. 비가 왔는데 친구가 나를 우리 집까지 데려줬다(+)
5. 문제집의 문제를 평소보다 많이 틀렸다(-)
6. 저녁으로 김밥 5줄과 족발 조금을 먹었다. 너무 맛있었다(+)

7. 오늘 동생과 놀아주지 않았다(-)

8. 숙제를 미루지 않았다(+)

9. 요즈음 선택일기 말고 감사일기나 미래일기를 써봤더니 도움이
되는 것 같았다(+)

처음에 아들의 선택일기에는 '-'가 많았지만, 한 달 정도 지나자 대부분
이 '+'로 채워졌다. 아들은 스스로 자신의 행동을 돌아보며, '+'를 더 많이
만들기 위해 노력하게 된 것이다.

사람은 자신의 행동이 의식적인 선택이라고 생각하지만, 실제로는 무
의식에 의해 많은 결정이 이루어진다. 선택일기를 통해 무의식적인 행동
을 명확히 인식하고, 더 나은 방향으로 생각과 행동을 주도할 수 있게 되
는 것이다.

굳이 일기가 아니라도 좋다. 매일 꾸준히 자신의 생각을 아웃풋(output)
하는 것은 중요하다. 꾸준히 1일 1포스팅을 하다가 어느 순간 파워블로
거가 되는 사람의 이야기도 들은 적이 있다. 자신의 일상이 모여 스토리
가 되고, 사람들로부터 인정받는 블로거가 되는 것이다.

처음에는 사소하고 작은 생각이나 느낌을 기록할 수도 있다. 그러나 이
렇게 작은 아웃풋이 꾸준히 쌓이다 보면, 독창적인 아이디어나 통찰로 발
전하게 된다. 정보를 소비하는 데 그치지 않고 그것을 자신의 언어로 재
해석하고 표현해 내는 과정은 창의성과 문제 해결 능력을 크게 향상시키
게 된다.

《아웃풋 법칙》의 저자 '렘군' 김재수 작가는 부동산 유튜버로서 큰 성공
을 거둔 인물이다. 그는 성공하기 위해서는 지금 당장 피라미드 속의 삶
에서 벗어나야 한다고 강조한다. 피라미드 밖에는 메시지(message), 콘텐

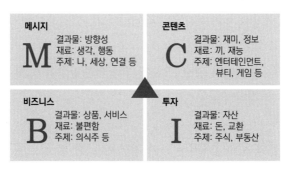

MCBI 사분면

츠(contents), 비즈니스(business), 투자(investment) MCBI라는 네 가지 사분면이 존재한다. 이 사분면에서 자신만의 성공 방향을 찾아야 하며, 자신의 정체성을 명확히 규정해야 한다고 말한다. 또한 그 정체성 안에서 내가 사람들에게 도움을 줄 수 있는 상품, 서비스, 콘텐츠 등의 아웃풋을 기꺼이 세상에 내놓으라고 권한다. 이러한 아웃풋을 통해 나의 길을 가다 보면 자신이 원하는 삶에 더 가까워질 수 있다고 강조한다.

꾸준한 아웃풋은 나만의 브랜드를 형성하는 데 중요한 역할을 한다. 아웃풋 자체가 나의 정체성의 반영이기 때문이다. 일관된 표현은 다른 사람에게 신뢰감을 주게 되고, 나아가 나의 분야에서 전문가로 인정받을 수 있는 기회가 되기도 한다.

매일 나의 일상을 기록하면서 객관적으로 하루를 바라보는 연습을 해보자. 오늘 내가 했던 생각과 행동을 명확히 인식하고, 매일 더 나은 선택을 반복하는 것이다. 이렇게 일상의 기록을 통해 자신을 아웃풋하게 되면, 일일우일신(日日又一新)하여 성공에 더욱 가까워질 수 있을 것이다.

7장

인생론

초년의 성공이 위험한 이유

인생에 있어서 3가지 악재가 있다고 한다. 첫 번째가 소년등과(少年登科)로, 어렸을 때 큰 성공을 거두는 것을 말하며, 두 번째가 노년빈곤(老年貧困)으로, 노인이 되어서 경제적으로 어려운 상황에 처하는 것을 말하며, 세 번째가 중년상처(中年喪妻)로, 중년에 배우자를 잃는 것을 말한다.

처음에 나는 그 이야기를 들었을 때, 두 번째와 세 번째는 이해가 되는데 첫 번째 소년등과는 하루라도 일찍 성공하면 좋은 것이지 왜 그것이 악재인지 궁금했다.

나는 주식을 하면서 그 이유를 뼈저리게 깨달았다. 20대 때 나도 초심자의 행운을 경험했기 때문이다. 처음에는 몇 번의 성공적인 투자로 돈을 벌며 내가 주식의 천재라고 착각했다. 투자하는 종목마다 수익이 났고, 차트를 보며 이동평균선과 캔들을 분석해 매수 타이밍을 예측하는 데 자신이 있었다. 공중보건의사로 근무할 때도 진료보다는 하루에 수십 번씩 단타 매매에 몰두했다. 그 시절 마산의 도서관을 돌아다니며 주식 관련 서적을 닥치는 대로 읽었다. 나는 주식이 가장 빠르게 경제적 자유를 얻을 수 있는 방법이라고 믿었다.

처음 500만 원으로 시작한 투자는 점점 규모가 커졌고, 어느 순간 자신감에 넘쳐 수억 원을 투자하기에 이르렀다. 마이너스 통장도 모자라 신용과 미수까지 동원했다. 결과는 참혹했다. 마이너스 통장의 절반을 날리고, 내 손에 남은 건 빚뿐이었다. 갓 결혼한 나는 남들보다 몇 년이나 뒤처졌다는 생각에 절망감에 빠졌다. 그러나 이 실패 덕분에 나는 한층 더 성장할 수 있었다고 생각한다.

어린 나이에 성공하는 것이 왜 악재일 수 있을까? 몇 가지 이유를 생각해 보자. 첫째, 초년의 성공은 자신감을 넘어 자만심으로 이어질 수 있다. 이른 시기에 성과를 이루면 자신이 모든 것을 알고 있다고 착각하게 된다. 자만심은 성장을 멈추게 하고 결국 도태를 초래한다.

둘째, 실패를 경험할 기회가 줄어든다. 실패는 성장의 중요한 요소다. 실패를 통해 얻는 교훈과 경험은 성공만큼이나 중요하다. 그러나 어린 시절의 성공은 이러한 실패의 기회를 제한하게 되며, 나중에 큰 실패에 직면했을 때 이를 극복할 힘과 지혜를 기를 기회를 놓치게 된다.

셋째, 성공의 기준이 왜곡될 수 있다. 초년의 성공을 당연한 것으로 여기게 되면 인생의 어려움과 좌절에 대비하지 못하게 된다. 인생은 늘 성공으로만 가득하지 않으며, 그 과정에는 여러 난관이 존재한다. 어린 시절의 성공은 이런 현실을 깨닫지 못하게 해, 나중에 큰 시련을 마주했을 때 더 크게 좌절하게 만든다.

반면, 나이가 들면서 경험을 쌓고 이룬 성공은 더욱 균형 잡힌 시각을 갖게 해준다. 이들은 성공과 실패의 양면을 모두 경험하며, 이를 통해 더욱 강하고 지혜로운 사람이 된다. 큰 그릇은 늦게 만들어진다는 '대기만성(大器晚成)'이라는 말이 괜히 나온 것이 아닐 것이다.

심리학 용어 중에 '더닝 크루거 효과(Dunning-Kruger Effect)'라는 개념이 있다. 이 효과는 자기 과신의 심리적 현상으로, 능력이 부족한 사람들이 자신의 능력을 과대평가하는 반면, 능력이 뛰어난 사람들은 오히려 자신을 과소평가하는 경향을 뜻한다. 이는 1999년 데이비드 더닝과 저스틴 크루거의 연구에 의해 처음으로 제안되었다. 이들의 연구에 따르면 능력과 자신감 간의 관계는 흥미로운 곡선을 그린다. 그래프의 X축을 능력 또는 지식 수준(낮음에서 높음), Y축을 자신감 또는 자기 평가(낮음에서 높음)로 설정했을 때, 처음에는 '자신감'이 급격히 상승하지만, 실제 능력이 증가함에 따라 자신감은 한번 급격히 떨어진 후에야 다시 서서히 승가하는 패턴을 보인다. 이를 흔히 '무지의 산', '절망의 계곡', 그리고 '계몽의 경사'로 묘사한다.

나 역시 이와 비슷한 경험을 한 적이 있다. 대학을 막 졸업했을 때만 해도 모든 것을 해낼 수 있을 것 같았다. 세상에 낫지 않는 병이 없을 것 같았고, 침 한 방으로 어떤 환자든 치료할 수 있을 거라는 자신감에 가득 차 있었다. 그러나 현실은 그리 만만치 않았고, 이를 깨닫기까지는 그리 오

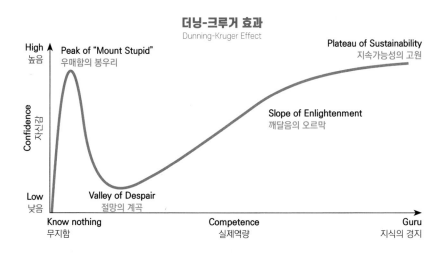

더닝-크루거 효과
Dunning-Kruger Effect

Peak of "Mount Stupid"
우매함의 봉우리

Plateau of Sustainability
지속가능성의 고원

Slope of Enlightenment
깨달음의 오르막

Valley of Despair
절망의 계곡

High 높음 / Low 낮음

Confidence 자신감

Know nothing 무지함 / Competence 실제역량 / Guru 지식의 경지

래 걸리지 않았다.

부원장으로 일할 때, 나의 의사 경력은 불과 4년이었지만, 환자들은 환자 경력만 40년이었다. 수없이 많은 환자들이 어려운 질병명을 달고 왔다. 비록 젊은 한의사였지만, 그들은 나에게 자신의 몸을 맡겼다. 나는 학교에서도 열심히 공부했고, 더 많은 것을 배우기 위해 강의도 자주 들었지만, 실전에서 다양한 질병으로 오는 환자들을 치료하는 것은 또 다른 도전이었고, 어려움도 많았다.

요즘 개원하는 후배들을 보면 그들의 열정이 대단하다는 생각이 들면서도, 앞으로 그들이 마주하게 될 수많은 경험을 떠올리면 안쓰러운 마음도 든다. 내가 수십 년 동안 개원하며 겪었던 일들을 그들 또한 비슷하게 겪지 않을까 하는 생각 때문이다. 세상에는 다양한 사람들이 있고, 환자들도 모두 다르다. 개원하면 좋든 싫든 다양한 환자들을 만나게 되고, 그 과정에서 힘든 일들도 생기지만, 그 덕분에 한의사로서 한 단계 더 성장할 기회를 얻기도 한다.

쇼펜하우어는 사람들의 인생에 있어서 가장 절정에 이르는 시기가 50대라고 했다. 인생의 경험이 쌓여 가면서, 가장 많은 아웃풋을 내고, 인생의 걸작이 될 만한 책을 내는 시기가 그때라는 말이다. 그만큼 인생의 깊이를 이해하고, 자신의 능력을 최대한 발휘할 수 있는 시기라는 뜻도 되겠다.

지금 나는 40대의 시기를 보내고 있다. 켈리 최 회장님은 《웰씽킹》에서 30대 때는 직업의 멘토에게 배워서 업계의 최고가 되고, 40대에는 최선을 다해 노력하여 평생 먹고 살 돈을 벌어야 한다고 말한다. 또한 50대 이후부터는 봉사하는 기간으로 내가 얻은 노하우를 세상에 다시 돌려줘야 한다고 한다. 지금의 나의 시기는 나를 최대한 드러내고, 아웃풋을 내는 시기여야 한다. 한의사로서의 삶이 늘 풍요로운 삶만은 아니겠지만, 나는 늘 어떻게 하면 나의 삶을 더 보람 있게 만들 수 있을까 생각한다.

젊은 나이에 큰 성공을 거둔 스포츠 스타나 연예인들의 삶을 보면, 그들이 겪는 어려움은 단순히 유명세와 관련된 문제가 아니다. 이들은 종종 과도한 스트레스와 압박감 속에서 살아가며, 정신적으로나 신체적으로 극한의 상황에 놓이기도 한다. 그들이 어릴 때 얻은 성공이 오히려 그들의 삶을 불안정하게 만드는 것이다.

J.K. 롤링의 《해리 포터》 시리즈는 수맥 군데의 출판사에서 서설낭한 끝에 마지막으로 블룸스버리 출판사에서 출판되었다. 당시 출판사가 내건 계약금 조건은 2,000파운드(약 300만 원)에 불과했다. 그녀의 젊은 날은 힘겹고 고통스러웠다. 아이 딸린 이혼녀에다 생활 보조금으로 겨우겨우 살아가는 시절이 있었으며, 때로는 그녀는 정신 나간 여자 취급을 받거나 일에 관심 없는 사원으로 여겨지기도 했다. 그러나 그녀는 이 모든 것을 견뎌내며, 그녀만의 호그와트를 통해 《해리 포터》 시리즈를 완성할 수 있었다. 만약 처음부터 그녀가 출판사로부터 인정받고 유명해졌다면 해리 포터와 같은 걸작이 탄생될 수 있었을까? 그렇지 않았을 것이다. 해리 포터의 성공은 단순한 행운이 아니라, 인생에서 배운 많은 교훈과 인내의 결과였다.

성공이 빠르다고 좋은 것이 아니다. 성공의 시기가 늦을수록 더 많은 사람들에게 영향을 미치게 되는 경우가 많다. 보통 젊었을 때보다는 나이가 들면서 점점 사회적 네트워크와 인맥이 더 넓어지고, 사람들에게 영향력을 행사할 수 있는 범위가 커지게 되기 때문이다.

또한 성공은 일시적인 성과가 아니라, 지속적인 노력과 배움의 결과가 되어야 한다. 그렇기 때문에 성공 자체보다 성공의 과정이 중요하다. 꾸준히 성장하고 배우는 과정을 즐기면서, 나이에 관계없이 계속해서 발전하는 자세를 유지하는 것이 인생에서 훨씬 더 의미 있는 일이라 할 수 있다.

한의사는 끝이 없는 직업이다. 우리가 가장 나은 한의사가 되는 시점은 우리가 죽기 전의 시점일 것이다. 끊임없이 배운다는 생각을 가지면 환자를 통해 하나라도 더 배울 수 있다고 생각한다. 항상 돈을 좇으면 돈은 저 멀리 도망간다는 이야기를 우리는 익히 알고 있다. 우리의 본분을 다하고 매일 열심히 일상을 살아가다 보면, 돈은 자연스럽게 따라오게 될 것이다. 성공은 그렇게 그림자처럼 따라오는 것이라 믿는다.

인생론

오르막과 내리막

요즘 나는 매주 목요일마다 산을 자주 간다. 산을 가면서 오래 걷다 보면 여러 가지 생각을 떨쳐 버릴 수 있어서 좋다. 또한 산의 정상에 섰을 때 그 성취감은 이루 말할 수 없다.

나의 장모님도 매주 주말마다 산에 가신다. 거의 빠짐없이 가셔서 전국의 수백 개 명산을 다녀오셨다. 지난달에는 설악산 대청봉을 오르셨고, 지난주에는 우리나라 최서단의 신안 비금도라는 섬의 그림산까지 다녀오셨다. 동에 번쩍, 서에 번쩍 하시면서 매주 수만 보씩 걸으신다. 나도 작년부터 매주 목요일마다 등산을 시작했다. 내가 등산을 시작한 후로, 장모님과 이야기를 하면 대화가 너무 잘 통한다. 예전에는 '장모님이 무엇 때문에 그렇게 열심히 산을 다니실까?' 하고 생각했는데, 내가 등산을 하다 보니 왜 그런지 알 것 같았다. 등산을 할 때의 준비 과정의 설렘, 등산을 할 때의 즐거움, 그리고 정상에 섰을 때의 뿌듯함 등 등산만이 가진 매력이 있기 때문이다.

등산을 처음 시작할 때, 산 아래에서 정상을 바라보면 정상은 늘 까마득하다. "언제 저기에 도착할 수 있을까?"라는 생각이 들곤 한다. 하지만

한 발짝씩 걸음을 옮기다 보면, 어느 순간 아래 펼쳐진 전경이 눈에 들어온다.

정상에 섰을 때 누구나 성취감을 느낀다. 올라갈 때의 괴로움은 정상에 섰을 때 모두 사라진다. 정상에서 바라보는 아래의 전경은 마치 올라갈 때의 모든 괴로움을 보상해 주는 듯하다. 탁 트인 전경을 보면 가슴까지 뻥 뚫리는 느낌이 든다. 정상에서 바라보는 그 성취감 때문에 계속해서 등산을 하게 되는 것 같다.

그런데 만약 처음부터 정상만을 목표로 하고 서둘러 오른다면, 중간에 지치고 힘들어 쉽게 포기하게 될 것이다. 정상에 도달하기 위해서는 매 순간의 발걸음을 충실히 내딛는 것이 중요하다. 작은 한 걸음 한 걸음이 모여 정상에 이르게 되는 것이다.

인생과 등산의 공통점이 있다. 노력에 대한 대가가 있고, 항상 오르막이 있으면 내리막이 있다는 것이다. 또한 과정을 통해 배움을 얻는다는 점이다.

등산을 할 때 정상에 도달하기 위해서 몇 가지 필요한 요소가 있다. 첫째, 끈기가 필요하다. 오르막길에서 지치고 힘들더라도 멈추지 않고 끝까지 나아가는 끈기는 성공의 필수 조건이다. 둘째, 계획성이 필요하다. 등산을 하기 전에는 날씨를 확인하고, 필요한 장비를 준비하며, 체력에 맞는 경로를 설정해야 한다. 인생에서도 목표를 이루기 위해서는 구체적인 계획과 준비가 필요하다. 셋째, 협력과 도움이다. 등산은 혼자 하는 것 보다, 다른 사람들과 함께 할 때가 더욱 즐겁고 성취감도 높다. 인생에서도 늘 혼자서만 잘될 수는 없다. 다른 사람들과 협력하며, 그들의 도움을 통해 더 나은 결과를 얻을 수 있다.

등산을 할 때 목표는 산 정상에 도달하는 것이다. 그러나 단순히 정상에 오르는 것만이 목적은 아니다. 그 과정에서 자연의 아름다움을 느끼고, 한계를 극복하며 성취감을 얻는 것이 더 큰 수확이라고 하겠다. 인생에서도 마찬가지로, 목표를 이루는 것 자체보다 그 목표를 향해 나아가는 과정에서 우리가 얻는 경험과 배움이 더 큰 가치로 남게 된다.

등산을 할 때 우리는 정상을 바라보고 올라가지만, 올라가는 길에는 늘 오르막만 있는 것은 아니다. 힘차게 올라가다가도 때로는 내리막도 있고 능선을 타고 갈 때도 있다. 이러한 모든 과정들이 합쳐져서 등산이라는 과정을 완성한다.

등산에서 오르막은 육체적으로 힘들고 지치게 만드는 구간이다. 숨이 가빠지고 다리는 무겁게 느껴지며, 때로는 한 발짝 내딛는 것조차 버겁게 느껴질 때가 있다. 하지만 그럼에도 불구하고 정상에 가까워질수록 얻는 보람과 성취감은 어떤 것과도 비교할 수 없다. 인생도 마찬가지다. 우리는 목표를 이루기 위해 끊임없이 노력하고 실패도 수없이 경험하게 되기도 한다. 하지만 그 과정이 힘들다고 포기한다면 우리는 결코 정상에 오를 수 없을 것이다.

한편, 내리막은 상대적으로 수월하게 느껴질 수 있지만, 그 자체로도 중요한 의미가 있다. 내리막길은 새로운 오르막을 위한 준비 과정이자, 우리가 배운 것을 돌아보고 재충전할 수 있는 시기이다. 등산에서도 내리막길을 내려올 때 방심하면 큰 사고가 날 수 있듯이, 인생에서도 편안함 속에서 자기 관리를 소홀히 하면 다시 어려운 상황에 처할

수 있다. 따라서 내리막길에서는 현재를 바라보며 미래를 준비하는 지혜가 필요하다.

항상 정상을 바라고 올라가기만을 바라는 사람에게, 내리막은 그다지 썩 내키지는 않는다. 그렇지만 이 또한 등산의 일부이다. 만약 내리막이 싫다고 오르막만 올라갈 수는 없다. 정상을 향해 쉬지도 않고 전력질주로 올라간다면 아마 올라가는 도중에 지쳐 쓰러질 것이다.

한의원을 할 때도 늘 좋은 일만 겪는 것은 아니다. 나 또한 양정으로 이전 개원하고 몇 년 동안은 정상을 바라보며 오르막길만 걸었다. 한의원이 잘되고, 환자도 계속해서 늘어났다. 처음으로 부원장도 뽑게 되고, 자신감은 하늘을 찔렀다. 매년 매출도 더 늘어났다. 앞만 보고 나는 무조건 확장만을 생각했다.

그런데 인생은 늘 그렇게 쉽게만 흘러가진 않았다. 잘되기 시작할 때 어느새 주변에 한의원들이 여럿 생겼다. 또한 재개발로 기존 환자들이 다른 곳으로 이주하면서 환자가 빠지기도 했다. 핵심 직원들이 바뀌기도 하고, 그 과정에서 사람을 구하는 데 있어서 진통을 겪기도 했다. 인테리어 비용에 큰돈을 썼다가 금리가 인상되면서 이자 부담으로 큰 고통을 겪기도 했다.

하지만 주변 한의원이 신규로 들어올 때 그로 인해 다른 한의원과 차별화를 위해서 설진(舌診)이나 도침(刀針) 등의 부분 특화를 생각했고, 주변 재개발로 인해 배후세대가 빠지는 것을 예상하고 입원실 개원을 생각했다. 핵심 직원이 나가게 되면서 매뉴얼과 시스템을 보강하게 되었고, 이자 부담이 늘고 비용이 늘었기 때문에 경비 관리를 철저히 하여 불필요한 비용을 아낄 수 있었다.

위기(危機)와 기회(機會)는 한 글자 차이이다. 위기의 순간이 찾아왔을 때

절망으로 보낼 수도 있다. 포기하고 체념하며 남을 원망하고 탓하는 시간으로 보낼 수도 있다. 하지만 위기가 찾아왔을 때, 담담히 받아들이고, '어떻게 하면 방법을 찾을 수 있을까?' 생각하면 새로운 기회를 찾게 되며 변화의 계기가 되기도 한다.

'우생마사(牛生馬死)'에 관한 이야기를 한 적이 있다. 급류 속에서 말은 물을 거슬러 빠져나오려다가 힘이 빠져 죽지만, 소는 가만히 떠내려가다 조금씩 강가 쪽으로 이동하다가 잡고 올라와 산다. 코로나라는 전대미문(前代未聞)의 사태도 우리는 잘 견뎌냈다. 일상으로 완전히 돌아온 지금, 그때를 생각하면 꿈만 같다. '어떻게 그 힘든 시기를 이겨냈을까?' 하는 생각이 든다. 사람은 적응의 동물이라고 한다. 항상 어려우면 어려운 대로 적응하고 이겨내게 된다. 이 과정에서 중요한 것은 우리의 마음가짐이다.

내가 좋아하는 말이 있다. "인생을 받아들이는 태도에는 네 가지가 있다. 바꿀 수 없는 것을 바꾸려고 하는 것은 어리석음(愚)이다. 바꿀 수 없는 것을 받아들이는 것은 평온함(平)이다. 바꿀 수 있는 것을 바꾸려 하지 않는 것은 나태함(懶)이다. 마지막으로 바꿀 수 있는 것을 바꾸려 하는 것은 용기(勇)이다. 그 기준을 판단하는 것이 지혜(智)이다"라는 말이다.

우리는 인생에서 괴로운 일들을 맞이할 때 쉽게 좌절할 수 있지만, 중요한 것은 현재의 고통도 결국 지나가고, 시간이 흐르면 그저 과거의 일부가 된다는 사실이다. 현재 느끼는 고통이 마치 끝없이 지속될 것처럼 느껴질 때, 10년 후의 나를 상상해 보자. 그때가 되면 오늘의 이 어려움도 '그때는 그랬었지'라고 담담히 회상할 것이다.

모든 순간은 결국 시간이 흐르면 과거로 남는다. 그래서 지금의 상황을 회피하거나 억지로 견디기보다는 있는 그대로 받아들이고 그 안에서 배울 수 있는 것들을 찾는 것이 중요하다. 고통 속에서도 우리는 성장하고,

그 과정을 통해 더욱 성숙해진다. 현재의 고통에 너무 얽매이지 말고, 이 또한 시간이 지나면 자연스럽게 사라질 것임을 깨닫는 것이 필요하다.

지금 이 순간을 온전히 받아들이고, 성장의 기회로 삼자. 마치 등산을 할 때 가파른 오르막이 있으면 내리막이 따라오듯이, 삶의 굴곡 또한 자연스러운 흐름의 일부임을 기억하는 것이 중요하다. 인생은 끊임없이 오르막과 내리막을 오가는 여정이다. 그 과정 속에서 우리는 스스로 한 단계 더 성장하게 되고, 미래의 나를 만들어 나갈 수 있는 힘을 얻게 되는 것이다.

인생론

끌어당김의 법칙과 운의 관계

유명한 형이상학자 네빌 고다드는 "모든 것이 이미 이루어져 있다고 생각하면 우주의 기운이 실제로 그렇게 되게 한다"라고 말했다. 내가 간절히 원하는 생각과 사물이 일치하게 되면 우주에 강력한 진동을 주어 끌어당김의 법칙을 통해 실제로 이루어진다는 내용이다. 우리의 의식은 언제나 현실에 존재하며, 의식을 활용하면 얼마든지 내가 원하는 것을 현실에 창조해 낼 수 있다고 있다고 그는 이야기한다.

　의식과 끌어당김의 법칙에 관한 이야기는 《시크릿》으로 유명한 론다 번의 저서와 영화 《The Secret》에서도 자주 언급되는 사례 중 하나이다. 한 사람이 매일 명상을 통해 하와이 대저택을 소유한 자신의 모습을 시각화했다. 그는 이미 그 집에 살고 있는 것처럼 느끼며, 그 집의 세부적인 부분들을 상상했다. 집 안에서의 생활, 바다를 바라보며 느끼는 기쁨, 집 주변을 산책하는 모습 등을 생생하게 그려 냈다. 그는 이 집을 얻는 것이 얼마나 기쁠지, 얼마나 감사한지, 그 감정을 충분히 느끼며 매일 시간을 보냈다. 어느 날 그는 자신의 재정 상황과는 상관없이 하와이에 있는 대저택을 찾아보기로 결심했다. 그렇게 집을 찾던 중, 그는 자신의 상상 속

집과 매우 유사한 집을 발견했다. 그 집은 그의 예산을 초과했지만, 그는 집주인과 협상 끝에 집을 구매할 수 있었다. 이 이야기는 끌어당김의 법칙을 통해 꿈을 현실로 만든 사례로 자주 인용된다. 우리가 원하는 것을 마음속에 그리며, 그것을 이미 소유한 것처럼 느끼고 행동할 때, 그 꿈이 현실로 이루어질 수 있다는 것이다.

75만 구독자를 보유한 유튜버 '하와이 대저택'도 끌어당김의 법칙을 통해 성공한 인물이다. 그는 대기업에서 밤늦게까지 일했지만, 늘 행복하지 않았고, 잘못된 투자로 수억 원을 잃기도 했다. 그러던 중, 모든 일이 자신의 상상에서 비롯된다는 사실을 깨닫게 되었다. 이후 매일 끌어당김의 법칙을 실천하며, 원하는 일을 생생하게 상상하고, 꿈과 목표를 하루에 100번씩 적으며 확신을 키웠다. 그 결과, 그는 자신이 바라고 꿈꾸었던 삶을 살게 되었다. 현재 그는 수십만 명의 구독자를 보유한 유튜브 채널을 운영하며, 끌어당김의 법칙을 전파하고 있으며, 그랜트 카돈이나 켈리최 회장과 같은 끌어당김의 대가들을 인터뷰하기도 했다. 나 역시 그의 채널에서 영상을 보며 큰 동기부여를 받는다.

사실 처음에는 끌어당김의 법칙이 허무맹랑하다고 생각했다. "정말로 생각한 대로 모든 것이 이뤄진다면 세상에 성공하지 못하는 사람이 어디 있겠는가?"라고 말이다.

그런데 가만히 생각해 보자. 우리가 가능하다고 믿는 것과, 그렇지 않은 것은 오직 우리의 마음속에서 이루어지는 일이다.

우리는 원하는 것을 강력히 바란다. 그런데 이 세상에 좋고 나쁜 것은 과연 존재하는 것일까?

"인생만사(人生萬事) 새옹지마(塞翁之馬)"라는 말이 있다. 기르던 말이 달아나서 손해인 줄 알았더니, 더 좋은 말을 끌고 왔다. 그런데 그 말을 탄아들이 떨어져서 다리가 부러지게 되었고, 오히려 이로 인해 아들이 징집을 면하게 되었다는 중국 요새 변방의 노인의 이야기이다.

우리의 삶은 항상 굴곡져 있다. 우리의 DNA는 일직선이 아니라 나선으로 되어 있다. 공기의 흐름도 항상 머무르지 않는다. 내려가는 공기가 있으면 올라가는 공기가 있다. 주식의 그래프도 항상 일직선으로 올라가지 않는다. 항상 곡선을 이루게 되고, 바닥을 치게 되면 그때부터 올라가게 된다.

원래 우주의 법칙이 그렇다. 내가 아주 힘든 일이 벌어지면 오히려 그때부터 잘 풀릴 수 있는 일만 남은 것이다. 만약 정말 힘든 일이 있다면, 도대체 신이 얼마나 더 나를 성장시키기 위해서 이런 일이 벌어지나 하고 생각하면 된다. 니체도 "나를 죽이지 못한 시련은 나를 더 성장하게 만든다"라고 말했다.

내가 아는 분도 그렇다. 그는 잘못된 투자로 주식으로만 수억 원의 손실을 보았다. 잘 다니던 회사도 그만두게 되었고, 실직으로 무척 힘들어했다. 그러나 그는 포기하지 않았고, 여러 유튜브 채널을 운영하면서 채널의 성장을 위해 노력했으며, 그중 하나가 대박이 나서 24만 명 이상의 구독자를 모으게 되었고, 지금은 안정적으로 채널을 잘 운영하고 있다. 그는 바로 건강 전문 유튜브 채널인 '건강스케치'의 김창수 대표이다.

나 또한 재작년 한의원에서 핵심 직원이 교체되면서, 입원실 한의원의 구조적 시스템으로 인해 존망(存亡)을 걱정하던 때가 있었다. 핵심 직원이었던 부장님과 실장님이 바뀌게 되니, 입원 환자도 빠지게 되고, 외래 환자도 동시에 빠지며 아주 힘든 시기를 겪었다. 게다가 기존에 있던 직원들도 거의 대부분이 물갈이 되는 사태를 겪기도 했다.

그런데 오히려 이 일은 한의원이 한 단계 더 성장하는 계기가 되었다.

새로운 실장님과 부장님을 필두로 한의원을 재정비하고, 열심히 하는 직원들이 들어오면서 한의원이 더 단단해지는 계기가 되었다.

그리고 최근에도 직원들이 자주 나가고 들어오면서, 직원을 교육하는 일로 기존 직원들이 무척이나 힘들어 했지만, 오히려 이로 인해 직원 한 명이 붙어서 교육하지 않고도 인수인계가 이루어질 수 있도록 누구나 볼 수 있는 매뉴얼을 만드는 계기가 되었다. 지금 생각해 보면 늘 힘들었던 일들로 인해 항상 더 단단해지는 계기가 되었던 것 같다.

지금의 내가 과거의 나를 바라보자. 인생에 있어서 무척 힘들었던 때를 생각해 보자. 다시 생각하기도 싫을 것이다. 그러나 '나'는 그 시련을 잘 이겨냈고, 그로 인해 지금의 '내'가 존재한다. 미래의 내가 지금의 나를 바라보면 '아 그럴 때도 있었지'라는 생각을 분명히 하게 될 것이다.

세상의 모든 일은 지나간다. 힘든 일이든 슬픈 일이든, 즐거운 일이든 행복한 일이든 말이다. 그렇기 때문에 좋고 나쁨으로 모든 일을 받아들일 필요가 없다. 어떤 일이든 나에게 지나가는 하나의 현상이라 받아들이면 된다. 모든 일은 좋은 일이든 나쁜 일이든 각각 나에게 주는 교훈이 있다.

이것은 어찌 보면 지구라는 행성에서 태어난 내가 평생 동안 헤쳐 나가야 할 하나의 숙제인 것이다. 내게 주어진 미션을 성공적으로 완수하느냐 아니면 그러지 못하느냐에 따라 인생의 끝점에 섰을 때, '아 그래도 내가 이만하면 잘 살았구나' 생각하거나, '인생 잘못 살았구나' 하고 느끼는 계기가 되리라 생각한다. 어차피 시간은 지나간다. 모든 사람은 태어남이 있으면 다시 우주로 돌아가는 그 시기가 오기 마련이다.

좋고 나쁜 것은 절대적인 개념이 아니라 상대적인 개념이다. 내가 생각하는 것이 다른 사람에게는 나쁘게 여겨질 수 있다. 어떤 사람에게는 높은 지위와 많은 돈이 성공의 기준일 수 있지만, 다른 사람에게는 행복한 가정 생활이나 평화로운 마음이 성공의 기준일 수도 있다.

우리가 어떤 목표를 간절히 원하고, 그것을 이미 이루었다고 믿으며, 그에 맞는 행동을 지속할 때, 우리는 자연스럽게 그 목표를 향해 나아가게 된다. 긍정적인 생각과 신념은 우리의 행동을 이끌고, 그 행동이 다시 결과를 만들어낸다.

"구하라, 그리하면 너희에게 주실 것이요, 찾으라, 그리하면 찾을 것이요, 문을 두드리라, 그리하면 너희에게 열릴 것이니." 마태복음 7장 7절의 이 말씀은 교회를 다니지 않는 사람들에게도 널리 알려져 있다. 간절히 구하고 찾으면 반드시 얻게 된다는 뜻이다. 여기서 '간절히 구한다'는 것은 단순히 바라는 것에 그치지 않는다. 마치 그 일이 이미 현실에서 이루어진 것처럼 매일 강렬하게 바라고 꿈꾸며 그에 대해 생각하는 것이다.

내가 만난 성공한 사람들은 모두 자신의 목표를 강렬하게 원했고, 그것이 이루어질 것이라는 확고한 믿음을 가지고 있었다. 그들은 실패에 굴하지 않고 끊임없이 꿈을 이루기 위해 노력했다. 이러한 과정에서 그들은 '끌어당김의 법칙'을 무의식적으로 실천하고 있었다. 그들의 성공은 단지 운이 좋았기 때문이 아니라, 목표를 현실로 만들기 위한 끊임없는 노력과 믿음의 결과였다. 그러나 그들은 언제나 겸손했다. 자신들이 운이 좋아 지금의 자리에 올 수 있었다고 말하면서 말이다.

하지만 나는 운도 실력이라고 생각한다. 운은 그저 찾아오는 것이 아니라, 스스로 만들어 가는 것이라고 믿는다. 일본의 니시나카 쓰토무(西中務) 변호사는 자신의 책 《운을 읽는 변호사》에서 50년 동안 1만 명의 의뢰인의 삶을 분석한 결과를 바탕으로 운을 좋게 만드는 방법에 대해 이야기한다. 그는 다음과 같은 원칙을 제시한다:

1. 악행으로 얻은 성공은 오래가지 못한다.
2. 다툼은 운을 사라지게 한다.
3. 도덕적 부채를 만들면 운이 달아난다.
4. 감사함을 가져야 운이 온다.
5. 배려하고, 격려하며, 칭찬하면 운이 좋아진다.
6. 남을 위한 일을 하면 운이 좋아진다.

우리가 다른 사람에게 감사하고 칭찬하는 것, 환자에게 최선을 다해 진료하는 것, 그리고 모든 일을 성실하게 해내는 것이 바로 자신의 운을 만들어 가는 과정이라고 생각한다. "사주는 정해져 있어도 팔자는 내가 만들어간다"라는 말이나, '진인사대천명(盡人事待天命)'과 같은 고사성어 역시 어찌 보면 같은 의미를 담고 있는 것이라 생각한다.

운은 수동적으로 주어지는 것이 아니라 내가 개척하고 만들어가는 것이다. 내가 세운 목표를 향해 믿음을 가지고, 긍정적인 마인드로 꾸준한 노력을 지속해 나간다면 세상에 하지 못할 일은 없다. 끌어당김의 법칙은 우리 내면의 힘과 가능성을 일깨워 주는 역할을 하고, 동기부여의 마중물이 될 수 있다고 생각한다. 긍정적인 생각, 강한 믿음, 그리고 꾸준한 노력이 결합될 때 우리는 원하는 목표를 이루기 위한 길을 스스로 열어갈 수 있을 것이다.

일상에서의 새로운 자극

지금도 나는 17년 전, 25살 무렵 네팔 여행을 했을 때를 떠올리곤 한다. 당시 친구와 함께 베이징에서 출발해 칭짱 열차를 타고 티벳의 라싸를 거쳐 네팔의 카트만두에 도착했다. 내가 당시 묵고 있던 숙소는 카트만두의 중심지였던 더르바르 광장의 한 허름한 건물의 3층에 위치해 있었다. 여느 때와 다름없이 침대에서 눈을 뜨고 숙소의 창문 밖을 내다보았을 때, 광장은 분주히 사람들이 오가는 모습으로 가득했다. 그들의 일상은 여느 때와 다름없었지만, 나에게는 너무나도 특별한 순간이었다. 일상적으로 바라보던 우리 집, 내 방, 그리고 익숙한 풍경이 아닌, 새로운 곳에서 새로운 사람들을 만나며 하루를 시작한다는 설렘이 가득했던 것 같다. 그때 비로소 내가 여행을 하고 있음을 깨달았다.

아직도 그때 느꼈던 감정이 생생하다. 시간이 멈춘 듯한 느낌, 같은 공간에 있지만 서로 다른 평행 우주에 존재하는 듯한 묘한 감각. 그 당시의 느낌은 지금도 잊히지 않는다. 누군가에게는 반복되는 평범한 하루가, 다른 누군가에게는 완전히 새로운 하루이자 신선한 자극이 될 수 있겠다는 생각이 들었다.

일상을 살다 보면 매일 같은 하루가 반복되는 듯한 느낌을 받을 때가
많다. 특히 한의원 원장으로서의 삶은 더 그렇다. 아침에 일어나 출근하
고, 일을 마치고 집으로 돌아와 저녁을 먹고 잠자리에 드는 반복적인 패
턴 속에서 때때로 답답함이 밀려오곤 한다. 왜 우리는 똑같은 하루를 반
복하며 살아야 할까? 매일이 새로운, 즐거운 하루가 될 수는 없을까?

익숙함에는 양면성이 있는 것 같다. 익숙함에서 안정감을 얻기도 하지
만, 동시에 그 익숙함이 우리의 삶을 단조롭고 무미건조하게 만들기도 한
다. 그래서 나는 매일 반복되는 일상 속에서도 새로운 자극이 필요하다고
느낀다.

새로운 자극을 위해서 꼭 멀리 여행을 떠날 필요는 없다. 일상생활에서
도 충분히 새로운 경험을 할 수 있다. 같은 하루라도 우리가 어떻게 받아
들이고 느끼냐에 따라 그 하루는 달라진다. 새로운 경험을 위해서는 일상
을 새롭게 받아들이는 마음가짐이 필요하다.

마치 여행 중에 느끼는 설렘처럼, 매일 아침을 기대와 함께 시작하는
것이다. 오늘은 또 어떤 즐거운 일이 생길지 기대해 보고, 작은 일상 속에
서도 재미를 찾아본다. 반복되는 업무 속에서도 눈을 조금만 더 크게 뜨
면, 곳곳에 즐거움과 재미가 숨어 있는 것을 발견할 수 있다.

모든 것을 당연하게 여기지 말고, 일상 속에서 늘 새로운 면을 발견하
는 것이 중요하다. 익숙한 일상에서도 새로운 재미를 찾아보는 것이다.
일상에 작은 변화만 주어도 충분히 신선한 경험을 할 수 있다. 예를 들어,
매일 걷던 길을 다른 경로로 걸어보거나, 평소 지나치던 카페에 잠시 들
르는 것만으로도 새로운 감각을 느낄 수 있다. 이런 작은 변화가 일상에
신선함을 불어넣는다. 혹은 똑같은 길을 걷더라도, 매일 바라보는 풍경에
서 새로운 측면을 발견할 수 있다. 예를 들어, 나뭇잎의 색깔을 유심히 살

퍼보거나, 비가 온 뒤 촉촉해진 길을 걸으며 그 느낌을 온전히 받아들이는 것이다. 생각을 내려놓고 판단이나 분별없이 사물을 있는 그대로 느낄 때, 우리는 매일 새롭고 다른 면을 발견할 수 있다.

무의식적으로 하고 있는 습관을 바꾸는 것도 새로운 경험을 만드는 좋은 방법이다. 예를 들어, 매일 아침 커피 대신 차를 마시거나, 출퇴근길에 오디오북을 듣는 것처럼 작은 변화만으로도 일상이 달라질 수 있다. 이런 작은 변화들이 일상을 새롭게 느끼게 한다.

비스써므로 다양한 활동을 시도해 보는 것도 새로운 경험을 쌓는 좋은 방법이다. 평소 해보지 않았던 취미를 시작하거나, 새로운 장소를 방문하거나, 새로운 사람을 만나는 등의 경험을 통해 일상의 틀에서 벗어나 보는 것이다. 나 또한 목요일마다 등산을 시작했는데, 처음에는 단순한 재미로 다니던 것이 나중에는 영남 알프스 7봉 완등으로 이어졌다. 지금은 블랙야크 100대 명산에 도전하며 등산 계획을 세우고 있다. 다음에는 어떤 산을 오를지 기대하는 즐거움은 덤이다. 이처럼 새로운 시도는 일상에 활력을 불어넣고, 창의적인 사고를 자극하게 된다.

새로운 사람을 만나는 것도 좋은 방법이다. 한의원에만 있다 보면 사고가 경직되기 쉬운데, 세상에는 다양한 사람들과 각 분야의 전문가들이 즐비하다. "내가 옳고, 다른 사람은 틀리다"는 생각만큼 편협한 사고는 없다. 다양한 사람들을 만나면 그들의 새로운 인사이트를 접하게 되고, 나 또한 한의원을 벗어나 여러 분야의 사람들을 만나면서 그 안에 갇혀서는 절대 배울 수 없었던 세상과 생각을 확장할 기회를 얻을 수 있었던 것 같다.

새로운 것을 배우는 일은 언제나 좋은 자극을 준다. 강의를 듣거나 책을 읽으며 쌓는 새로운 지식은 사고를 확장시키고, 성장의 기쁨을 안겨준다. 본업인 한의학뿐만 아니라 다양한 지식을 섭렵하는 것 자체가 하나의 즐거움이다. 최근에는 명리학(命理學) 강의를 초급부터 전문가 과정까지 마스터하며 명리상담사 자격증에 도전해 보기도 했다. 누군가는 명리학을 미신으로 치부할 수 있지만, 나는 그렇지 않다고 본다. 세상에는 백이면 백 다른 성격을 가진 사람들이 있고, 이를 단순히 환경과 유전으로만 설명하기엔 한계가 있다. 사람의 성격에는 환경적 요인 외에도 태어날 때부터 타고난 경향성이 있다. 우리는 모두 자연과 우주의 기운을 받으며 태어나는데, 이를 설명하는 학문이 바로 명리학이다.

명리(命理)에 대해서 관심을 가지게 된 계기는 아이러니하게도 사람에 배신당하고 힘들었을 때였다. "내 인생은 왜 이렇게 힘들까?"라는 생각을 하며 명리학을 접했고, 이를 통해 사람의 개별성을 더 깊이 이해하게 되었다. 또한 나에게 닥쳐오는 운에 대해서 담담히 받아들이고, 사람들의 성격이나 생각의 차이를 존중하며 이해하게 되는 계기가 되었던 것 같다.

작년에는 부동산대학원 MBA 과정에도 등록해, 다양한 분야의 사람들과 교류하며 새로운 지식을 쌓았다. 진료와 병행하면서 MBA 과정을 이수하는 것은 쉽지 않았지만, 목요일 저녁 시간을 활용해 1년 동안 강의를 듣고 무사히 과정을 마쳤다. MBA 동기들 중에는 보험 설계사, 부동산 소장, 제약회사 직원, 기업체 대표 등 다양한 직업을 가진 사람들이 있었다. 이들과 교류하며 내가 알지 못했던 분야에 대해 배우는 기회를 가졌고, 부동산 관련 법령, 토지 보상, 상권 분석, 특수 경매, 풍수지리 등 다양한 분야에 대해 체계적으로 공부할 수 있었다.

매일 새로운 목표를 설정하고 도전하는 것은, 늘 성장하는 삶을 살게 해준다. 목표가 있는 삶과 없는 삶은 당장에는 큰 차이가 없어 보이지만, 5년, 10년이 지나면 완전히 다른 인생을 살게 된다. 목표를 세울 때는, 업무에 관련된 목표뿐 아니라, 개인적인 성장 목표도 설정하는 것이 좋다.

예를 들어, 한 달에 한 권의 책 읽기, 새로운 취미 시작하기, 외국어 공부와 같은 다양한 목표를 통해 새로운 도전과 성취감을 경험할 수 있다.

일을 할 때도 세세한 단위로 나누어 하나씩 성취하는 기쁨을 맛보는 것이 좋다. 하루의 할 일을 작은 단위로 나누고, 하나씩 완료할 때마다 체크해 나가는 것이다. 이러한 작은 성취는 업무에 대한 만족감을 높여주고, 더 큰 목표를 향해 나아갈 수 있게 해 준다.

또한, 목표를 달성하거나 중요한 일을 끝마친 후에는 스스로에게 작은 보상을 주는 것도 좋은 방법이나. 좋아하는 음식을 먹거나, 잠깐의 휴식을 취하거나, 취미 활동을 통해 자신을 격려하는 시간을 가지는 것은 동기부여를 지속시키는 데 큰 도움이 된다.

새로운 만남과 새로운 자극은 삶에 활력을 불어넣고, 지루함을 덜어준다. 변화와 새로운 경험은 우리의 사고를 확장시키고, 더 나은 방향으로 성장할 수 있게 도와준다.

사람은 일만 하며 살 수 없다. 휴식도 필요하지만, 마냥 놀 수만은 없는 것이 현실이다. 살아가기 위해 일은 필수적이지만, 어쩔 수 없이 하는 일은 사람을 지치게 한다. 그렇다면 이왕 하는 일, 즐겁게 하는 것이 중요하다. '오늘 출근하면 어떤 일이 벌어질까?'라는 기대감으로 하루를 시작한다면, 생각만으로도 행복하지 않겠는가? 하루하루를 소중하게 보내고, 즐겁게 일할 수 있는 일상을 만들어보자. 네팔의 숙소 창문 밖에서 느꼈던 그 순간처럼, 매일의 일상을 마치 여행처럼 가슴 뛰는 기분으로 맞이한다면, 우리는 더 즐겁고 행복한 삶을 살 수 있을 것이다.

인생론

행복한 자가 진정한 승자

사람들은 누구나 부자가 되고 싶어 한다. 빠르게 돈을 벌고 싶고, 성공하고 싶어 한다. 그런데 실제로 우리 주변에 진짜 부자로 살아가는 사람은 아주 극소수다. 무엇 때문일까? 그리고 부자들은 무엇 때문에 부자가 되었을까? 나는 항상 그것이 늘 궁금했다.

우리는 어릴 때는 늘 용돈을 받으며 생활해 왔다. 용돈을 받는 삶에서는 정해진 돈에서 아껴쓰는 것에 모든 초점을 맞춰야 한다. 부자들은 그렇지 않다. 아껴쓰는 것보다 '어떻게 하면 더 벌 수 있을까?' 하고 늘 생각한다. 부자들은 돈은 만드는 것이라 생각한다.

여기 20대 때 큰 부자가 된 사람의 이야기가 있다. 그는 어릴 때부터 큰돈을 벌고 싶었다. 그러나 가진 거라곤 아무것도 없었다. 그는 자신만의 작은 사업을 시작했다. 그는 돈을 버는 것은 사람들의 '문제'를 해결해주는 데서 발생하는 것임을 깨달았다. 처음에는 부서진 핸드폰 액정을 고쳐서 파는 것에서 사업을 시작했다. 핸드폰 수리가 원리 몇 가지만 알면 그렇게 어려운 일이 아니라는 걸 알았기 때문이다. 그런데 문제가 발생했다. 그렇게 사업이 점차 잘되어 갈 때쯤, 이 사업이 돈이 된다는 것을 깨닿고, 주변에 수많은 경쟁자들이 생겨났다. 점점 더 그의 수입은 쪼그라들고, 상황은 어려워지기 시작했다. 그는 자신의 사업 모델을 바꾸기로 결심했다. 사업을 하면서 얻은 노하우로, 그는 좀 더 저렴한 패널을 공급받는 방법을 알게 되었다. 핸드폰을 직접 고치는 일을 하는 대신, 핸드폰 수리업자들에게 저렴한 패널을 공급하는 사업으로 전환한 것이다. 사업을 전환한 후 그는 레드오션에서 벗어나서 더 안정적으로 수익을 얻을 수 있었다. 그런데도 시간이 지나자, 그 사업 또한 확장에 제한이 걸렸다. 또 다른 롱생사널이 당성된 것이다. 그는 이후에 왼찐이 새도운 사업에 뛰어들었다. 그는 '맥주나 와인이 시간이 지나면 점점 식는 것을 개선할 수 없을까?' 고민한 끝에 '식지 않는 텀블러'를 만들었다. 그것이 바로 맥주를 담는 브루메이트(Brumate)와 와인을 담는 와인슐레이터(Winesulater)라는 제품이다. 불과 5년 만에 이 회사는 이와 같은 이 혁신적인 제품들을 통해 연간 매출 1억 달러를 넘기게 되었다. 더 많은 사람들의 어려움을 해결해 주면서 그는 성공할 수 있었다. 25세에 백만장자가 된 딜런 제이콥(Dylan Jacob)의 이야기다.

부자들은 늘 '어떻게 하면 사람들이 힘들어하는 부분이 무엇이고, 어려워하는 부분이 무엇일까?'를 생각하고 찾는다. 그것이 결국 돈으로 이어진다는 것을 알기 때문이다. 자청의 《역행자》에서도 부자가 되려면 다른 사람이 가진 문제를 해결해 주면 된다고 하였으며, 성공과 경제적 부를 이루는 데 도움이 되는 내용을 다루는 자기개발 유튜브 채널인 북토크의 운영자 또한 그 부분을 이야기했다. 아이러니컬하게도 돈을 벌기 위해서 돈만 생각한다면 그 사람은 결코 돈을 벌 수 없다.

나 또한 부원장일 때는 주식으로 빚이 엄청났다. 부원장으로 일하면서 받는 월급을 한 푼도 쓰지 않고 모아도 최소한 5년 이상을 모아야 빚을 갚을 수 있었다. 그때 오직 나의 주의는 '빚을 빨리 갚는 것'에 있었다. 그러나 아이러니하게도 그런 생각을 하다 보면 돈이 더 모이지 않았다. 그때 내가 만약 부원장으로 일하면서도, '원장님에게 도움이 될 수 있는 방법이 무엇이 있을까? 어떻게 하면 한의원의 매출을 올리는 데 더 도움이 될까?' 하고 생각했다면 결과는 달랐을 것이다.

내가 개원하고 나서도 마찬가지였다. 개원 초에는 무조건 밤늦게까지 일하고 열심히 하는 것만이 중요하다고 생각했다. 그러나 그렇게 한다고 한의원이 잘되지 않았다. 오히려 점점 더 일에 번아웃이 오고 나중에는 돈 욕심 때문에 주식에 다시 빠지기도 하고, 한의원의 환수도 빠지고 점점 더 나락으로 가기도 했다.

다시 정신을 차리면서 나는 느꼈다. 즐겁게 한의원을 할 수 있어야 하고, 행복하게 한의원을 할 수 있어야, 그래야 롱런할 수 있다는 것을. 하루하루의 매출에 일희일비(一喜一悲)한다고 해서 한의원이 변하지 않는다. 결국에 한의원을 찾는 환자들이 있어야 한다. 그 환자들은 한의원의 분위기를 보고, 원장의 기세를 보고, 치료를 본다. 그 모든 것들이 복합적으로 모여서 그 한의원만의 장점을 만든다. 그것이 쌓였을 때, 진정으로 롱런할 수 있는 한의원이 될 수 있는 것이다.

매일 출근하는 한의원이 행복한 한의원이 되어야지, 억지로 가기 싫은데 어쩔 수 없이 출근하는 한의원이 되어서는 안 된다. 그러기 위해서는 한의원에서 일하는 일 자체를 즐겁게 만들어야 한다. 내가 하는 진료가 이 사회를 더 행복하게 만드는 일이라는 생각을 하면 좀 더 즐겁게 일할 수 있다.

나 스스로부터 챙길 수 있어야 한다. 진료는 하루 이틀 할 게 아니다. 365한의원이라 하더라도 혼자 매일 하게 되면 힘들어서 견디기 힘들 것이다. 하루씩은 쉬어가는 날이 있어야 한다. 한의원에만 골몰한다고 한의원이 더 잘되지 않는다.

나 또한 매주 목요일을 쉬고, 진료를 원장님들과 나누면서 오히려 쉬는 날 나의 에너지를 충전하고, 다음날 더 열심히 진료에 임할 수 있게 된다. 쉰다고 해서 환자가 그리 빠지는 것도 아니다. 예약을 적극적으로 활용해서 환자의 내원주기를 잡고, 관리해 주면 된다.

그렇다고 마냥 쉬는 것은 아니다. 등산을 하면서 좋은 기운을 받고, 내가 좋아하는 명리학 공부도 한다. 저녁에는 부동산 내학원에서 수업을 듣기도 한다. 작년 한 해 동안 매주 목요일 저녁마다 부동산 대학원 MBA 최고 과정에 참여했고, 마침내 1년 과정을 수료했다. 영남알프스 완등 증명서와 함께 대학원 수료증을 보면 그래도 한 해 동안 그래도 내가 열심히 살았구나 하는 생각이 들어 뿌듯하다.

최근에는 요즘 핫플레이스인 광안리의 밀락더마켓도 가보았다. 이곳은 민락수변공원 뒤편에 조성된 마켓으로, 원래 횟집이 모여 있는 곳 뒤편의 공터였지만 어느 순간 멋진 오픈 형태의 건물이 세워졌다. 여기에서는 야시장이 밤 10시부터 새벽 3시까지 운영된다. 건물 안에 있는 다양한 마켓 부스에서 맥주 한 잔과 함께 이야기를 나누고, 커피도 마시며 여러 가지 작은 소품이나 굿즈를 구매할 수 있다.

최근 MZ 세대들은 이런 유행에 누구보다도 빠르기 때문에, 괜찮은 장소는 SNS를 통해 순식간에 입소문이 난다. 포토 포인트도 갖춰져 있고 외관도 독특하며, 마치 해외여행을 하는 듯한 감성을 불러일으키는 곳이라 금방 입소문이 났다. 사람들을 움직이는 것은 이성이 아니라 감성이다. 그런 의미에서 이곳은 정말 영리한 전략을 펼치고 있다는 생각이 들었다.

내가 처음 한의원을 열었던 12년 전과 지금은 완전히 다르다. 65세 이상의 환자들도 많지만, 젊은 환자들도 증가하고 있다. 그렇지만 젊은 환자들은 아직까지 한의원이라고 하면 막연한 두려움을 가지고 있는 사람들이 많다. 침을 무서워하는 소위 '뾰족 증후군'을 가지고 있기 때문이다. 이러한 환자들에게는 한의원에서 추나요법이나 첩약이 보험 적용이 가능하다는 점을 적극적으로 알릴 필요가 있다. 게다가 해당되는 상병이 있다면 실손보험도 가능하다는 점을 적극 알릴 필요가 있다. 흥미롭게도, 한번도 한의원에 방문하지 않은 환자들이 생각보다 많다는 점에 주목할 필요가 있다. 그 사람들이 한의원에만 올 수만 있어도 수천만 명의 초진을 확보할 수 있다.

초진으로 왔던 환자가 앞으로도 아플 때 우리 병원을 찾는 환자가 되게 만드는 것은 결국 의사의 몫이다. 사람들은 항상 좋은 기억이 있어야 그곳을 찾는다. 한의원에서 치료받고 가는 모든 일련의 과정들이 그 사람에게 좋은 기억으로 남아야 한다. 침을 맞는 순간의 아픔과 따가움보다, 아프지 않고 몸이 가벼운 상태가 유지되는 확실한 효과를 볼 수 있어야 한다. 비싼 한약이지만 먹고 나서 소화도 잘되고, 잠도 잘 자고, 피로감도 덜해져야 한다.

모든 정보가 투명해지고 있는 시대이다. 지금은 나 혼자만 잘되는 시대는 끝났다. 나 혼자 잘된다 하더라도 다 같이 힘들면, 나 또한 결국에는 힘들 수밖에 없다. 그래서 나뿐만 아니라 모든 한의원이 잘되어야 한다. 기본적으로 환자들이 한의원을 찾는 문턱을 낮춰야 한다. 전국 각지에서 수많은 원장님들이 각각의 자리에서 1차 진료에 묵묵히 최선을 다하고 있다. 어찌 보면 0차 의료기관이면서도 4차 의료기관일 수도 있는 곳이 한의원이다. 아플 때 언제든지 생각나는 한의원 원장님이 전 국민이 한 명씩만 있어도, 5천만 명의 초진이 확보되는 것과 다름이 없을 것이다.
전국의 모든 한의원 원장님들 화이팅!

미래의 한의학

최근에 K-문화가 세계적 인기를 끌고 있다. 한국 드라마, 영화, 음악 (K-pop), 패션, 그리고 뷰티 제품 등이 전 세계적으로 큰 인기를 끌고 있으며, 많은 외국인들이 한국 문화를 직접 체험하기 위해 한국을 방문하고 있다. 특히 BTS, 블랙핑크와 같은 K-pop 그룹과 《기생충》,《오징어게임》 같은 콘텐츠의 글로벌 성공은 한국에 대한 관심을 크게 높였다.

과거에 대비해 볼 때 전 세계적으로 한국의 이미지가 지금과 같이 좋은 때는 없었다. 근래 지하철을 타면, 예전에 비해 보게 되는 외국인의 수가 훨씬 더 많아졌음을 느낀다. 통계에 따르면 한국을 방문하는 외국인의 수가 매년 꾸준히 증가하고 있으며, 일본과 한국, 대만 중에서 꼭 가고 싶은 나라를 물었을 때 한국이 단연코 1위라고 한다. 또한 1,000명의 외국인에게 '한국을 방문해 보고 싶나요?'라고 했던 질문에서 무려 748명이 방문해 보고 싶다는 의사를 밝혔다고 한다.

이처럼 과거에 비해서 한국의 문화에 대해서 관심을 가지는 외국인들의 수가 지속적으로 늘어나고 있으며, 한국의 전통 문화와 현대 문화가 결합된 '한류 관광' 또한 큰 인기를 끌고 있다. 외국인들은 전통적인 한

06 : 미래의 한의학

옥, 사찰, 그리고 서울, 부산과 같은 대도시의 현대적 명소를 동시에 경험하기도 한다. 이렇게 한국에 대한 호감이 높아지고 있는 시기에, 한의학은 K-medicine이라는 데 큰 장점이 있다. 외국인들이 경험하기에도 정말 '한국'다운 치료이면서도, 놀라울 정도로 효과가 좋은 치료이기 때문이다.

과거 미국의 수영 선수 마이클 펠프스(Michael Phelps)의 부항 자국 사진이 세간의 화제를 모은 적이 있었다. 그는 2016년 리우데자네이루 올림픽 당시 부항 치료를 받고 좋은 성적을 거두었다고 알려져 많은 사람들의 관심을 받았다. 펠프스는 평소에도 부항 매니아로 알려져 있으며, 평소 수영 연습을 하면서 근육 회복을 돕고 통증을 줄이기 위해 부항요법을 정기적으로 사용했다고 한다. 펠프스와의 관련성 이후 부항 요법에 대한 관심이 크게 급증하기도 했다.

최근 파리 올림픽에 출전해서 금메달을 획득한 배드민턴 안세영 선수도 한의 치료의 도움을 많이 받았다고 이야기했다. 그녀는 과거 무릎 인대 파열과 아킬레스 파열까지도 진단받았으며, 발목 부상으로 테이핑을 하지 않으면 걷기조차 힘들 정도였다고 한다. 파리의 선수 메디컬 센터에서 하루 세 번 물리치료를 받아도 큰 차도가 없었지만, 현지에 동행한 평소 치료받던 대한스포츠한의학회 회장 장세인 원장님의 침, 약침, 도침, 추나요법 등의 치료를 받고 나서 통증이 확연히 감소하고, 경기력 향상에 큰 도움을 받았다고 말한다.

미래에는 우리 한의학이 단지 현재에 머물러 있는 학문이 되어서는 안 된다고 생각한다. 허준과 이제마가 민중 의학을 부르짖고 세상에 뛰어들었듯이, 사람들 속으로 파고드는 학문이 되어야 한다.

한국 문화의 세계적 성공은 전통 한의학이 국제적으로 더 많은 인정을 받을 수 있는 무대를 마련했다. 신체의 균형을 맞추고 질병의 근본 원인을 치료하는 데 중점을 둔 한의학의 전인화된 접근 방식은 웰빙, 자연 요법 및 예방 치료에 대한 증가하는 글로벌 추세와 공명한다. 한의학은 특히 만성 질환, 통증 관리 및 스트레스 해소 등에 있어서 현대 의학으로는 할 수 없는 많은 치료가 가능하다. 그래서 현대의학을 대체하거나 보완할 수 있는 충분한 치료법을 제공할 수 있다.

세상에는 아픈 사람이 너무 많다. 미국에서도 대체의학이 점점 더 각광을 받고 있는 시대이다. 이미 한의학의 표준화와 안전성, 효능에 대해서는 수많은 논문에서 검증되어 있다. 한의학도 그에 맞추어 세계로 뻗어나가야 할 것이다.

내가 아는 한 원장님도 최근 텍사스 오스틴에서 한의원을 오픈하였다. 뇌질환과 난치병을 전문으로 보는 원장님으로, 파킨슨환자나 중풍환자 등의 재활에 있어서 병원에서 시행하고 있는 물리치료와 더불어 뇌의 자극을 도와주는 침 치료를 통해 미국에서도 우수한 침 치료를 알리고 있다.

한의학이 가지고 있는 최대의 장점은 지난 수천 년 동안의 임상 경험을 통해 이루어진 데이터라는 점이다. 미래에는 이런 데이터를 기반으로 하는 치료가 필수적일 것이다. 이런 한의학의 장점을 최대한 살려, 환자 개개인에 맞춘 맞춤형 진료와 예방의학적인 치료가 필요할 것이다. 또한 새로운 기술에 맞춘 진료의 새로운 패러다임을 수용할 준비가 필요하다. AI가 의료의 미래를 이끄는 시대에는 한의원도 그 흐름에 맞춰 변화하고 발전해야 할 것이다.

이미 다양한 분야에서 이러한 기술적 혁신이 이루어지고 있다. 예를 들어, 일본의 '와이즈만 연구소'에서는 AI와 빅데이터를 활용해 환자의 체질, 증상, 생활 패턴을 분석하여 가장 적합한 치료법을 제시하는 연구가 활발히 진행되고 있다. 또한 중국에서는 AI를 이용해 약재의 성분을 자동으로 조합하는 시스템을 도입하여, 환자에게 적합한 한약을 처방하는 방법이 개발되고 있다. 또는 웨어러블 기기를 통해 환자의 실시간 건강 데이터를 수집하고, 혈압, 심박수, 수면 패턴 등을 실시간으로 모니터링하여 환자의 건강 상태를 지속적으로 관리하는 시스템을 한의학과 결합한다면, 더 나은 예방적 치료 효과를 기대할 수도 있을 것이다.

미래의 한의학은 AI, 빅데이터, IoT와 같은 기술들과 결합하여 전통적인 임상 경험을 새로운 방식으로 재해석하고 발전시키는 방향으로 나아가야 할 것이다. 단순히 한의학이 과거의 전통에 머물지 않고, 미래 의료 환경에서도 경쟁력을 갖추기 위한 필수적인 변화이다. 이를 통해 한의학은 예방의학, 만성질환 관리, 개인 맞춤형 치료에서 더욱 중요한 역할을 할 수 있을 것이다.

2023년 기준 대한민국의 인구는 약 5,175만명이며, 가임여성 1명당 출산율은 0.721명으로 세계 최하위권을 기록하고 있다. 2002년 월드컵 때 평균나이 34세였던 우리나라 인구의 평균 나이는 지금은 43.9세가 되었다. 지금도 우리나라는 인구는 빠르게 감소하고 있고 노령 인구는 폭발적으로 늘고 있다.

나이가 들고 늙어가게 되면 자연스럽게 온몸에 아픈 곳이 생긴다. 병원을 거들떠보지도 않던 사람들이 심한 병에 걸려서 비로소 병원을 찾게 되는 경우가 많다. 그래서 병이 생기기 전에 미리 병을 알고 치료하는 '치미병(治未病)'이 중요하다. 예방의학적인 측면에서 한의학은 특히 더 강점이 있다고 생각한다. 앞으로는 한의학의 트렌드도 여기에 맞춰 나가야 한다고 생각한다.

한의학은 그 자체로 어마어마한 잠재성을 가지고 있다. 그렇지만 그 잠재성을 얼마나 활용하는지는 우리의 몫이다. 한약의 전문가는 한의사다. 우리가 아는 한의학적 지식을 활용하여 사람들에게 도움을 줄 수 있는 방법이라면 어떤 것이든 유효한 가치가 있다고 생각한다.

우리가 알고 있는 기존의 상식이나 고정관념에 대해서도 과감히 타파해야 한다. 한의사가 침, 뜸, 한약만 써야 할 이유도 없다. 탕약이 반드시 제형이 물약일 필요도 없다. 효율적이고 효과가 있는 제품이라면 어떤 것이든 써볼 수 있다고 생각한다.

그동안 한약이라고 하면 당연히 탕약을 처방받는 것으로 생각하는 경우가 많았다. 일반적인 탕약은 달이는 데만 최소 200분이 소요된다. 그러나 최근 한약재를 규격화해 제약 자동화 장비(HAP 시스템)에 카트리지로 담아, 처방전대로 조제, 제조, 포장하여 5분 만에 뚝딱 동일한 효능과 성분으로 한약을 만들어 버리는 스타트업도 생겼다. 약탕기는 90년대 우리나라가 고도성장화되면서 개발된 산물이다. 약탕기 덕분에 누구나 사람들은 한의원에서 쉽게 탕약을 지을 수 있게 되었지만, 앞으로도 약탕기로 한약을 달이는 방식 외에도 다른 방식이 주류가 될 수도 있다. 지금의 한의계에는 또 다른 혁신이 필요할 수도 있다. 기존의 방식에 결코 얽매일 필요가 없다.

과거에 의약분업이 되기 전에는 병원에서 진료도 받고 약을 받았으나, 의약분업이 시행된 후부터는 진료는 병원에서, 약은 약국에서 받게 되었다. 의약분업이 되면서 모든 처방전이 투명하게 공개되었고, 어느 병원에서 무슨 약을 처방받았는지 사람들은 이제 모두 알게 되었다. 누구나 빠르고 정확하고 투명한 것을 좋아한다. 과거처럼 나만 아는 비방은 점점 더 사라지고 있다. 앞으로 한의학도 점점 이런 방향으로 가지 않을까 한다.

가장 본질적인 것은 건강에 대한 사람들의 관심과, 사람을 치료하는 치료의학으로서의 한의학이다. 이와 접목해 본다면 한의학이 갈 수 있는 분야는 아주 무한하다고 생각한다.

숙취 해소 하나만으로 여명808은 2017년에 매출 310억 원 이상을 올렸다. 까스활명수 하나만으로 동화약품은 2017년에 매출 565억 이상을 올렸다. 약재 하나의 아이템만으로도 매년 수백억 원의 매출을 일으키고 있다. 그런가 하면 LG생활건강에 있는 연구개발 부문 직원 수만 해도 986명이며, 이는 전체 직원 수의 약 18%에 해당한다. 그리고 이들이 개발한 한약재를 사용한 기능성 샴푸가 연간 수천 억의 매출을 올리고 있다. 앞으로도 사람들의 건강에 도움이 되고, 치료에 도움이 되는 방식이라면 어떤 방식이든 사람들의 인정을 받을 수 있다고 생각한다. 미래의 한의학도 우리나라를 벗어나 넓은 세계를 무대로 많은 사람들에게 어떤 아이템으로 접근할 수 있을지 생각해야 한다. 세상에 기회는 널려 있고, 돈은 널려 있다. 한의학도 마찬가지라고 생각한다.

한의원의 12가지 성공법칙

이나모리 가즈오 회장은 일본에서 경영의 신으로 불린다. 교세라를 세계적 기업으로 성장시켰던 그는, 파탄에 직면한 일본 항공의 무보수 회장직을 맡은 후, 2년 8개월 만인 2012년 도쿄 주식시장에 다시 상장시키며 회사를 정상 궤도에 올렸다. 이나모리 회장은 퇴임 후 자신의 경영 철학을 공부하는 경영 아카데미인 세이와주쿠(盛和塾)에서 수없이 많은 사람들에게 경영 철학에 대해 이야기한 바가 있다.

《이나모리 가즈오의 마지막 수업》이라는 책에 2022년 8월에 남긴 글은 그의 마지막 당부의 글이 됐다. 그는 2022년 8월에 향년 90세의 나이로 사망하였으며, 잘 알려진 대로 우장춘 박사의 사위이기도 하다.

회장은 늘 "당신은 사업을 키우기 위해 어떤 노력을 하고 있는가?"라고 물었다. 기업 경영의 책임을 맡은 경영자를 위해 경영에서 가장 중요한 사항을 이해하고 실천할 수 있도록 정리한 것이 '경영 12개조'다.

이나모리 회장의 경영 철학을 공부한 기업 경영진들은 '경영 12개조'를 이해하면서 과거의 관료적인 의식에서 벗어나 경영자에게 필요한 의식과 사고를 갖출 수 있었다. 그와 함께 기업의 수익성도 크게 개선되었다.

《이나모리 가즈오의 마지막 수업》책에 나오는 12가지 성공 법칙(경영 12개조)을 한의원 원장의 입장에서 한번 재구성해 본다. 이를 통해 한의원을 어떻게 운영해 나갈지를 생각해 볼 수 있다.

제1조 사업의 목적, 의의를 명확히 한다
원장은 한의원을 하는 목적과 의의를 명확히 해야 한다. (feat. 미션 설정)

한의원을 운영하는 목적을 명확히 해야 한다. 왜 내가 한의원을 하는지에 대해서 원장 스스로부터 자각할 필요가 있다.

모든 일에는 대의명분이 있어야 한다. 명분이 없으면 흩어지게 된다. 명분이 있어야 다 같이 하나의 목표를 향해 달려 나간다.

한의원의 경우 미션이다. 미션은 북극성과 같은 것이다. 모두가 바라보는 하나의 목표이며, 꿈이다. 예를 들어, '믿음과 신뢰를 주고, 근본을 치료하여, 사람들로부터 고통을 줄여주는 한의원'과 같은 미션이다.

한의원을 하는 목적을 명확히 제시하고, 이 사업이 모두에게 도움이 되며, 직원들에게도 큰 보상이 된다는 것을 강조하여, 직원 스스로 모두 다 참여하게끔 해야 한다.

이나모리 회장의 경우, 모든 능력을 발휘하고 사원들이 행복해지도록 물심양면으로 최선을 다하는 것이라는 대의명분을 가지고 일하니 본인도 경영자의 사심에서 벗어나게 되고, 모든 직원들도 움직이게 되었다.

한의원 원장도, 이런 미션을 가지고 한의원을 운영해야 한다.

제2조 구체적인 목표를 세운다
원장은 한의원 운영의 구체적인 목표를 세워야 한다. (feat. 비전 설정)

원장의 목표는 한의원의 비전을 세우는 일이다. 또한, 세운 목표는 모든 직원들과 공유해야 한다.

미션은 북극성이며, 비전은 에베레스트산이다. 미션은 모두가 바라고 꿈꾸는 이상향이며, 비전은 앞으로 우리 모두가 이뤄나가야 할 목표다. 에베레스트는 오르긴 어렵지만, 그렇다고 결코 오를 수 없는 건 아니다. 이 에베레스트를 오르기 위해서 구체적인 목표를 세워야 한다. 그 목표를 세우는 것이 핵심 가치다.

앞으로 한의원을 어떤 방향으로 이끌어 갈 것인지, 그리고 직원들 앞에 어떤 미래가 있는지를 보여주어야 한다. 꿈을 이루기 위한 계획을 구체적으로 세워야 하며, 그 계획은 공간적 시간적으로 명확해야 한다.

또한, 직원 개개인별로 각자의 장점을 파악하여, 본인이 목표하는 바에 맞추어 적재적소에 배치하고, 목표를 이룰 수 있도록 도와주어야 한다.

가령 편안하고, 치료 잘하고, 행복한 한의원이 목표라면, 직원들의 응대 체계를 확립하고, 매뉴얼을 확립해야 할 것이다. 또한 원장이 매일 노력하고 공부하여 환자가 행복한 개인 맞춤 의학을 구현해야 할 것이며, 직원 복지와 대우에 최선을 다해야 한다.

교세라는 직원 2명에 연매출 1억 원의 작은 기업에서 시작했으나, 현재 종업원 8만 명, 매출 18조 원의 거대 기업이 되었다. 성장과 발전을 위해 확고하고 장대한 비전을 끈기 있게 설명하고 구체적인 목표로 월별, 일별로 세분화해서 사원들의 역량을 결집했기 때문이다.

제3조 강렬한 열망을 가슴에 품는다
원장은 "하면 된다"는 강한 마음을 가져야 한다.

원장은 늘 잠재의식에 투영될 정도로 강하고 지속적인 열망을 갖는 것이 중요하다.

"하면 된다"라는 마음이 중요하고, 어떻게 하면 될까에 집중해야 한다. 지금 당장은 힘들지만, 내가 반드시 해낼 수 있다는 긍정적 사고가 중요하다.

자동차 운전과 같이, 생각하는 것만이 아닌 무의식으로 행동할 수 있도록 반복 경험을 통해 습관이 되도록 일을 실현해 내는 것이 중요하다.

또한 일을 할 때 '동기는 선한가?', '사심은 없는가?'라는 질문을 수시로 할 필요가 있다. 바르고 순수할수록 성공도 오랫동안 지속될 수 있다. 순수하고 강한 의지가 한의원 전체에 공유되어야 한다.

한의원이 힘들 때도 있을 것이다. 이때는 내가 반드시 한의원을 잘되게 하겠다는 강렬한 열망을 품고, 어떻게 하면 잘 될 수 있을까? 모든 방법을 찾아보아야 한다. 그 동기가 순수하고 사심이 없는 목표여야 한다.

환자의 마음, 환자를 돕는 방향으로 내가 지속적으로 무엇을 해나갈 수 있을까? 생각할 필요가 있다.

제4조 누구에게도 지지 않을 노력을 한다
원장의 노력은 죽을 만큼 최선을 다하는 노력이어야 한다.

누구에게도 지지 않을 노력은 평범한 노력이 아니다. 정말 죽을 만큼 최선을 다하는 노력이어야 한다.

이런 노력이 있어야 성장이 생기게 된다.

우리는 늘 성공의 결과만을 볼 때가 많지만, 성공 뒤에는 죽을 만큼 힘든 시기가 반드시 있다.

애플의 스티브 잡스는 자기가 세운 회사에서 쫓겨나서 적자 투성이인 픽사에서 10년 동안 자신이 좋아하는 일을 전력투구하면서 결국 픽사를 성공시키고, 애플에 화려하게 복귀하였다.

일론 머스크가 테슬라를 세우면서, 처음에는 온갖 멸시와 조롱을 받으면서 일하며, 모델S를 출고하기까지 자신의 사재까지도 털어가면서 적자를 버티며 결국에는 성공하게 된 이야기도 유명한 이야기다.

중요한 것은 그 과정에서 본인이 좋아하는 일을 미친 듯이 하는 몰입과 노력이 있었다는 점이다. 일의 결과는 늘 '능력×열정×사고방식'이라는 공식을 따른다. 본인이 가지고 있는 능력과 열정과 사고방식이 배가 되면 수십, 수백 배의 성과를 거둘 수 있다.

이나모리 가즈오가 스스로 워커홀릭 상태가 되었을 때 위로가 된 말이 있다. 제임스 앨런의 "성공을 얻지 못하는 사람들은 자신의 욕망을 전혀 희생하지 않은 사람들이다"라는 말이다.

한의원을 하면서 과연 나는 죽을 만큼 최선을 다해 보았는가 생각해 볼 필요가 있다.

제5조 매출을 최대한 늘리고 비용은 최소한으로 억제한다
원장은 고수익을 낼 수 있는 한의원을 만들어 나가야 한다.

한의원을 하면서 투자를 하였는데, 매출이 생각만큼 따라오지 않을 때 힘들 때가 많다. 원장은 이익을 추구하는 것이 아니라 이익이 자연스럽게 따라오게 해야 한다. 한의원 원장이라면 한의원 매출을 높이고, 고수익을 추구해야 할 의무가 있다.

고수익을 낼 수 있는 한의원의 체질을 만들어 가야 한다. 고수익을 추구해야만 직원에게 넉넉한 급여를 제공할 수 있고, 미래 경영이 안정되고, 한의원 확장의 선택지를 확보하며, 치료의 다각화 여력이 생기게 된다.

한의원은 적은 인원으로 운영하는 조직이다. 실시간으로 각 팀별로 실적을 공유하여야 하며, (아메바 경영) 모든 직원이 주인공으로 한의원 경영에 참여하여 스스로 즐겁게 일할 수 있도록 해야 한다.

제6조 가격 결정이 곧 경영이다

원장은 자기분야에서 가격 결정권을 가진 치료를 할 수 있어야 한다.

이나모리 가즈오 회장은 "우동을 얼마에 팔 것인가?"로 경영의 재능을 파악할 수 있다고 한다.

어떻게 맛을 낼 것인지에 따라서도 원가 계산이 달라지며, 장사하는 곳의 위치가 술집 번화가인지, 대학가인지에 따라서도 가격 결정이 달라진다.

이는 곧 장사의 승패로 연결된다. 가격 결정은 경영자의 일이다. 고객도 기쁘고 자신도 수익을 내는 포인트를 찾아야 한다. 고객이 기쁘지만 자신이 힘들면 사업은 망한다. 자신이 기쁘지만 고객이 힘들어도 사업이 망한다. 나만이 가지고 있는 레어템이라면 가격 결정권이 생긴다. 우리 한의원이 아니면 다른 곳에서는 치료해 주지 못한다면? 가격 결정권이 생긴다.

흔하지 않은 도침의 수가가 높은 이유도 그렇다. 약침의 수가도 행위에서 나온다. 우리가 6년간 배워오고 이후 임상을 겪으면서 투자한 비용이 수가에 녹아 있다. 주사 약재와 주사기 원가만이 원가가 아니다.

제품의 원가가 얼마인지도 중요하지만 고객이 그 제품의 가치를 어떻게 느끼느냐에 따라 원가보다 더 높은 가격 책정도 할 수 있는 유동성을 가져야 한다.

치료에 자신 있는 분야라면 비싼 가격을 결정하는 것도 나쁘지 않은 선택이라는 말이다.

제7조 경영은 강한 의지에 좌우된다

원장은 강한 의지를 가지고 한의원을 운영해야 한다.

한의원을 하는 데 있어서, 바위조차도 뚫을 강한 의지가 필요하다. 목표의 달성을 위해서는 원장의 의지를 전 직원의 의지로 바꿔내는 과정이 중요하다. 직원 모두가 의지를 가지고 일하게 되면 목표보다 더 높은 성과를 낼 수 있다.

원장의 변명, 목표 수정, 목표 철회는 직원들에게도 나쁜 영향을 미친다.

사력을 다한다는 의지로 원장은 필사적으로 경영에 임해야 한다.

강한 의지란 가능성을 믿는 것으로부터 생겨나기에 '가능성이 있다'고 믿는 것 또한 중요한 일이다.

강한 의지란, 조용한 투지이며 내적인 투지이다. 문제 해결을 위해 노력하고 창의적으로 생각하고 행하는 것이다.

제8조 불타는 투혼으로 승부한다

원장은 직원과 한의원을 지킨다는 생각으로 일해야 한다.

한의원 원장은 직원과 한의원을 지킨다는 생각으로 일해야 한다. 항상 한의원에 가장 먼저 출근하고, 가장 늦게 퇴근해야 한다.

격렬한 병원들의 무한 경쟁 속에서는 살아남는 곳만 살아남는다. 지금의 환경에 굴하지 않고, 앞으로의 한의원의 성장과 발전을 지향하기 위해서는 직원이 '일하고 싶어서 견딜 수 없는' 그런 한의원을 만들어야 한다.

그런 한의원을 만들어 나가기 위해서는 책임감을 가지고, 원장이 솔선수범하여 모범을 보여야 한다. 직원에게도 본받고 싶은 원장이 되어야 한다.

선함이 기본이 된 경영은 나침반과 같아서 올바른 방향으로 나아갈 수 있다. 또한 올바르다고 믿는 방향이라면 끝까지 포기하지 않고 끈질기게 노력해야 한다. 주위의 경영 환경에 굴하지 않고 어떤 상황이든 원장은 한의원의 성장과 발전을 지향해 나가야 할 책임이 있다.

제9조 용기를 가지고 일에 임한다

원장은 담식(膽識)을 가지고 한의원을 운영할 수 있어야 한다.

용기라는 것은 '인간으로서 무엇이 옳은가?'를 기준으로 사물을 판단할 때 필요한 것이다. 원장은 원리 원칙에 따라 올바른 판단을 내리는 용기가 필요하다. 실행하는 담력도, 잘못을 인정하는 용기 또한 중요하다.

때로는 이로 인해 풍파나 충돌을 만날 수도 있다. 이를 두려워하지 말고 담대히 극복할 수 있어야 한다.

견식(見識)은 지식이 신념으로 발전된 것이며, 담식(膽識)은 견식에 담력과 용기가 더해진 것이다. 경영자는 담식을 가져야 한다.

자신의 실수를 깨끗이 인정하고 고치는 용기를 가지며, 목표를 향해 집단을 이끌어가는 '대의(大義)'를 가져야 한다.

제10조 항상 창조적으로 일한다

원장은 늘 창조적인 생각을 가지고 익숙함의 틀을 깨뜨려야 한다.

원장은 한의원 업무에 익숙해져서는 안 된다. 끊임없이 스스로에게 자문해야 한다.

과연 나는 일일우일신(日日又日新) 하고 있는가? 매일의 일상에서 개선하고 개량해야 하며, 창의성을 발휘해야 한다.

같은 일이라도 매일 똑같이 반복하기보다는 항상 창조적으로 일을 한다면 성과물은 달라지게 된다. 트렌드는 1분 1초에도 바뀌게 되며, 어제와 동일한 미래는 없다. 수요를 파악하고, 시장을 창조하며, 기술을 개선하며, 새로운 치료를 제시할 수 있어야 한다.

항상 미래를 바라보며 계획하고, 마음을 먹었다면 뒤돌아보지 않고 전폭적으로 실행해야 한다. 현재의 시점에서 불가능해 보이는 목표를 미래에서 이미 달성했다는 시점으로 보고 자신감 있게 행동하는 것도 하나의 방법이다.

제11조 배려의 마음으로 성실하게 모두를 대한다
원장은 주변의 사람들을 배려하고, 도움을 주어야 한다.

원장은 늘 창조적인 생각을 가지고 익숙함의 틀을 깨뜨려야 한다.

한의원 원장은 원장 혼자서 한의원을 운영할 수는 없다.

한의원을 하기 위해서는 약재사 사장님, 인테리어 사장님, 소모품 공급업자, 건물주 등 수없이 많은 사람들과 관계를 맺는다. 그 모든 사람들이 한의원 원장과 함께 서로 공생 관계로 지내는 것이다.

한의원 원장은 혼자서만 잘되어서는 안 된다. 그 모든 사람들이 잘되어야 한다.

이타심(利他心)이란 결국 사랑이 바탕이 된 마음이다. 그 사람들이 잘되기를 바라는 마음으로 늘 길게 보고 좋은 관계를 맺어 나가야 한다.

무리하게 깎는 것보다는 그 사람들에게도 적당한 마진을 주어야 한다. 당장은 내가 조금 손해 보더라도 상대방을 포함해 모두를 행복하고 기쁘게 하는 것이 진정한 이타심이다.

제12조 항상 밝고 긍정적인 생각과 자세를 갖는다
원장은 항상 좋은 생각과 상태를 유지할 수 있도록 노력해야 한다.

원장의 마음은 중요하다. 원장이 출근할 때 찡그린 상태로 출근한다면,

그 기운은 모든 직원들뿐만 아니라, 모든 환자들에게 전해질 것이다.

감사는 신의 방법이고, 불평은 악마의 방법이다.

매일 아침 의식이 깨어날 때 오늘 하루가 주어짐에 감사하고, 하루를 마치며 잠자리에 들 때 오늘 하루를 온전히 경험함에 감사한다면, 자기 자신 뿐 아니라 타인에게도 감사하고, 배려하고, 진실해지게 될 것이다.

원장의 에너지는 일상에서의 긍정적이고 밝은 마음가짐에서 온다. '오늘 하루도 이 사회를 위해 좋은 영향을 끼쳤다', '나로 인해서 질병의 고통에서 한 사람이 더 좋아지게 되었다'라는 생각에서의 행복함과 긍정적인 마인드 세팅이 필요하다.

선한 마음을 가지고 선한 행위를 계속 한다면, 반드시 훌륭한 성과가 찾아온다. 생각은 말이 되고, 말은 행동이 되며, 행동은 습관이 되고, 습관은 성격이 되며, 성격은 운명이 된다. 그래서 밝고 긍정적이며, 좋은 생각을 해야 한다.

좋든 싫든, 한의원을 운영함으로써, 우리는 이 사회의 한 톱니바퀴를 담당하고 있다. 원장의 역할 속에서, 환자들에게 직원들에게, 늘 좋은 영향력을 주고 즐겁고 행복한 진료를 할 수 있도록 노력해야 할 것이다.

전대성
원장의 팁

구글 드라이브 활용하기

구글 드라이브는 효과적으로 활용하면 팀워크 향상에 큰 도움이 됩니다. 우선, 개인 계정이 아닌 한의원 전용 계정을 하나 만들어서, 한의원 컴퓨터에 모두 이 계정으로 로그인해 사용하는 것이 좋습니다. 구글 드라이브의 가장 큰 장점은 협업 업무를 드라이브 내에서 실시간으로 처리할 수 있다는 점입니다.

먼저, 구글 닥스(한글 문서와 유사)를 통해 문서를 공유할 수 있고, 구글 스프레드시트(엑셀과 유사)를 활용해 연락망이나 업무 분장 파일을 공유할 수 있습니다. 이 도구는 해피콜 관리와 입원환자 관리에도 유용하며, 입퇴원 및 예약 환자를 한눈에 볼 수 있습니다. 또한, 구글 슬라이드(파워포인트와 유사)를 통해 발표용 PPT 파일을 쉽게 공유할 수 있습니다.

구글 드라이브의 가장 큰 장점 중 하나는 실시간 수정이 가능하다는 점

입니다. 일반적인 컴퓨터 작업은 한 사람만 작업할 수 있지만, 구글 도구들은 여러 명이 동시에 협업할 수 있습니다. 예를 들어, 직원이 10명이라면 10명이 동시에 한 문서를 작업할 수 있어, 문서 작성 시간이 크게 단축됩니다. 드라이브에 올려둔 파일들은 여러 사람이 여러 컴퓨터에서 동시에 접속해 수정하고 공유할 수 있다는 점이 구글 드라이브의 핵심 장점입니다.

한의원이 어느 정도 성장하고 있다면 구글 드라이브 활용을 강력히 추천드립니다. 구글 드라이브의 무료 제공 용량은 15 GB이며, 100 GB는 월 2,400원, 200 GB는 월 3,700원의 비용이 듭니다. 저의 경우 200 GB를 매월 결제하여 사용 중이며, 용량이 많이 필요하다면 100 GB 이상을 구매해 사용하는 것을 추천드립니다.

NAS 활용하기

NAS는 네트워크에 접속하는 데이터 저장 장치(Network Attached Storage)를 의미합니다. 주로 Synology NAS(시놀로지 나스)가 많이 사용되는데, 구글 드라이브는 기본 15 GB 정도의 용량을 제공하는 반면, NAS는 최소 4 TB에서 최대 16 TB까지 사용할 수 있는 대용량 저장 공간을 제공합니다. 이 때문에 한의원에서 촬영한 동영상 파일이나 강의 영상 등을 저장하기에 매우 적합합니다. 대용량 파일도 언제 어디서나 쉽게 접속해 다운로드하거나 재생할 수 있으며, 스마트폰에서도 'DS File'이라는 앱을 설치하면 NAS에 있는 파일에 쉽게 접근할 수 있습니다.

저는 한의원에서 소노스팀 사용 방법, 차팅 스터디 내용, 부원장 스터디 내용, 새로운 기기 사용법 등을 동영상으로 촬영해 NAS에 저장해 두고, 직원별로 권한을 부여해 필요한 자료를 볼 수 있도록 하고 있습니다. 문서로는 전달하기 어려운 내용을 동영상으로 쉽게 학습할 수 있어 매우 유용하게 활용되고 있습니다.

03

구글 원격 데스크톱 활용

구글 원격 데스크톱은 꼭 설치를 권장하는 프로그램입니다. 이 프로그램을 설치하면 언제든지 집에서도 한의원 컴퓨터에 접속할 수 있어, 원격으로 다양한 작업을 수행할 수 있습니다. 저의 경우 목요일 같은 쉬는 날에도 유용하게 활용하며, 퇴근 후에도 정리 작업을 하거나 월말 청구 작업을 집에서 편하게 처리할 수 있습니다. 스마트폰으로도 언제든지 접속이 가능하다는 점이 큰 장점입니다.

여기에 한 단계 더 나아가 스마트 IoT 환경을 구축하는 것도 좋습니다. '스마트플러그'를 구입해 한의원의 기기들에 연결해 두면, 스케줄에 맞춰 자동으로 전원을 켜고 끌 수 있습니다. 예를 들어, 저는 아침 8시에 원장실 컴퓨터가 자동으로 켜지도록 설정해 두었으며, 밤 10시에는 자동으로 꺼지도록 세팅해 두었습니다. 덕분에 혹시 컴퓨터를 켜놓고 퇴근하더라도 걱정할 필요가 없습니다. 외부의 키오스크나 다른 기기들도 같은 방식

으로 작동하도록 설정해 두었습니다.

스마트플러그는 컴퓨터뿐 아니라 물리치료 기기, 추나 베드, 인바디 측정기, 혈압계 등에도 연결하면 매우 유용합니다. 자동 스케줄을 통해 정해진 시간에 전원을 조절할 수 있어, 간호사들이 매일 출근해서 전원을 켜고 끄는 번거로움을 줄여줍니다. 그 시간을 환자 케어에 더 집중할 수 있게 되는 것이지요.

컴퓨터의 자동 부팅을 위해서는 먼저 컴퓨터를 켜고 BIOS 부팅 시 F2 버튼을 눌러 Advanced 설정 메뉴 'APM Configuration'으로 들어갑니다. 그다음 'Restore AC Power Loss' 옵션을 'Power On'으로 변경해 줍니다. 설정을 마친 후 F10을 눌러 저장하고 재부팅하면, 전원이 들어오면 컴퓨터가 자동으로 켜지도록 설정됩니다. 이렇게 스마트플러그를 통해 전원을 공급하고 차단하면서 컴퓨터를 자동으로 켜고 끌 수 있게 되는 것입니다.

04

보험청구 앱 활용

과거에 비해 한의원에서 적용되는 급여 항목이 많이 확대되었습니다. 실비보험 2세대 이상 가입자라면 1만 원 이상의 본인부담금은 대부분 돌려받을 수 있게 되었지요. 예전에는 급여 항목이 적고, 본인부담금이 1만원 이하인 경우가 많아 환급되는 사례가 드물었습니다. 물론, 지금도 한의원의 외래 비급여 항목은 실손보험에 적용되지 않지만, 예전보다 보상의 범위는 확실히 넓어졌습니다. 이를 효과적으로 잘 활용하는 것이 중요합니다.

예를 들어, 추나요법을 시행하거나 첩약의료보험으로 한약을 처방하는것은 모두 급여 항목에 해당되므로, 실손보험 가입 환자는 본인부담금 1만

원을 제외하고 대부분의 금액을 환급받을 수 있습니다. 이는 환자의 경제
적 부담을 줄이면서 한의원의 처방을 더욱 원활하게 할 수 있게 합니다.

 다만, 환자가 가입한 보험 세대를 확인하는 것이 중요한데, 예전에 비
해 카카오톡이나 네이버 등을 통해 쉽게 보험 조회가 가능합니다. 더 나
아가, 메디헬퍼나 메디스트림 같은 서비스에서는 간단한 인증 문자로 3
분 내에 보험 확인이 가능합니다. 저 역시 현재 메디스트림의 실손보험
조회 서비스(SaaS)를 활용 중이며, 그 만족도가 매우 높습니다. 특히 조회
결과를 바로 즉시해 환자에게 전달할 수 있어, 환자들의 만족도 또한 높
은 장점이 있습니다.

05

원내 보안관련

한의원의 전자차트를 안정적으로 사용하기 위해 모든 컴퓨터를 주기적으로 검사하는 것이 좋습니다. 이를 위해 보안 프로그램을 사용하는데, V3, 알약, Avast, Antivirus 등이 있습니다. 저의 경우, 매일 V3 Lite를 사용해 'One Click' 기능으로 빠른 검사와 최적화를 동시에 진행하고 있습니다. 저는 아직까지 V3보다 더 좋은 무료 보안 시스템은 보지 못했습니다. 무료 프로그램이다 보니, 설치 시 zum이나 쿠팡 등의 사이트를 즐겨찾기에 추가하라는 체크박스가 뜨지만, 간단히 체크해제하면 됩니다.

보안은 아무리 강조해도 지나치지 않습니다. 보안 프로그램을 제대로 사용하지 않으면 랜섬웨어에 감염될 위험이 있습니다. 저 역시 2개월 동안 두 차례 랜섬웨어에 감염된 적이 있는데, 이때 컴퓨터에 저장된 모든 중요한 파일들(예: 엑셀 파일 등)이 손상되었습니다. 그로 인해 큰 혼란을 겪었지요. 이러한 피해를 방지하기 위해서는 가능하면 컴퓨터에 파일을 저장하기보다는 웹드라이브나 클라우드에 저장하는 것이 안전합니다.

구글 데스크톱 드라이브

구글 데스크톱 드라이브는 매우 편리한 툴입니다. 구글 드라이브에는 두 가지 종류가 있는데, 하나는 일반 구글 드라이브(Google drive)이고, 다른 하나는 구글 데스크톱 드라이브(Google desktop drive)입니다. 처음에는 저 두 이 둘의 차이를 잘 보기 기 많이 힘들 있습니다.

　구글 드라이브는 일반적인 웹드라이브이며, 구글 데스크톱 드라이브는 컴퓨터의 파일을 자동으로 웹드라이브에 백업해 주는 도구입니다.

　누구나 한의원에서 중요한 자료가 실수로 삭제되거나 감염될까 걱정된 적이 있으셨을 텐데, 자동 백업을 설정해 두면 이런 걱정에서 벗어날 수 있습니다. 심지어 랜섬웨어에 감염되더라도, 자동 백업된 파일을 언제든 다운로드받아 복구할 수 있습니다. 또한, 구글 한의원 계정으로 로그인하면 어느 컴퓨터에서든 파일에 접근할 수 있어, 데스크톱 컴퓨터나 치료실 컴퓨터의 엑셀 파일을 원장실에서도 즉시 사용할 수 있습니다. 이를 통해 언제든 원격 작업이 가능해지고, 파일이 손실될 걱정도 없습니다. 컴퓨터 폴더에 있는 파일을 인터넷 환경만 있으면 어디서든 작업할 수 있다는 점은 큰 매력입니다.

07

미리캔버스의 활용

보통 규모가 큰 회사나 병원급에서는 마케터를 두거나 디자인 직원을 채용하여 홈페이지나 블로그 등을 관리합니다. 그러나 대부분의 한의원은 그렇게 하기에는 규모가 애매하지요. 그래서 대부분 직원이나 원장님이 직접 블로그나 디자인 업무를 맡아서 하는 경우가 많습니다. 예전에는 자료를 만들 때 한글 파일로 만드는 경우가 많았지만, 요즘에는 편리하게 디자인을 할 수 있는 툴들이 많이 개발되었습니다. 특히 많이 쓰는 프로그램이 Canva와 미리캔버스입니다. 특히 미리캔버스는 무료 버전에도 쓸 만한 디자인들이 꽤 많습니다. 예를 들어 원내 휴진 안내라든지, 원내 이벤트 알림에도 쓸 수 있는 템플릿들이 많지요. 마치 전문가가 디자인한 것처럼 깔끔하고 예쁜 디자인들이 많습니다. 좋은 디자인은 실제로 매

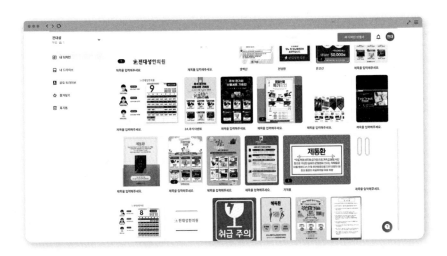

출에도 긍정적인 영향을 미칩니다. 아이폰이 성공할 수 있었던 것도 좋은 기능은 물론이고, 직관적이고 깔끔한 디자인 때문이었지요. 미리캔버스를 사용해 만든 게시물은 원내에 게시할 때도 유용하고, 환자들에게 문자나 알림톡을 보낼 때도 활용할 수 있어 매우 편리합니다.

알리고 문자의 활용

한의원에서 환자들에게 문자를 보낼 때, 다양한 프로그램을 사용할 수 있습니다. 제가 사용하는 동의보감 프로그램에서는 문자(SMS) 1건당 약 22원의 비용이 발생합니다. 1,000명에게 문자를 보내면, 문자 비용만 약 22,000원이 드는 셈이지요. 개원 초기에는 차트 수가 많지 않아 큰 부담이 되지 않지만, 환자가 많아지고 차트가 쌓이기 시작하면 문자 비용이 점점 부담이 될 수 있습니다.

그래서 저는 문자를 보낼 때 '알리고'라는 프로그램을 사용합니다. 알리고의 가장 큰 장점은 저렴한 가격입니다. 단문 문자의 경우 건당 약 9원의 비용만 듭니다. 1,000명에게 보내도 9,000원 정도로 매우 경제적이지요. 만약 1,000명 중 한 명만 내원하더라도 충분한 이득을 볼 수 있습

니다.

알리고는 단문 외에도 장문 문자, 사진 첨부 문자도 각각 22원, 66원으로 다른 사이트에 비해 저렴한 편입니다. 차트 프로그램에서 환자 정보를 엑셀 파일로 다운로드한 후, 3개월 내원 환자, 6개월 내원 환자 등 그룹별로 지정해 문자를 보낼 수 있으며, 문자열을 치환하는 기능도 있습니다. 예를 들어, '%고객명%'이라고 설정하면 엑셀 파일에 저장된 환자 이름이 자동으로 들어가 환자마다 개별 맞춤 문자가 발송됩니다.

문기 린 등도 제내도 삭성아빈 법청난 효과를 낼 수 있습니다. 환자의 마음을 움직이기 위해서는 문구 하나도 신중하게 작성해야 하겠지요.

09

챗GPT의 활용

최근 AI 시대가 도래하면서, 챗GPT 4.0과 같은 인공지능 기술이 점점 더 큰 역할을 하고 있습니다. 챗GPT 4.0은 정말 똑똑합니다. 웬만한 어려운 질문을 해도 다 대답해 줍니다. 그렇다면 한의원에서는 챗GPT를 어떻게 활용할 수 있을까요?

우선, 아무것도 없는 상태에서 무언가를 새로 창조하는 것은 매우 어려운 일입니다. 하지만 예시가 있으면 그 일을 쉽게 해낼 수 있습니다. 예를 들어, 통풍 환자가 내원하여 치료 계획서를 작성해야 할 때가 있습니다. 이때, 통풍에 대한 질환 설명, 예후, 치료 방법 등에 대해 챗GPT에 물어보면 최신 정보를 반영하여 답을 제공합니다. 이를 바탕으로 나의 지식을 더해 환자 맞춤형 치료 계획서를 작성할 수 있습니다.

또한, 환자들은 항상 궁금한 것이 많습니다. 치료를 마치고 나가면서 "원장님, 소양인은 어떤 음식을 먹어야 하나요?"라거나, "허리가 아플 때 어떤 운동을 하는 것이 좋나요?"와 같은 질문을 받을 때가 있습니다. 원장님이라면 한번쯤 이런 질문에 당황해 본 경험이 있을 겁니다. 이런 순간에 챗GPT를 활용하는 것을 추천드립니다. AI의 도움을 받아 환자들에게 더 풍부한 정보를 제공할 수 있을 뿐만 아니라, 나의 지식도 더욱 명확하고 정리된 상태로 다듬을 수 있는 기회가 될 것입니다.

Atlas 앱과 Muscle premium 앱 활용

환자들이 선호하는 것은 '눈에 보이는 진료'입니다. MRI나 CT와 같은 고가의 진단을 선뜻 받는 이유도, 사진을 통해 자신의 아픈 부위를 정확하게 확인할 수 있기 때문입니다. 한의원에서 맥을 잡고 "기력이 허하다", "간이 약하다"와 같은 비전문 설명은 더 이상 환자들에게 큰 어필을 하지 못합니다. 이런 점에서, 눈에 보이는 진료를 제공하기 위한 유용한 도구가 바로 Atlas(아틀라스) 앱과 Muscle Premium(머슬 프리미엄) 앱입니다.

이 두 앱은 안드로이드와 일반 PC에도 설치할 수 있으며, 프로그램을 실행하면 언제 어디서나 바로 사용할 수 있습니다. Atlas와 Muscle Premium은 3D 화면을 통해 신체의 뼈, 근육, 신경, 혈관 등을 세밀하게 보여줍니다. 예를 들어, 어깨 통증을 호소하는 환자에게 승모근이 뭉쳐 있

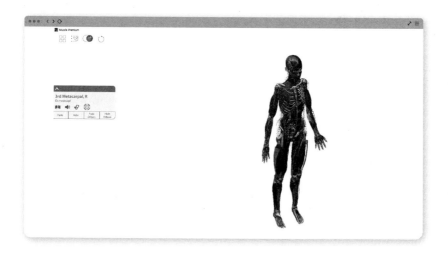

다고 설명할 때, 말로만 하는 것보다 앱을 통해 승모근의 3D 이미지를 바로 보여주고, 뭉친 부위까지 시각적으로 표시해 준다면 환자의 이해도가 훨씬 높아집니다. 또한, 근육의 기시점과 종지점을 함께 설명하면 환자가 진료에 대해 더욱 신뢰를 갖게 될 것입니다.

때로는 환자들이 "사진도 안 찍었는데 어떻게 이렇게 다 알 수 있느냐"고 신기해 하기도 합니다. 우리는 학교 공부를 하면서 당연하게 배웠던 근육학 내용이지만 환자들에게는 당연한 내용이 아닙니다. 친절한 한의사가 되어 한번 설명해 봐주십시오. 특히 도침 환자나 약침 환자들과 같은 근골격계 환자들에게 있어서 유용하게 활용해 볼 수 있습니다. 이러한 시각적 설명은 환자의 이해도와 신뢰도를 높일 뿐만 아니라, 약침이나 도침 등과 같은 치료 패키지 결제율 또한 더 상승시킬 수 있으리라 확신합니다.

설진의 활용

설진(舌診)은 시각적 진료 방법 중 하나로, 설진기가 있으면 가장 좋지만, 설진기가 없어도 핸드폰으로 환자의 혀를 촬영하여 보여줄 수 있습니다. 설진의 장점은 의료진이 즉시 혀의 상태를 파악할 수 있을 뿐만 아니라, 환자에게도 실시간으로 그 결과를 보여줄 수 있다는 점입니다.

설진을 통해 설질(舌質)과 설태(舌苔), 설형(舌形) 등을 확인하고 변증(辨證)이 가능합니다. 저는 패턴설진 방법을 활용하여 환자들에게 진단하고 있습니다. 과거에는 모든 환자에게 설진을 시행했으나, 현재는 주로 내과 환자나 혀 질환을 치료하고자 하는 환자들에게 중점을 두고 시행하고 있습니다.

설진은 모든 것을 진단하는 데 사용되기보다는, 진단의 참고 자료로 활용하는 것이 좋습니다. 저는 사상체질 처방을 사용할 때에도 설진을 통해

처방에 참고하고 있습니다. 소음인 체질에 두터운 백태가 있는 환자들은 담음(痰飮)증으로 보고, 계지반하생강탕(桂枝半夏生薑湯)의 가감방을 활용하는 등의 다양한 방법으로 적용하고 있습니다. 설진은 망문문절에서 망진(望診)에 해당하는 간단하면서도 효과적인 진료 방법이므로, 임상에서 적극적으로 활용해 보시기 바랍니다.

12

매 분기 성과표 활용

직원들에게 매년 연봉 협상을 할 때가 되면 가슴이 두근거리는 원장님들이 많을 것입니다. 과거 최저임금이 적을 때는 직원들의 초봉이 적은 편이었고, 매년 10만 원씩 꾸준히 급여를 인상해 줄 때가 많았습니다. 하지만 시급은 최저임금이 시급 1만 원을 훌쩍 뛰어넘었고, 주휴수당과 퇴직금까지 합치면 실제로 시급 13,000원 이상을 지급해야 합니다. 그래서 최저임금 수준으로 급여를 책정해도 꽤 부담스러운 급여를 지급해야 하는 것이 사실입니다. 그래서 매년 직원들 월급을 10만 원씩 올려주는 것도 상당히 부담스러운 일이 되어버렸지요.

첫해는 월급이 그로스 230만 원으로 책정되어 있더라도, 다음 해는 240만 원, 그 다음 해는 250만 원씩 올라버리게 되면, 직원이 20명이라 가정하면 매달 원장이 부담해야 되는 급여가 200만 원씩 늘어나는 것이지요. 급여 200만 원을 부담하기 위해서, 순수익이 200만 원 이상이 발생해야 하니 실제로는 매출 500만 원 이상이 증가해야 합니다. 그러나 요즘은 매년 월 매출이 500만 원 증가하기는 물론이거니와, 현상 유지만 하는 것도 어려운 상황입니다. 따라서 많은 곳에서 직원 급여를 동결하거나 최소한으로만 인상하는 경우가 많아졌습니다.

근무평가서 2024년 월 일			결 재		실장	원장
Ⅰ. 인적 사항	이름			입사일	24년 6월 일	
	부서			직종		
	직급			평가기간	2024년 6월 26일 까지	
Ⅱ 총합평가등급	S ( ) A (√) B ( ) C ( ) D ( )					
Ⅲ. 평가항목	평 가					
	매우만족	만족	보통	불만	매우불만	
1. 직무만족도	√					
2. 업무수행능력		√				
3. 수행업무의 양		√				
4. 수행업무의 질		√				
5. 근무태도		√				
6. 동료관계		√				
7. 대외관계		√				

그렇지만 잘하는 직원의 급여를 동결하거나 인상 폭이 기대에 미치지 못하면, 그 직원은 얼마 지나지 않아 회사를 떠날 확률이 높습니다. 따라서 직원들의 연봉 협상에 대한 명확한 기준을 세우는 것이 좋습니다. 분기마다 성과표를 작성하여 직원들의 업무 성과를 S, A, B, C, D로 나누어 평가하고, 이 성과표를 매년 연봉 협상의 근거로 활용합니다. 평균적으로 무난하게 일하는 직원은 3% 인상, 잘하는 직원은 5% 인상, 기대치에 미치지 못하는 경우는 동결, 기대치에 크게 미치지 못하거나 다른 직원들에게 피해를 끼치는 경우는 삭감합니다. 성과표 작성은 핵심 직원 몇 명에게 위임해 원장이 취합하더라도, 최종적인 성과 판단은 원장이 해야 합니다.

성과표를 기준으로 S급 직원들은 연봉을 파격적으로 인상하거나, 수시로 연봉 외의 인센티브를 지급하여 업무에 대한 동기부여를 해 줍니다. 저는 매년 2번씩 업무평가표를 작성합니다. 데스크와 치료실의 직원들은 실장에게, 입원실의 직원들은 부장에게 업무평가를 부탁합니다. 이 평가를 바탕으로 다음 연봉의 기준을 삼으면, 직원의 불만이 최소한으로 줄어들 수 있습니다. 논공행상은 직원 관리에 있어서 핵심적인 부분입니다. 원장과 직원 모두 원원할 수 있도록 현명한 접점을 찾아나가는 것이 중요할 것입니다.

OCR 텍스트 스캐너와
ClrScanner, 모바일 팩스 앱 활용

환자가 입원할 때 병원에서 판독 소견서나 진단서를 가져오는 경우가 있습니다. 이러한 판독 소견서를 하나하나 타이핑하려면 시간이 많이 소요됩니다. 이때 OCR 텍스트 스캐너라는 앱을 사용하면 사진을 빠르게 텍스트로 변환할 수 있습니다. 변환된 텍스트는 카카오톡이나 네이트온 등의 메신저로 바로 송부하여 차트에 빠르게 입력할 수 있습니다.

또한, ClrScanner라는 앱도 유용하게 활용할 수 있습니다. 직원들의 근로계약서를 작성할 때, 한글 파일은 있지만 직원이 서명한 사인본은 따로 보관해야 합니다. 보통 원내에 종이로 보관하다가 나중에 찾기도 힘들고, 분실할 위험도 있습니다. 그러나 ClrScanner 앱에서 사인본을 찍어두면 아주 깨끗한 화질의 문서로 변환됩니다(JPG 파일이나 PDF 파일 모두 변환 가능). 이렇게 변환한 파일은 구글 드라이브에 업로드하면 언제든지 스마트폰에서 검색할 수 있습니다.

이 외에도 한의원 경비 처리에 필요한 종이 계산서, 청첩장, 영수증 내역 등을 찍어두었다가 구글 드라이브의 세무 자료 폴더에 넣어두면 유용하게 활용할 수 있습니다. 부동산 임대차 계약서나 장비 계약서 등도 마찬가지입니다. 이러한 방법을 통해 매번 문서를

찾는 수고를 덜고, 내 손안의 사무실을 구현할 수 있습니다.

또한 모바일 팩스 앱을 사용하면 한의원의 팩스를 따로 이용하지 않더라도, 상대방의 팩스 번호만 알면 언제든지 스마트폰으로 팩스를 보낼 수 있습니다. 특히, 앞서 언급한 두 앱을 통해 미리 작성해 둔 자료를 팩스로 전송할 때 매우 유용하게 활용할 수 있습니다.

14

원내 스마트폰 개설

개인 스마트폰 외에도 원내에서 사용할 수 있는 스마트폰 한 대를 개설하는 것이 좋습니다. 스마트폰 구입 시 초기 비용이 발생하겠지만, 그 이상으로 활용도가 높습니다. 사용하지 않는 공기계가 있다면 가장 좋고, 그렇지 않다면 저렴한 스마트폰 하나를 구매하는 것도 괜찮습니다. 공기계에 알뜰폰 요금제를 적용하면 월 3,300원 정도의 요금으로 문자 100건, 통화 100분, 데이터 100 MB 정도를 이용할 수 있습니다.

어차피 한의원 안에서는 와이파이를 사용하므로 데이터 사용량이 많지 않아 이 정도면 충분합니다. 저의 경우는 세종텔레콤 스노우맨의 3,300원 요금제를 사용하고 있습니다. 이 외에도 모두의 요금제(모요) 사이트를 활용하면 자신에게 맞는 저렴한 이동통신사 요금을 쉽게 찾아볼 수 있습니다.

공기계가 없다면 갤럭시 A 정도의 스마트폰을 월 2만 원 정도의 요금으로 2년 사용하면 완전히 내 폰으로 가져올 수 있습니다. 스마트폰 개설 시에는 반드시 할부원금이 얼마인지 잘 따져봐야 합니다. 공시 지원금을 제외한 할부원금이 실제로 내가 부담해야 하는 금액이므로, 이를 잘 확인한 후 구매하시기 바랍니다.

원내 스마트폰으로는 환자의 약 상담에 활용할 수도 있고, 치료계획서를 보내는 용도로도 사용하며, 데스크와 소통하는 메신저용으로도 사용합니다.

15

네이버 예약 & 톡톡

네이버 예약은 환자 관리에 매우 유용합니다. 네이버 스마트플레이스에서 네이버 예약을 개설하고 활성화하면, 한의원 이름을 검색할 때 예약 버튼이 바로 표시됩니다. 이 버튼을 한 번 클릭하면 예약 서비스로 즉시 연결됩니다.

예약 서비스에서는 메뉴를 설정하여 주로 제공하는 치료를 올려두는 것도 좋은 방법입니다. 예를 들어 도침이나 약침, 한약 상담, 교통 사고, 다이어트 등 치료과목을 세분화해서 올려두면 예약하는 환자들의 니즈를 미리 파악할 수 있습니다.

네이버 톡톡 또한 활성화해 두면, 상담을 원하는 환자들이 언제든 문의할 수 있는 메신저 역할을 할 수 있습니다. 초진 환자가 내원 전에 궁금한 사항을 질문하거나, 비대면 예약을 할 때에도 유용하게 활용될 수 있습니다.

유튜브 매체 활용

현대인은 유튜브를 압도적으로 많이 시청합니다. 2022년 한국인이 가장 오래 사용한 앱은 유튜브로, 사용시간이 740억 분에 달했습니다. 그 뒤를 카카오톡(296억 분), 네이버(197억 분), 인스타그램(80억 분), 틱톡(53억 분), 디엠(36억 분) 등이 차지하고 있습니다. 유튜브 사용시간은 갈수록 더 증가하고 있습니다.

유튜브는 퍼스널 브랜딩의 도구로 활용하면 좋습니다. 유튜브를 거쳐 홈페이지나 인스타 블로그 등 다른 채널로 연결될 수 있도록 링크를 연결해두는 것이지요. 유튜브 영상은 한번 올라가면 사라지지 않으므로, 나 대신 평생 홍보대행 역할을 자동으로 수행하게 됩니다.

유튜브를 운영할 때는 썸네일과 제목이 매우 중요합니다. 사람들의 호

현재 제가 운영 중인 유튜브 채널은 두 개입니다. 구독자 수는 많지 않지만, 지속적으로 저를 알리는 콘텐츠로 활용하고 있습니다.

기심을 자극해서 클릭을 유도해야 합니다. 예를 들어, '하고 싶다면 당장 이것부터 하세요', '…에 숨겨진 놀라운 방법 6가지', '모르면 손해 보는 **', '반드시 알아야 할', '꼭 해봐야 할~', '~하는 데 있어서 가장 쉬운 방법'과 같이 제목을 설정하면 클릭률이 높아집니다. 유튜브 영상을 제작할 때는 내가 하고 싶은 내용을 고집하기보다, 사람들이 어떤 내용을 원하는지를 고려해야 합니다.

처음부터 너무 거창하게 시작할 필요는 없으며, 각 영상을 가벼운 느낌으로 올리는 것이 좋습니다. 과도하게 힘을 주어 영상을 찍다 보면 몇 개 올리지 않고 지쳐버릴 수 있습니다. 매주 꾸준히 업로드하면 유튜브 알고리즘의 선택을 받을 가능성이 높아지고, 갑자기 영상이 인기를 끄는 순간이 올 수 있습니다. 그때가 구독자와 조회수를 높일 수 있는 기회입니다.

유튜브 알고리즘은 시청 지속시간을 기준으로 판단합니다. 따라서 초반에 사람들의 호기심을 자극하는 인트로를 포함해야 합니다. 인트로를 통해 후속 내용이 궁금해져서 계속해서 시청하게 되며, 이를 후킹이라고 합니다.

내가 잘 아는 분야 중, 사람들에게 관심이 많은 분야를 정리해서 꾸준하게 업로드 하는 것이 유튜브로 성공하는 비결이라고 생각합니다.

경비 계산

항상 데이터를 수집하지 않으면 상황을 정확히 파악할 수 없습니다. 과거에는 저도 경비를 막연하게 계산하곤 했습니다. 예를 들어, 통장에 얼마 남았는지 보고 순익이 얼마나 되겠구나 하고 짐작하는 식이었죠. 하지만 입원실 환자가 줄어들고 매출이 급감하면서, 경비계산의 필요성을 절실히 느꼈습니다. 그때부터 매월 스프레드시트에 경비 목록을 작성하여 계산하기 시작했습니다.

경비를 계산하면 매월 나가는 본인의 지출 파악이 가능하고, 불필요한 지출을 줄일 수 있게 됩니다. 사실, 매출 2천만 원에 경비가 1천만 원 정도일 것이라고 생각하는 원장님들도, 자세히 계산해 보면 경비가 더 많을 때가 많습니다. 눈에 보이는 지출 외에도 세금, 직원 퇴직금, 물품 수리비 등 비정기적으로 발생하는 비용도 생각보다 크기 때문입니다. 그래서 한 의원의 경비 중 일부는 예비비로 미리 계산해 두는 것이 좋습니다. 이렇게 하면 비정기적인 비용 지출에 대비할 수 있습니다.

스프레드시트를 통해 경비관리를 하면, 항목을 입력하는 것만으로 경비 계산이 즉시 이루어지기 때문에 매번 복잡한 계산을 할 필요가 없습니다. 수정도 실시간으로 가능하기 때문에, 변경 사항이 생기더라도 쉽게 반영할 수 있습니다.

특정 항목의 지출이 예상보다 높아질 경우, 즉시 확인하고 다음 달에 조치를 취할 수도 있으며, 시간의 흐름에 따라 경비 패턴을 분석하여 불필요한 지출을 줄이는 데도 큰 도움이 됩니다.

노무관련

한의원의 규모가 작을 때는 세무사가 대부분의 노무 업무를 처리해 줍니다. 5인 이하 사업장에서는 별도로 취업규칙을 마련하지 않아도 무방합니다. 그러나 규모가 커지기 시작하면 노무사의 필요성을 절실히 느끼게 됩니다.

특히 직원들의 급여에 대해 막연하게 생각하다가 큰 문제를 겪을 수 있습니다. 4대 보험과 퇴직금, 연장, 야간, 휴일 근무 시의 가산 수당 등을 정확하게 계산해 주어야 합니다. 또한, 5인 이상의 사업장에서는 직원에게 최소 11일의 연차를 부여해야 합니다. 이러한 사항이 지켜지지 않으면 임금 체불이나 부당 고용으로 문제가 발생할 수 있습니다. 노무사들은 노무의 전문가입니다. 그래서 이런 부분을 정확히 알고 있습니다.

저는 노무사와 세무사를 각각 활용하여 이러한 업무를 분담하고 있습

< 5인 이상 사업과 5인 미만 사업장 비교>

구 분	5인 이상 사업장	5인 미만 사업장
법정 근로 시간제한	있음	없음
연장, 야간, 휴일 근로 시 가산 수당	있음	없음 (단, 일한 시간만큼의 급여는 지급하여야 함)
연차, 유급 휴가	있음	없음
휴업 수당의 지급 의무	있음	없음
생리 휴가	있음	없음
근로계약 기간의 제한	있음	없음
부당 해고 규정	있음	없음
취업 규칙 작성 및 신고 의무	있음	없음
법정의무교육 의무	있음	일부 없음

니다. 직원들의 갑근세 계산이나 연말정산과 같은 일은 세무사에게 맡기면 됩니다. 그러나 직원들 근무일수별 급여 계산이나 퇴직금 계산 등은 노무사가 훨씬 더 잘 합니다. 이렇게 전문가들에게 맡기면 원장이 일일이 직원의 근무 날짜를 확인하고 계산할 필요가 없으므로 업무 부담을 줄일 수 있습니다.

또한 취업규칙을 처음에 세팅한다거나, 직원이 갑자기 그만둔다거나, 남은 연차수당을 계산한다거나 하는 일도 노무사에게 맡기면 됩니다. 그런데 노무사는 대부분 근로자 편(?)인 경우가 많습니다. 근로기준법은 근로자를 위한 법이며, 노무사는 근로기준법을 실행하는 사람이기 때문입니다. 그래서 한의원을 맡아본 경험이 있는, 원장에게 우호적인 노무사를 만나는 것도 중요하겠습니다. 원장의 사정을 이해하고, 사용자의 입장에서 도움을 줄 수 있기 때문입니다.

네이버 메모의 활용

메모 앱은 여러 종류가 있지만, 저는 개인적으로 네이버에 자주 접속하다 보니 네이버 메모를 주로 사용하고 있습니다. 네이버 메모는 자동으로 저장되기 때문에 저장 버튼을 누르지 않아도 저장되며, 특히 구글 음성인식 기능을 활용하여 입력하면 아주 빠르게 입력이 가능합니다. 또한, 메모를 폴더별로 분류하여 체계적으로 정리할 수 있습니다. 하루에도 좋은 아이디어가 떠오르는 경우가 많지만, 이를 그냥 지나치기 쉬운데, 네이버 메모에 기록해 두면 잊혀지지 않게 됩니다. 특히 매일 해야 할 일과 1주일, 분기별로 진행해야 할 일을 적어두고, 완료된 일에는 취소선을 그어가며 지우면 남아 있는 작업들을 누락 없이 효율적으로 진행할 수 있습니다.

메모에는 이미지도 바로 캡쳐하여 붙일 수 있습니다. 만약 큰 파일이

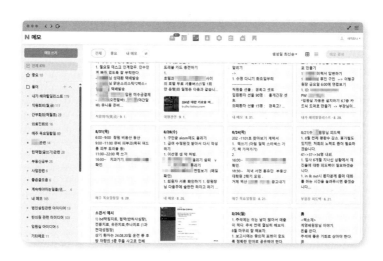

있다면 구글 드라이브나 NAS에 저장해 두고, 해당 링크만 메모에 기록해 뒤도 간편하게 이용할 수 있습니다.

　또한, 매주 진행하는 한의원 직원 회의나 간부 회의 내용을 급하게 준비하면 바쁜데, 진료를 하면서 일주일 동안 떠오른 아이디어나 생각나는 점들을 즉시 메모에 기록해 두면, 회의 전에 메모만 정리하여 발표할 수 있어 미리 따로 준비할 필요가 없습니다. 여러모로 일정 관리나 해야 할 일 관리에 편합니다.

신규직원 온보딩 프로세스

새로운 직원이 입사할 때마다 신상정보를 일일이 물어봐야 해서 번거로울 때가 많습니다. 이럴 때는 구글 설문지 양식을 활용하여 온보딩 프로세스를 진행하면 편리합니다.

온보딩 프로세스를 통해 기본적인 이름, 수민번호, 연락처, 이메일, 계좌와 같은 신상과 더불어, 근무시작일, 유니폼 사이즈, 유니폼 개수와 같은 정보까지 미리 받을 수 있으며, 우리가 공유하고 싶은 정보인 급여명세서 사이트, 입사전 필요 서류, 준비물 등과 같은 정보도 미리 제공할 수 있습니다. 이렇게 신규 직원이 근무 시작하기 전에 온보딩 작업을 미리 진행하면, 노무사님께 필요한 내용을 바로 전달하여 입사일부터 근로계약서를 준비할 수 있습니다. 직원 또한 온보딩 작업을 통해 한의원에서의 정식 근무를 준비할 수 있게 됩니다.

온보딩 양식은 정직원, 파트타임 직원, 진료원장용으로 나누어 구글 설문지를 만들어두고 있습니다. 카카오톡 링크만 보내면 쉽게 작성할 수 있어 매우 편리합니다.

21

비대면용 설문지

최근에는 한의원을 직접 찾아와 상담하는 대면 상담뿐만 아니라, 비대면으로 약 상담을 원하는 환자들의 비율도 증가하고 있습니다. 비대면 상담 시에는 상담용 설문지를 적극적으로 활용하는 것이 매우 유용합니다. 설문지를 통해 환자의 한열허실과 몸 상태를 기본적으로 파악할 수 있으며, 여기에 설진 사진을 추가하면 보다 정확한 진료가 가능해집니다.

비대면 상담을 원하는 환자에게는 카카오톡으로 문진표를 보내주고, 미리 캡쳐본에 체크하도록 하면 됩니다. 한 단계 더 나아가 구글 설문지를 비대면 상담에 활용하는 경우도 있습니다. 특히 성대 치료와 다이어트 치료에 있어서는 구글 설문지 링크를 홈페이지에 연결하여, 처음 진료하는 환자들도 손쉽게 상담할 수 있도록 하였습니다. 위에서 언급한 설문지도 환자의 편의에 따라 JPG나 PDF 파일로 제공하거나, 구글 설문지 형식으로 전달할 수 있습니다.

이와 같이 미리 설문지를 받아두면 질문하고 상담하는 시간을 줄일 수 있어, 보다 신속한 상담 및 처방이 가능합니다. 원장의 시간은 돈보다 소중하므로, 빠르게 상담할 수 있는 여러 도구를 마련하는 것이 필요합니다.

비대면 결제 앱 활용(결제선생 등)

환자들이 직접 방문하지 않고 결제를 해야 할 경우가 종종 있습니다. 예를 들어, 연복하는 약을 상담해서 보내준다거나, 전화나 카카오톡 상담을 통해 상담한 환자분들의 약의 결제가 필요할 때 등입니다. 환자가 직접 한의원에 내원하기 어려울 때 비대면 결제 앱을 활용하면 매우 유용합니다. 저는 주로 '결제선생'이라는 앱을 사용합니다. 이 앱을 통해 한 건당 약 55원의 비용으로 결제 관련 카카오톡 메시지를 보낼 수 있습니다. 환자는 카톡에서 일반 에스크로 결제처럼 본인이 원하는 결제 수단을 선택하여 결제할 수 있습니다. 계좌 이체를 선호하는 환자도 있지만, 카드 결제를 원하는 환자들도 많습니다. 이럴 때 비대면 결제 앱을 활용하면 매우 편리합니다.

최근에는 올댓페이와 같은 단말기 업체에서 단말기 자체에서 바로 비대면 결제 청구 톡(올톡페이)을 보낼 수도 있습니다. 이 경우 건당 비용은

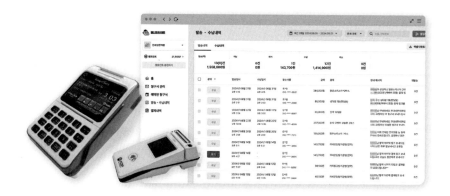

불과 20원으로, 환자가 스스로 카드 정보를 입력하기만 하면 즉시 결제가 이루어집니다. 결제는 언제나 쉬워야 합니다. 굳이 어려울 필요가 없습니다. 늘 단순한 것이 진리입니다.

에필로그
한의학 경영, 그 두 번째 도전

한의학 경영에 관한 이야기를 마무리하며, 그동안의 여정을 되돌아보게 된다. 지난 첫 번째 책이 나의 자서전과 같은 느낌의 책이라면, 이번엔 한의원을 막 시작하는 후배들에게 들려주듯 경영에 관한 좀 더 실무적인 내용으로 만들어보고 싶었다.

이번에 감사하게도 메디스트림 출판 공모전을 통해 두 번째 책을 쓸 기회가 생겼다. 첫 번째 책을 출판할 때만 해도 매년 새로운 책을 내겠다는 목표를 세웠지만, 말처럼 쉬운 일이 아니었다. 이번 책을 쓰면서 다시 한 번 나를 돌아보고 다잡아보는 계기가 되었던 것 같다.

지난 2년 동안 한의원은 많은 변화를 겪었고, 그 변화를 통해 성장했다. 사람과 함께하는 일은 늘 변수가 많고, 예측하기 어려운 경우가 많다. 항상 어려움은 존재하지만 이를 통해 한 단계 더 발전해 나가고 더 단단해짐을 느끼고 있다.

한의원을 운영하며 자연스럽게 시스템에 대한 중요성을 느낀다. 사람의 손을 거치지 않고도 안정적으로 돌아가는 한의원을 꿈꾸며, 매뉴얼을 통해 더 탄탄한 운영 방식을 구축하고자 노력하고 있다.

나의 작은 이 책이 한의학을 경영하고자 하는 후배 한의사들에게 도움이 되길 바라며, 그들이 자신의 길을 개척하는 데 있어 작은 이정표가 되기를 희망한다.

한의학은 수천 년의 역사를 지닌 전통 의학이다. 그 오랜 시간 동안 한의학은 단순한 치료 방법을 넘어, 사람과 사람 사이의 관계를 맺고 교감하는 학문으로 발전해 왔다. 환자를 단순한 질병으로 바라보는 것이 아니라, 그들의 삶과 이야기에 귀 기울이고 그들과 함께 해결책을 찾아가는 과정이 바로 한의학의 본질이다. 그러나 한의원 경영에서는 이와 같은 한의학적인 요소를 유지하면서도, 효율적이고 체계적인 운영 방식을 도입해야 한다는 도전과제에 직면한다.

한의원 경영의 핵심은 결국 사람이다. 환자를 대할 때의 진심 어린 태도와 그들의 건강을 위해 헌신하는 마음이 경영의 기초를 이룬다. 이와 더불어 직원들과의 소통, 함께 일하는 팀원들에 대한 신뢰와 존중 역시 중요한 요소다. 이 책에서 다뤘던 여러 사례와 조언들은 결국 이러한 기본적인 가치를 실현하는 방법들에 불과하다.

책을 마무리하면서 한 가지 꼭 기억해야 할 것은, 한의원 경영은 끊임없는 배움의 과정이라는 것이다. 경영 환경은 끊임없이 변화하고, 환자들의 요구와 기대도 달라진다. 한의사는 의학적 지식뿐만 아니라 경영자로서의 능력도 계속해서 발전시켜야 한다. 나 역시 경영을 처음 시작할 때는 많은 두려움과 불안감이 있었다. 하지만 매 순간마다 새롭게 배운 점들이 쌓이고, 작은 성공들이 쌓여 지금의 나를 만들었다.

중요한 것은 새로운 시도에 대한 두려움을 극복하는 것이다. 이 책을 통해 한의원 경영의 다양한 실전 경험을 나누었지만, 무엇보다 강조하고 싶은 것은 창의적인 사고와 도전정신이다. 전통과 현대의 경계를 넘나드는 새로운 치료법이나 경영 전략을 찾는 과정은 그 자체로 가치가 있다. 끊임없는 도전이야말로 한의학의 발전을 이끌어내고, 더 나아가 우리 사회의 건강과 행복에 기여할 수 있는 길이 될 것이다.

이제 한의학 경영의 길을 걷는 후배 한의사들에게 말하고 싶다. 이 길은 쉬운 길이 아니다. 많은 난관과 어려움이 기다리고 있을 것이다. 그러나 그 과정에서 얻게 되는 보람과 성취감은 그 무엇보다도 크다. 한의사로서, 경영자로서 사람들의 건강을 지키는 일은 엄청난 책임감을 요구하지만, 그만큼 소중한 직업임을 명심해야 하겠다. 이 책이 당신의 여정에 작은 도움이 되길 바라며, 한의학 경영의 끝없는 가능성에 대한 확신을 함께 나누고 싶다.

끝으로, 이 책을 통해 한의학 경영에 관심을 가진 모든 독자에게 진심으로 감사의 마음을 전한다. 여러분의 관심과 성원이 있었기에 이 책을 완성할 수 있었다. 앞으로도 한의학과 경영이 결합된 새로운 시도들이 계속 이어져, 더 많은 한의사들이 성공적으로 경영을 이끌어나가길 기대한다.

한의학 경영의 여정은 이제부터 시작이다. 끊임없이 변화하는 시대 속에서, 한의사들은 새로운 방식으로 성장하고 도전해야 한다. 그 과정에서 무엇보다 중요한 것은 교감과 배움, 그리고 끈기다. 이러한 가치를 바탕으로 한의원 경영을 발전시켜 나간다면, 더 나은 미래가 우리 앞에 기다리고 있을 것이다.

당신의 한의원이 그 시작점이 되기를 바란다.

"You can be the one, the one you want to be."